100년 전
살인사건

檢屍

검안을 통해 본 조선의 일상사

100년 전
살인사건

김호 지음

文案

책을 펴내며

'100년 전 살인사건'이라는 제목으로 책을 출간하려니 두려움이 앞선다. 영화에나 어울릴 법한 제목의 이 책은 서울대학교 규장각에 소장되어 있는 검안(檢案)에 대한 시론(試論)이다. 조선시대에는 살인사건이 발생하면 조사관이 현장에 출동하여 시신을 검시하고 관련자들을 취조한 뒤 상부에 보고했는데, 검시 결과와 함께 사건 관련자들을 취조한 내용을 기록한 문서가 바로 이 '검안'이다. 현재 500여 종의 100여 년 전 검안이 남아 있으며, 이 책을 통해 소개하는 내용은 이 가운데 일부에 지나지 않는다.

필자가 검안을 처음 접한 것은 대학원 시절 규장각 소장 자료의 해설을 쓰고 있을 때였다. 당시 필자에게 '검안'은 놀라움 그 자체였다. 100년 전 민중의 고단한 삶이 그대로 녹아 있었기 때문이다. 헝클어진 실타래처럼 갈피를 잡을 수 없거나 이야기들이 서로 모순되기도 했지만, 한편으로는 순박한 당대의 망딸리떼(mentalité)가 엿보였다. 검안 속 소민들의 증언 속에는 100년 전 민초들의 굴곡진 일상이 깊이 새겨져 있다. 필자는 '상식 밖의 사건들과 예외적인 일상'으로 점철된 소민들의 증언에 놀라기도 하고 슬퍼하기도 했다. 흥분하는가 하면 어느새 분노하기를 여러 번 반복했다. 심지어 꿈속에서도 사건 속 인물들을 만났다. 그 후로 오랫동안 검안은 역사가인 필자에게 하나의 도전이자 숙제로 남아 있었다. 적지 않은 시간이 흘렀지만 이제라도 그들의 이야기를 전할 수 있어서 다행이다. 그들의 신산했던 삶의 일부나마 드러냄으로써 그간 쌓인 마음의 빚을 덜 기회가 되었다.

역사학자 부르크하르트(Jakob C. Burckhardt, 1818~1897)는 역사 공부가 '별것 아니'라고 말한 적 있다. 단지 사료를 잘 읽으면 된다는 것이다. 그의 말처럼 텍스트를 깊이 읽고 글쓴이의 생각을 곰곰이 따지며 농밀하게 풀어내는 것 말고는 특별한 방법이 없는 게 사실이다. 하지만 이는 결코 '별것 아니'지 않다. 실상은 가장 어려운 일이다. 이 책을 쓰는 동안 온통 이런 생각이 머릿속에 가득했다. 필자는 100여 년 전 죽음과 관련되어 법정에 불려 나온 수많은 소민의 사소한 말 한마디도 그냥 흘려버리지 않으려 했다. 그들의 의도적인 속임수 혹은 격한 감정의 폭발마저도 소홀히 하지 않고 잘 듣고 곱씹어 생각할 작정이었다. 이를 통해 당시 사회와 문화를 멋지게 상상하려고 했다.

참으로 어려웠다. 그들의 목소리는 필자를 100년 전으로 인도하다가도 금세 현재의 세상으로 내몰았다. 조선의 성리학이 그들의 삶 속을 깊이 관통하는 듯 보이다가도 이내 인간의 근원적인 욕망이 날것으로 다가왔다. 과거의 흔적과 역시의 관성이 만들어낸 당대의 상식이 손에 잡힐 듯 보이는 순간도 잠시, 수많은 사람의 각색의 모습과 이견(異見) 들을 만나 헤매기 일쑤였다. 소민들의 진술은 귓가에 윙윙거릴 뿐 도무지 그림으로 그려지지 않았다. 더 이상의 해석이나 상상이 불가능했다. 설명도 불가했다. 잘 읽고 깊이 분석하려 할수록 그들은 더 많은 해석의 여지를 남겼다. 부족한 공부와 충분치 못한 사고는 검안에 넘쳐나는 소민들의 목소리에 압도되었다.

결국 남은 방법은 소민들의 목소리를 가능한 한 직접 전달하는 방법 뿐이었다. 무능한 역사가의 변명이지만 독자들에게 100년 전의 소민들을 직접 만나도록 해야 했다. 필자가 다가서면 그만큼 물러났던 소민들은, 오히려 필자가 물러나자 그만큼 앞으로 다가왔다. 사실 그동안에는 강의와 연구 그리고 기타 바쁜 일상에 치여 소민들의 삶을 제대로 이해하지 못하는 줄 알았다. 최근에야 비로소 혼란의 원인을 깨달았다. 그것은 한문과 이두를 몰라서가 아니요, 시간이 부족해서는 더더욱 아니었다. 바로 역사와 인간의 삶을 꿰뚫는 통찰력의 부재가 주요 원인이었다. 현재로 이어지는 과거의 흔적들과 삶의 변화를 일구어내는 동력을 간파하고자 의지를 불태웠건만 이는 여전히 희망사항으로 남아 있다. 꿈을 버릴 수는 없지만, 이제 과도한 욕심은 내려놓고 독자들과 함께 해석의 기쁨을 나누어볼 생각이다. 물론 행간을 비집고 들어가 해석의 찌꺼기들을 남기기는 했다. 이렇게라도 역사를 공부하는 사람의 정체성을 조금은 유지하고 싶었기 때문이다.

부족하다면 앞으로 더욱더 많은 사례를 발굴할 것이다. 이제 시작이다. 수백, 아니 수천에 달하는 소민들의 삶은 여전히 검안 속에서 독해를 기다리고 있다. 거기에는 오늘의 우리와 다를 바 없는 보통 사람들의 기쁨과 슬픔, 놀라움과 두려움이 빼곡하다.

이 책을 쓰면서 많은 사람의 도움을 받았다. 무엇보다 아내이자 학문적 동지인 김지영에게 감사한다. 그녀의 예리하고도 깊은 생각은 항상 나를 일깨웠다. 주변 친구들과 동학들의 격려도 무시할 수 없다. 이들과의 논쟁 덕에 이만큼이라도 쓸 수 있어 행복하다. 친구 같은 두 딸 민수와 윤수에게 고맙다고 말하고 싶다. 늘 책 속에 길이 있다고 충고했는데 이제 책을 보여주려니 겸연쩍다. 아울러 원고를 연재하면서 생각할 기회를 제공해준 휴머니스트 출판사와 뒤에서 묵묵히 지원해준 네이버문화재단에도 깊이 감사드린다.

2018년 무더운 여름을 보내며
김 호

차례

프롤로그

역사 저편의 역사

그동안 한국의 역사학계는 다양한 분야로 연구의 범위를 확장해왔다. 연구의 심도 또한 그와 함께 깊어졌다. 기왕에 사료로 활용되지 않았던 다양한 자료들이 새롭게 발굴되거나 재평가되어 한국사의 새로운 상(像)이 만들어졌다. 지난 수십 년간 이루어진 사회사 및 사상사 연구는 전근대 향촌사회에 대한 이해를 가능케 했으며, 이를 토대로 지금은 사회의 미세한 생활 부분으로 탐구의 깊이가 더해지고 있다. 그동안 역사의 주인공으로 대접받지 못했던 수많은 소민의 이야기가 펼쳐질 무대가 마련된 셈이다. 그러니 이제 그들의 삶의 모습을 생생하게 복원할 차례다.

소민들의 삶의 흔적은 어디에서 길어 올려야 할 것인가? 필자는 매우 특별한 자료들을 제시하고자 한다. 서울대학교 규장각에 소장되어 있는 수백 건의 살인사건 보고서 '검안'이 그것이다.[1] 혹자는 이름도 알 수 없는 사람들의 죽음을 둘러싼 기록이 뭐 그리 중요하냐고 반문할지 모르겠다. 대부분의 사람에게 역사는 고조선 이래 삼국, 고려, 조선으로 이어지는 수많은 왕조의 흥망성쇠이며, 권력을 향한 임금과 신하의 암투나 외적과 싸워 나라를 지킨 애국자들의 공로 그리고 사상가들의 철학을 기억하는 것이기 때문이다. 역사 속의 인물도 세종이나 정조 혹은 이순신이나 허준처럼 역사에 길이 남을 무언가를 이루어낸 위인을 주목하고 기억할 뿐, 아무도 부인이나 남편을 살해하고 한 장의 진술 공초만을 남긴 채 사라져버린 김씨 부인이나 옆집 이씨를 궁금해하거나 기억하려 하지 않는다.

　역사 그리고 역사 속 인물에 대한 이러한 생각은 역사 연구의 바탕이라고 할 수 있는 사료에도 그대로 적용된다. 역사학자를 포함하여 많은 사람이 역사 연구의 중요한 사료로서 과거의 흔적을 그대로 담고 있는 유물·유적이나《삼국사기》,《고려사》,《조선왕조실록》같은 주요한 국가 기록 혹은 정치가들이나 경세가들의 철학과 사상이 담긴 문집을 떠올릴 뿐 검안에 남겨진 김씨나 이씨의 진술을 떠올리지는 못한다. 물론 역사는 공동체가 기억할 만한 것들을 중심으로 기억한다. 그동안 우리가 기억하려던 역사들, 기록하려던 과거들 가운데 필부필부를 위한 공간이 없었던 이유이다. 그러나 기억해야 할 것이 아니었다고 해서 역사가 아닌 것은 아니다. 기록되지 않았다고 해서 기억 속에서 사라져버리는 것도 아니다. 100년 전의 소민들도 지금 우리들 각자가 그런 것처럼, 그렇다고 생각하는 것처럼 자신들의 역사를 가지고 있다. 이에 필자는 앞으로 이름도 없이 사라져간 수많은 필부필부의 증언을 통해 역사를 재구성할 생각이다. 한마디로 주목받지 못했던 무명씨의 이야기를 기억하려는 것이다.

이제 검안을 통해 그들의 진술은 우리의 가슴속에 되새겨질(re-mind) 것이다. 과거의 기억을 되살린다는 역사학의 중요한 임무 중 하나가 수행될 것이다. 그리스인들이 정의했듯이 역사는 과거의 소소한 흔적들을 재탐색(re-search)하는 것이다. 필자 역시 여기에 깊이 공감한다. 이를 따라서 100년 전의 조금은 특별하면서도 평범한 일상으로 들어가볼까 한다.

소민들의 진술과 증언은 우리에게 100년 전 조선 사람들의 '망딸리떼'와 '문화'의 심층을 보여줄 것이다. 부녀자의 부덕(不德)이 마을 회의에서 논의되고 소문이 법보다 강한 규제장치로 작동하는 현장과, 간통과 살해, 인륜에 깊이 침식된 힘없는 이들의 상상을 넘어서는 폭력은 기왕의 어떤 사료에서도 확인할 수 없었던 생생한 일상이다.

검안은 특별하고도 예외적인 자료임이 분명하다. 검안에는 폭력과 살인, 절도, 복수 같은 사회적 일탈행위들만 그득하기 때문이다. 그런 만큼 검안을 통해 100여 년 전의 세상을 모두 읽어낼 수는 없다. 오늘날 우리 주변에서 벌어지고 있는 다양한 사건과 범죄에 주목하여 그 관련자들의 진술에 기댄다고 해서 지금 우리 사회를 온전히 그려낼 수 없는 것과 마찬가지 이유다. 하지만 예외적이고 비정상적으로 보이는 검안의 기록과 증언의 틈새에는 옛사람들의 일상이 묻어 있다. 부부 싸움 끝에 살해된 남편이나 아내에 관한 장모와 시어머니, 이장이나 동네 사람들의 이야기 속에 그들의 삶이 녹아 있기 때문이다. 따라서 우리는 그들의 목소리에서 당대 조선사회의 '일상'을 읽을 수 있으며, 읽어내야 한다. 그러다 보면 비단 개인 간의 갈등만이 아니라 신분 간의 알력, 나아가 향촌 내 여러 집단 간의 다툼도 적나라하게 드러날 것이다.

'예외적 일상'의 기록

현재 서울대학교 규장각에 소장되어 있는 검안은 2천여 책에 달한다. 사건으로 치면 대략 500여 건이며, 대부분 19세기 후반과 20세기 초반, 즉 100여 년 전에 작성된 기록들이다. 18세기와 19세기 전반의 검안도 있지만 그 수가 많지 않다.

검안은 글자 그대로 '검시문안(檢屍文案)'의 줄임말이다. 조선시대에 사망한 사람의 시신을 검시하고 작성한 시체 검사 소견서, 즉 법의학적 판결문인 '시장(屍帳)'과 사건 관련자 심문 기록을 포함한 일체의 조사 보고서를 말한다.

조선시대에는 인명(人命)사건이 발생하면 그 원인을 규명하기 위해 반드시 사건 관련자들을 심문한 후 응답을 기록했으며 시체는 사건 발생 지역에 그대로 두고 검시하여 사인 분석에 참고했다. 특히 검시는 실제 사망 원인[實因], 즉 칼에 찔려 죽은 것인지 독을 먹고 죽은 것인지 아니면 무언가에 맞아 죽은 것인지를 밝혀내는 데 주력했기 때문에 시체의 보존이 중시되었다. 그래서 부패가 빠른 여름철에는 신속하게 조사[初·覆檢]를 끝내기 위해 조사를 맡은 지방관의 출발 및 도착 일정까지 상세히 기록했다. 사정상 담당 지방관의 검시가 불가한 경우에는 사건 발생지 인근의 다른 지역 지방관으로 하여금 검시를 대신하게 하는 등 대책을 마련했다. 이뿐만 아니라 사건을 담당할 지방관이 사건 관련자와 친인척 관계인 경우에는 검시를 비롯해 해당 사건에 관한 조사를 할 수 없도록 했다.

살인사건은 그 중요성을 감안하여 통상 두 차례의 조사를 실시했다. 조사의 책임자도 서로 달랐는데, 사건 발생 지역의 지방관이 1차 조사관인 초검관(初檢官), 초검관의 요청을 받은 인근 지역의 지방관이 2차 조사관인 복검관(覆檢官)의 임무를 맡아 각각의 조사를 지휘했다. 초검관은 1차 조사 때의 사정을 누설하지 못하므로 복검관은 별도로 조사하여 상부에 보고했다. 상부에서는 1, 2차 조사의 내용이 서로 부합하면 사건을 종결했지만 내용이 달라 의심이 가는 경우라면 1, 2차 때와는 다른 지역의 지방관을 조사관으로 선정하여 3차 조사[三檢], 때로는 그 이상의 조사를 실시했다. 철저한 조사를 위해 한 사건을 무려 다섯 차례나 조사한 사례도 있다.

조선시대의 검시는 지금처럼 시체를 해부하는 게 아니라 시체의 외상과 색(色)을 주로 살폈다. 사인에 따라 외상의 모양이나 색이 다르게 나타나기 때문이다. 이미 시체가 부패하여 검시가 불가능하거나 사대부 부녀자들의 경우처럼 시친(屍親, 죽은 사람의 친인척)이 죽은 사람을 두 번 욕보인다고 여겨 면검을 요청하는 경우에는, 검시를 생략하거나 시친의 면검 요청을 받아들이기도 했다.

살인사건이 관청에 접수되면 조사관은 아전들을 대동하고 조사를 시작했다. 먼저 사건현장을 찾아 시체가 놓인 장소를 세밀하게 묘사한 후, 시체의 옷가지를 하나씩 벗기면서 시체의 상태를 기록했다. 기록이 얼마나 상세한지 당시 사람들의 의복 문화를 알 수 있을 정도이다. 최종적으로 알몸이 된 시신의 상태를 기록한 것이 바로 '시장'인데 검안에 부록하거나 따로 묶어 보고했다.

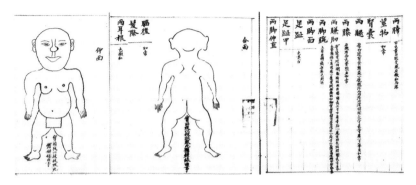

시신의 상태를 기록하는 〈시장도〉의 일부. 서울대학교 규장각한국학연구원 소장.

공초, 100년 전을 말하다

그다음은 사건 관련자들을 소환하여 심문하고 이를 정리하여 보고했다. 이 과정에서 아전들이 모든 심문과정을 기록했는데, 특히 관련자들의 진술을 구어체로 그대로 받아 적었다. 사료적 가치를 고려할 때, 오늘날의 녹취기록에 버금가는 이 취조기록, 즉 공초(供招)야말로 검안의 최대 장점이다. 자신의 생각을 글로 표현하지 못했던 당대의 많은 소민, 나아가 부녀자들의 목소리가 아전의 손을 빌려 우리에게 생생하게 전달되고 있기 때문이다.

가령 자신의 정절을 의심한 남편을 살해했다는 혐의로 잡혀온 여인은 자신이 범인으로 밝혀지면 능지처사라도 달게 받겠다고 다짐한다.

제가 남편 박용근과 비록 정식으로 혼인하지는 않았지만 함께 산 지 어언 7,8년이나 되었고, 비록 일찍 죽었지만 (남편과의) 사이에 딸 하나를 두었습니다. 사는 곳이 조금 멀어 한 달에 한두 번 왕래할 뿐이었지만 서로 만나기를 간절히 원해 다투는 일이 전혀 없었고 매양 웃는 얼굴로 맞이했습니다. 친가의 종손 봉주 형제가 제 집에 자주 드나들기는 했지만 하늘의 이치와 사람의 마음에 전혀 거리낄 바는 없었으니, 남편 용근도 사람의 마음을 지닌 자로서 어찌 의심하는 마음을 조금이라도 가졌겠습니까? …… 이제 저를 범인이라 의심하여 (저뿐만 아니라) 온 집안 형제들까지 옥에 가두고 가혹한 형벌을 가하여 억지로 진술하게 만드니 어리고 지각없는 봉주가 악형을 견디지 못하고 엉뚱한 말을 지어낸 것입니다.

원컨대 명백히 조사하시어, 만일 인륜을 더럽히거나 살해를 모의한 자취가 드러난다면 제 친가의 형제와 종손이 모두 능지처참의 형벌을 받게 된다고 하더라도 기꺼이 받을 것입니다.[2]

남자의 꾀임에 넘어가 본부인을 무고했던 그의 첩은 남자가 죽자 모든 것이 돈밖에 모르는 그의 사주였다고 진술했다.

저는 원래 남편이 있었는데, 타지에 나가 돌아오지 않은 지 이미 2년째입니다. 가난하여 살아갈 방법이 없어서 노상에 살다가 이내영을 만나 간음하게 되었습니다. …… 내영이 저를 꾀며 '내 본처가 전문세와 간통하는 사이라고 말하라'고 했습니다. 저는 이내영의 부탁을 달게 들었을 뿐입니다. (그런데) 지금 살인의 변고가 발생했으니 후회막급입니다. 몽

둥이 아래 죽는다고 해도 다시 드릴 말씀이 없으니 잘 살펴 처리해주십시오.[3]

옆집의 부부 싸움을 목격한 유일한 증인은 이웃의 호의를 다했을 뿐 자세한 내막은 모른다고 발뺌했다.

제가 대근의 모친과 누이에게 '대근의 처가 하루 종일 아무것도 먹지 못하고 냉방에 있다가 이제야 따뜻한 방에 옮겨 앉았으니 따뜻한 국물이라도 마시게 하는 것이 좋겠다'고 말하며 타일렀지만, 대근의 모친과 누이는 예삿일로 생각했는지 권하지 않았습니다. 그 후 저는 집에 돌아와서 잠자리에 들었을 뿐입니다.[4]

이들은 감정에 호소하거나 선처를 바라는 데 머물지 않았다. 시집간 누이동생의 원통한 죽음을 신원(伸冤)하러 나선 오라비는 누이의 시신을 살핀 후 법의학 지식을 동원했다. 서리를 지낸 삼촌의 도움이 컸다.

지난번 검험 때 (누이의) 시신을 자세히 보았는데, 목은 부드럽게 흔들리고 짙은 청색이었습니다. 그는 분명 맞아서 생긴 상처입니다. 그로 미루어 그 원통한 죽음을 알 수 있습니다. 만약 익사했다면 복부가 팽창하지 않았겠습니까? (또한) 발이 쑤글쑤글하지도 않은데 어찌 익사라고 할 수 있겠습니까?[5]

이처럼 검안은 시체의 상태를 기록한 시장과 사건 관련자들의 진술을 기록한 공초로 구성되어 있다. 앞서 언급한 대로 공초 부분은 당시 민중의 목소리를 통해 과거를 재구성할 수 있다는 점에서 특별하다. 현존하는 조선시대 사료 대부분이 주로 지배층의 목소리와 남성들의 이야기를 전하는 데 비해 검안은 소민들의 이야기, 나아가 이중 삼중으로 억압받던 하층 여성들의 목소리를 들려주는 희귀한 자료다.

물론 검안처럼 특수한 배경을 지닌 사료를 통해 어떻게 과거의 일상을 재구성할 수 있을지 의문이 들 수 있다. 검안을 통해 그려질 100년 전 사람들의 '폭력'과 '법 감정' 혹은 '여성을 둘러싼 가치관' 등은 우리 역사의 아주 특별하거나 일부 어두운 이면으로 간주될지도 모르겠다. 그러나 '예외적 일상'이라 하지 않았는가? 100년 전의 특별한 사건에 깃든 평범한 일상에 주목해야 한다는 말이다. 검안은 죽음을 둘러싼 예외적인 기록인 동시에 살아 숨 쉬는 소민들의 일상이 투영된 기록이기 때문이다.

로마의 철학자 키케로(Marcus Tullius Cicero)는 "네가 태어나기 전 무슨 일이 있었는지 모르는 것은 항상 아이로 남아 있는 것과 같다"고 말했다. 역사를 모르는 사람은 성인(成人)이 될 수 없다, 깨어날 수 없다는 말이다. 여기서 '깨어난다'는 것은 과거에 무슨 일이 있었는지, 과거가 어떻게 현재로 자연스럽게 이어졌는지를 성찰한다는 의미다. 역사적으로 본다는 것은 현재를 이루고 있는 모든 과거에 대해 '한 번 더 주의 깊게 생각하기(re-flection)'와 다름없다. 역사학이 성찰과 반성의 학문인 이유가 여기에 있다. 필자가 100년 전 소민들의 삶을 기억하려고 하는 이유도 바로 여기에 있다. 우리는 100년 전 사람들의 목소리를 통해 그들의 상식은 물론 전통의 침윤(浸潤)과 동시에 변화를 살필 수 있다. 그들은 우리와 다르면서도 같은 모습이다. 과거의 우리인 동시에 현재와 미래의 우리이기도 하다.

지속되는 것들 그리고 망각되는 것들 나아가 자연스럽게 관습과 습속으로 내면화되는 것들의 과거를, 그 역사를 성찰해야 한다. 현재의 모든 것을 당연하게만 생각하면 새로운 것을 창조하는 힘은 이내 사라지고 만다. 우리는 현재에 이르는 과거를 탐구하고 현재에 남겨진 과거의 흔적을 이해함으로써 과거로부터 자유로워질 수 있다. 역사학은 과거에 침잠하지만 과거를 속박하지 않고, 과거를 이해하지만 상대화한다. 역사가는 이를 통해 궁극적으로 비난과 자학이 아닌 희망과 성찰의 기회를 제공할 수 있다. 필자는 이 점을 분명히 인식하도록 만드는 것이 역사학의 가장 중요한 임무라고 여긴다. 100년 전, 아니 그보다 더 오래전 한국인들의 역사적 경험이 만들어낸 문화의 결을 섬세하게 살피는 일이야말로 비판에 앞서 반드시 해야 할 일이다.

변화가 느리다고 새롭지 않은 것은 아니다. 가능성이 없어 보인다고 예단할 필요도 없다. 새로운 역사학은 새로운 사고와 철학 위에서만 가능하다. 이미 '새로운 역사학'에 대한 갈증은 시작되었다. 다양한 내적·외적 자극의 결과로 머지않아 더욱 세련되고 훌륭한 한국사 연구가 가능해질 것이다. 지금이야말로 새로운 역사학이 탄생할 수 있는 가장 좋은 때다. 필자의 작업이 작지만 새로운 시도의 발걸음으로 이해된다면 더할 나위 없이 기쁘겠다.

I

일상의 폭력

상놈 집에서 목을 맨 반가의 여인

경상북도 문경군 신북면 황씨 부인 사건

조선 최고의 법의학 교과서 《증수무원록언해》

100여 년 전에도 살인사건 조사과정에서 사건 관련자들에 대한 심문과 용의자의 자백은 중요했다. 하지만 결국 법의학 증거가 사건 해결에 결정적인 역할을 하는 경우가 많았다. 조선의 법의학은 고려 말 조선 초에 중국 원나라의 《무원록(無寃錄)》이 수입되면서 그 단초가 마련되었고, 세종 대에 《신주무원록(新註無寃錄)》이 간행되어 본격적으로 사건 조사에 활용되기 시작했다. 이후 몇 차례 증보된 끝에 정조 때 《증수무원록언해(增修無寃錄諺解)》가 간행되었고, 이후 조선 말기까지 법의학의 지침서로 활용되었다.[1]

흥미로운 사실은, 조선 후기에 여러모로 밝혀내기 어려운 살해 방법들이 고안되고 있었다는 점이다. 소량의 맹독을 사용하여 독살 여부를 판별하기 어렵게 만들거나, 바늘로 급소를 찔러 흉터가 남지 않게 하고 간교한 수법들을 동원해 상처 부위를 숨기려 한 것 등이 그것이다. 그뿐만 아니라 살해 후 피해자가 자살한 것처럼 꾸미는 사례가 많아졌다. 이에

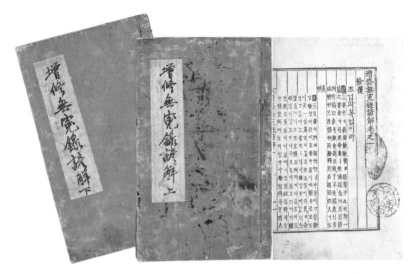

《증수무원록언해》는《신주무원록》의 증보판인《증수무원록대전(大全)》을 언해한 법의학서다. 사망 후 시간에 따른 인체의 변화뿐 아니라 사인을 규명하는 데 필요한 각종 사항 및 검사할 내용과 방법, 검사에 필요한 재료, 검안서식에 이르기까지 검시 관련 내용이 총망라되어 있다. 국립중앙박물관 소장.

발맞추어 법의학 지식도 발전했다. 특히 범행에 사용한 흉기나 타살을 자살로 위장한 수법을 밝혀내기 위한 노력은 조선 후기 법의학이 이루어낸 주요한 성과 중 하나다. 실제 규장각에 소장되어 있는 수많은 검안 가운데는 목 졸라 살해한 후 자살로 위장하거나 구타하여 살해한 뒤 강물에 던져 스스로 투신한 것처럼 꾸민 사건들이 다수 있다.《증수무원록언해》에는 이 같은 사건의 진실을 파헤치기 위한 여러 가지 수사기법이 수록되어 있는데, 예를 들면 다음과 같다.

> 살인흔 흉도(凶刀)를 날이 오라야 분변키 어렵거든 모롬이 숫블노써 달와 븕게 ᄒ고 싄 초로써 삐스라. 핏 자최 스스로 뵈ᄂᆞ니라.

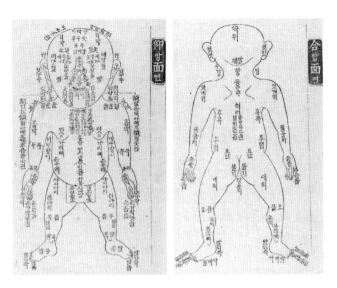

《증수무원록언해》〈앙면(仰面)〉과〈합면(合面)〉의 일부. 서울대학교 규장각한국학연구원 소장.

살인에 사용된 칼이 오래되어 범행도구로 확정하기 어려운 때에는 칼을 숯불에 빨갛게 달군 후 표면에 강한 식초를 뿌리면 핏자국이 선명하게 드러난다는 내용이다.[2] 살인사건 조사에서 검시를 통한 시체 조사는 사인 규명을 위한 중요한 과정이었다. 그리고 이 과정에서 활용된 법의학 지식은 과학적인 수사를 가능케 한 원천이었다. 18세기 후반 이래 검시는 조선시대 최고의 의학지식을 반영한 법의학 지침서《증수무원록언해》에 근거하여 진행되었다.

주의해야 할 것은,《증수무원록언해》에 이와 같이 초산 반응을 이용하여 범행도구를 확정하는 등의 과학적인 방법만이 아니라 '적혈'과 같이 현대 의학으로 납득할 수 없는 비과학적인 방법도 수록되어 있다는 점이다. '적혈(滴血)'이란 죽은 사람의 뼈에 친자로 짐작되는 사람의 피를 떨어뜨린 후 피가 스며들면 친자로 인정하는, 일종의 친자 판별법이다. 피의 응고 현상을 친자 확인에 이용한 것이다. 어릴 때 헤어진 아들이나 형제를 찾는 일에도 이 같은 방법이 동원되었다. 즉, 부자간이나 형제간으로 추정되는 사람들 각자의 피를 뽑아 한 그릇에 떨어뜨린 후 피가 응고되면 부자 혹은 친형제라는 식이었다. 사실 혈청과 혈액의 응고 반응에 관한 과학적 지식이 없는 상태에서 생겨난 어처구니없는 속설에 불과하지만, 얼마나 많은 사람이 이 때문에 눈앞에 있는 형제나 아버지 혹은 아들을 알아보지 못하거나 피 한 방울 섞이지 않은 남에게 호부호형을 했을지 생각하면 안타까운 일이 아닐 수 없다.

물론 조선시대의 지방관들은 당대의 법의학 지식을 활용하여 수사에 최선을 다했다. 지금부터 다룰 일명 '황씨 부인 치사사건'은 이를 잘 보여준다.[3] 문경군수는 시체에 남은 상흔과 주변 정황 등을 철저히 조사하여 황씨 부인의 죽음이 자살이 아닌 타살임을 밝혀냈다. 1904년 경상북도 문경에서 발생한 황씨 부인 사건을 통해 100년 전 사람들이 정확한 사망 원인과 범인을 확정하는 과정을 따라가보자.

상놈이 반가의 부녀를 겁간하려 했소

1904년 5월 15일, 경상북도 문경의 군수 김영연(金永年)은 관할지역인 신북면 화지리에 사는 양반 안도흠의 소장을 받았다. 하루 전인 5월 14일

이웃에 사는 상놈 정이문이 저녁에 몰래 집에 들어와 며느리 황씨를 겁간하려다가 아들 안재찬에게 발각되자 도주했다는 내용이었다. 안도흠은 반상의 구별이 엄격하고 남녀의 유별이 분명한데 어찌 상놈이 반가의 여성을 겁탈할 수 있냐며 도주한 정이문 대신 그의 조부라도 체포하면 손자가 관아에 자수할 것이니 이를 기다렸다가 처벌해달라고 군수에게 요청했다.

상놈이 부녀자, 그것도 양반 댁 며느리를 겁탈하려던 데 격분한 황씨의 시아버지 안도흠과 남편 안재찬은 일이 터진 당일 정이문의 집에 쳐들어가 가재도구를 부수고 집을 박살냈지만, 범행 당사자 정이문은 물론 함께 살던 그의 아버지도 조부도 찾을 수 없었다. 이미 인근 마을로 피신한 후였기 때문이다. 정이문의 아버지는 결국 야반도주했고 조부 정태극만 홀로 남았다가 관아에 끌려갔다. 군수는 정태극을 옥에 가두고 정이문이 나타나기를 기다렸다. 그런데 취조과정에서 정태극은 자신의 손자가 이미 안도흠의 며느리 황씨와 5년 이상 불륜관계를 맺어왔다고 진술했다. 사건이 복잡해지고 있었다.

그로부터 보름쯤 지난 6월 3일, 화지리의 존위(尊位) 최상보와 동임(洞任)[4] 정영천 등이 또 다른 고발장을 가져왔다. 안도흠의 며느리 황씨가 정이문의 집 서까래에 목을 매 자살했다는 내용이었다. 갑작스런 부고에 관아 안팎으로 사람들이 바삐 움직이기 시작했다. 문경군수는 곧바로 조사에 필요한 도서와 응용 법물(검시에 필요한 각종 도구와 약물)을 준비하도록 명한 뒤, 조사를 도와줄 형리와 검시에 참여할 의생, 시체를 닦을 오작사령(作作使令) 등을 이끌고 현장으로 출동했다.

사망의 원인을 의심하다

현장에 도착한 군수는 먼저 황씨의 죽음을 처음으로 관아에 알린 동네 존위 최상보(37세)를 불러 사건의 경위를 물었다. 최상보는 지난밤(6월 2일 밤) 동네에 통곡소리가 나서 찾아가보니 정이문의 집이었고, 그곳에서 목을 맨 채 숨져 있는 황씨 주변으로 안도흠의 식구들이 둘러앉아 통곡하고 있었다고 했다. 이내 동네 사람들이 모여들어 끔찍하다고 내빼거나 구경하기도 하던 중에 안씨 부자가 숨진 황씨를 집으로 데려가겠다 했고, 법을 잘 모르는 동리인들은 그리하라며 말리지 않았다고 했다. 그 후 빨리 관아에 보고하라는 다그침이 있어 존위인 자신이 동임 정영천 등과 함께 관아에 이 사실을 알린 것이라고도 했다.

군수는 이어 동임 정영천을 불러 심문했지만 비슷한 답변을 내놓을 뿐이었다. 고발장을 접수한 두 사람의 진술에서도 황씨의 죽음과 관련된 자세한 정황은 드러나지 않았다. 자세한 정황은 죽은 황씨의 남편 안재찬에게서 들을 수 있을 것 같았다. 정이문의 집에서 황씨의 시체를 발견하고 동네 사람들에게 알린 인물, 즉 시체를 처음 목격한 사람이 바로 안재찬이었기 때문이다.

군수는 안재찬을 불러 심문했다. 서른 살의 유학(幼學)이라고 자신을 소개한 안재찬은 다음과 같이 진술했다.

저는 지난 5월 14일 밤 모판에 물을 댄 후 집 앞 뜰에서 짚신을 삼고 있었습니다. 당시 정이문이 와서 '밤기운이 쌀쌀해 집에 들어가 옷을 입어야겠다'고 말하기에, 저 역시 신 삼는 짚이 너무 말라 (짚에) 물을 뿌려주려고 집에 들어가 대청마루에 올라섰습니다. 이때 정이문이 안방에 몰래 들어가려던 것을 보았고, 갑자기 뒷문으로 달려가 담장을 넘어 도망치기에 쫓아갔으나 잡지 못했습니다. 그런 뒤 (방에 들어갔는데, 아무 일 없었다는 듯) 그저 누워서 아이를 보듬고 있는 처를 보자 화가 났습니다. 저는 정이문이 왜 방에 왔는지 채근하며 홍두깨를 들고 아무 곳이나 내려치며 책망했습니다. 안사람은 '정이문이 온 이유를 내 어찌 알겠소?'라며 아무렇지도 않은 듯 대답했습니다.

저는 화가 가라앉지 않아 아버지, 동생과 함께 정이문의 집에 가서 가사(家舍)와 살림을 부수고 다음 날 관에 정이문을 고발했습니다. 그 후 정이문의 조부가 정이문과 제 처가 수년간 화간해온 사이라고 진술했다는 이야기를 들었습니다. 아내는 양반 부녀로서 씻기 어려운 수치를 당하자 살기 싫은 마음이 생겼는지 자진하려고 했습니다. 그래서 제 부친께서 설득하고 타이르며 밤마다 지키게 했습니다.

6월 2일에는 …… 잠결에 어린 아들의 울음소리가 들리기에 안사람을 불렀습니다. 연거푸 두세 번을 불렀는데도 응답이 없어 일어나 보니 처가 보이지 않았습니다. 급히 앞집 홍씨 양반 댁에 가보았으나 출입한 사람이 없다 하므로 아버지와 함께 사방으로 찾아 나섰는데, 정이문의 빈집에 이르러서야 그만 서까래에 포도나무 줄기로 목을 맨 채 늘어져 있는 처를 보게 된 것입니다. 아버지와 함께 급히 풀어보았지만 이미 숨이 끊어져 전신이 싸늘하게 식은 상태였습니다. 그래서 시체를 집으로 옮겨놓은 뒤 관에 고발하려 했는데, 갑자기 당한 변고에 놀라셨는지 아버지께서 정신을 잃은 관계로 아버지를 돌보느라 관에 빨리 고하지 못했던 것입니다.

제 처는 상주의 황씨 집안 출신으로 …… 금년에 스물여섯이며 아들 하나를 낳았습니다. 몸에 특별한 상처는 없습니다. 원통함을 풀어주십시오.

잘 풀리지 않는 사건, 남은 방법은 검시뿐!

안재찬은 아내 황씨가 수치심을 이기지 못해 자살했다고 진술했다. 그러나 그의 진술만으로 자살을 확정할 수는 없었다. 군수는 마을의 관리와 이웃을 따로 불러 심문을 이어갔다. 그러나 모두들 사건에 연루되고 싶지 않다는 듯, 잘 모른다는 답변만 늘어놓았다.

아침부터 바쁘게 여러 사람을 심문하고 나니 오시(午時, 오전 11시~오후 1시)를 넘긴 시각이었다. 자살 여부를 가리려면 이제 '검시'를 통해 확증을 잡는 길밖에 없었다. 군수는 더 늦기 전에 본격적으로 검시를 실시하기로 결정하고 《증수무원록언해》를 펼쳐 보았다. 검시의 기본 원칙이 잘 나와 있어 조사할 때마다 신중을 기해야 할 것이라는 생각이 들도록 만드는 책이었다. '세엄법(洗罨法, 시체를 닦는 방법)' 항목에 시체가 훼손되거나 부패되어 상처 자국이 잘 보이지 않을 경우 술지게미 등을 이용하여 상처 자국을 선명하게 드러내는 방법이 나와 있었다.

먼저 술지게미와 식초를 시체에 뿌리고 사망자의 옷가지로 완전히 덮는다. 그 위에 다시 따뜻한 식초와 술을 끼얹어 옷을 적신 뒤 거적을 덮고 일각(15분)가량 놔두면 식초와 술의 기운이 스며들어 시체가 부드러워진다. 이를 기다려 덮었던 거적과 옷가지를 걷어내고 술지게미와 식초를 물로 씻어낸 다음 검시를 시작한다. 그저 오작사령들의 말만 듣고 시체를 술과 식초로 슬쩍 씻는 시늉만 했다가는 상처의 흔적이 잘 나타나지 않으니 주의하라는 내용이었다.

《증수무원록언해》의 이 구절을 되새기면서 군수 김영연은 시신이 놓인 방으로 들어갔다. 우선 사건현장을 세밀하게 점검하기 위해 관척(官尺)을 꺼내 시신이 놓인 곳을 측정했다. 시신은 방 안 서쪽 벽으로부터 6척 5촌, 남쪽 벽으로부터 3척 1촌, 동쪽의 문지방에서 3촌가량 떨어진 곳에 있었고, 머리는 남쪽을 향한 채 두 발이 북쪽 벽에 닿아 있었다.

군수는 오작사령에게 대중이 볼 수 있는 밝은 곳으로 시체를 옮기라고 명했다. 방이 너무 좁고 어두컴컴해 검시하기에 부적절한 데다, 참관자들에게 검시 장면을 보여주어야 했기 때문이다. 반가의 여인을 여러 사람 앞에서 검시하는 것은 예의가 아니라는 법례(法例)가 있었지만, 사인을 밝힐 방법이 남아 있지 않으니 어쩔 수 없는 노릇이었다. 군수는 마침내 시체를 덮고 있는 옷가지며 버선 따위를 하나도 남김없이 벗기라고 명령했다. 오작사령 김일남은 능숙한 솜씨로 죽은 황씨의 9폭 치마를 걷어낸 후, 요대를 풀고 적삼과 목면 홑바지를 벗겼다. 이어 남은 속옷마저 벗겨내자 똥이 어지럽게 묻은 것이 보였다. 마지막으로 신고 있던 버선을 벗겼다. 신장 4척 9촌의 20대 중반으로 보이는 여성의 알몸이 드러났다.

김준근, 〈살인에 검시하는 모양〉, 독일 함부르크 민족학박물관 소장.

타살의 흔적을 발견하다

죽은 여인의 얼굴색은 푸르기도 하고 붉기도 하고 누르기도 하고 희기도 했다. 《증수무원록언해》에서 '피타사(被打死, 구타당한 후 죽은 사람의 시체)'에 대해 설명한 부분과 너무도 흡사한 시반이 나타난 것이다. 또한 정수리 왼쪽에 피부가 벗겨져 나간 부위가 눈에 들어왔다. 무언가로 맞은 흔적이 분명했다. 타살이 의심되는 대목이었다. 독살의 가능성도 배제하지 않았다. 은으로 만든 비녀 모양의 뾰족한 도구를 입 안에 넣어 색깔이 변하는지 살펴보았다. 색이 변하지 않았다. 독살은 아닌 듯했다. 이제 목 부위를 점검할 차례였다. 여기저기 상처가 보였는데, 특히 목 졸린 자국, 즉 액흔(縊痕)이 뚜렷했다. 늑골과 가슴 부위에도 구타당한 흔적이 있었다. 점점 더 타살에 무게가 실렸다. 시체를 뒤집자, 역시 전체적으로 피부색이 검기도 하고 푸르기도 하고 붉기도 하고 희기도 하는 등 구타의 흔적이 역력했다. 검시 요령에 의거하여 발바닥까지 세세하게 살폈다.

군수는 상부에 올릴 보고서에 첨부할 '시장'을 작성한 후, 두 부를 더 만들어 하나는 죽은 황씨의 집에 보내고 나머지 하나는 자신이 소장하기로 했다. 군수는 황씨가 구타당한 후 목 졸려 살해된 것으로 결론지었다. 자살은 범행을 숨기기 위한 위장에 지나지 않았다.

그렇다면 누가 황씨를 살해한 것인가? 아무도 범행을 자백하지 않으니 검시를 통해 확보한 타살의 증거들을 활용해 범인을 색출할 수밖에 없었다. 일단 검사가 끝난 황씨의 시체는 다시 방으로 옮겨서 거적으로 덮은 후 주위에 횟가루를 뿌려 표시해두었다. 이후 수직군 두 사람을 시켜 다른 사람이 시체에 손을 대지 못하도록 조치했다.

잠시 생각을 정리한 군수는 2차 심문을 준비했다. 먼저 죽은 황씨의 남편 안재찬을 부르기로 했다. 1차 심문 당시 안재찬은 정이문의 집에 목을 매고 죽어 있는 부인을 발견하여 집으로 옮겼을 뿐이라고 진술했다. 그러나 시체를 처음 발견한 사람도 황씨의 자살을 암시한 사람도 그였던 만큼 혐의를 거둘 수 없었다. 군수는 시체의 목덜미에서 발견한 '일(一)' 자 모양의 액흔을 떠올렸다. 자살이라면 나타나지 않는 흔적이었기 때문이다. 《증수무원록언해》에 따르면, 죽은 사람이 직접 목을 맸을 경우 목 중앙에서 양쪽 귀밑을 지나 사선 모양으로 액흔이 생겨야 마땅하다. 군수는 안재찬에게 이 점에 관해 집중적으로 캐물었다. 정수리의 찰과상과 몸 전체에 번진 푸르스름한 구타의 상흔들도 빼놓을 수 없는 타살의 증거였다.

> 안재찬에게 묻노라. …… 지난밤 황씨가 분한 마음을 먹고 목을 맸거늘 너는 관에 고발하여 복수하지 않고 오히려 시신을 집으로 가져갔으니 무슨 이유인가? 또한 황씨를 검험한 결과 목맨 흔적이 목덜미에 일자로 가로질렀으며 목 앞쪽으로도 두 곳의 목맨 흔적이 있다. 이러한 상흔을 보고도 어찌 스스로 목매 죽었다고 말할 수 있는가? 검시의 법이 엄중하고 대중의 눈이 분명하니 비록 네가 흔적을 숨기려고 해도 숨길 수 없는 법이다. (특히) 정수리와 턱 아래 후골 사이에 나타난 상흔과 등마루, 옆구리, 볼기 등의 붉은 기운과 딱지 등은 어떤 물건으로 구타당한 흔적이다. 감히 꾸밀 생각 말고 이실직고하라.

안재찬은 모르는 일이라며 불쌍한 자신이 아니라 교활한 정이문을 처벌해달라고만 했다. 황씨의 목덜미에 있는 일자 모양의 상흔도 알지 못한다고 했다. 사건은 미궁에 빠질 위기에 처했다.

살인자의 민낯이 드러나다

좀 더 치밀한 심문이 요구되는 상황이었다. 문경군수는 이를 위해《증수무원록언해》의 관련 조문을 좀 더 자세히 읽어보았다. 그 과정에서 다음과 같은 구절을 발견했다.

> 스스로 목을 매려면 (줄을 묶는 곳이 어디든) 반드시 높이가 8척을 넘어야 한다. 그래야 발이 허공에 뜨기 때문이다. 발을 디뎠던 물건(의 높이)도 허공(에 뜬 발과 바닥 사이의 간격)보다는 배가 높아야 한다. 이 때문에 올가미를 맨 흔적이 목에 한 줄로 둥글게 나지 않는다. (또한) 서까래, 들보, 시렁, 지도리 등 목을 맨 장소가 어디든, 남은 흔적은 먼지가 많은 데라면 어지럽게 줄 자국이 있어야 스스로 목을 맸을 때의 흔적이라 할 수 있다. 만일 줄 자국이 어지럽지 않고 한 줄로만 나 있다면 이는 스스로 목을 맨 것이 아니다.[5]

목매 자살했다면 자살자가 허공에 발이 뜬 채로 몸부림 친 흔적이 남아야 한다. 즉, 줄을 두른 들보나 서까래에 앉은 먼지가 어지럽게 흩어져 있어야 한다. 그런데 타살 후 자살로 위장한 것이라면 들보나 서까래 위에는 줄 자국이 하나밖에 없을 것이 분명했다.

군수 김영연은 급히 황씨가 목매 자살했다는 현장으로 달려갔다. 사건 해결의 실마리는 그곳에 있었다. 황씨가 목을 매달았다는 서까래 위에는 단 하나의 줄 자국만 선명하게 남아 있었다. 살해한 후 자살로 꾸민 것이 틀림없었다. 문경군수는 다시 안재찬을 불러 다그쳤다.

> 네가 자결(自結)로 보고했지만 목 졸려 살해[勒縊]당했을 때와 목매 자결했을 때는 (남은 흔적에) 분명한 차이가 있다. 서까래나 들보의 먼지가 어지럽게 흩어져 있어야 스스로 목을 맨 흔적이라 할 수 있다. 그런데 이번에 살펴본 결과, 줄 자국이 한 줄로 뚜렷해 자액(自縊, 스스로 목을 맴)에 부합하지 않는다. …… 또한 목덜미에 일자로 난 액흔과 목 왼쪽에 난 두 줄의 액흔은 네 처를 바로 눕히고 끈으로 목을 조른 결과로 볼 수 있다. 네가 감히 정가의 계책으로 (죄를) 떠넘기려고 네 처를 정이문의 빈집으로 옮긴 후 자살했다고 고했으니 그 간악함이 매우 심하구나. 옥체가 엄중하니 꾸며댈 생각 말고 이실직고하라.

안재찬은 세 번째 심문에서 비로소 범행 사실을 인정하고 범행 일체를 자백했다. 6월 2일 밤 처와 네 살배기 아들과 함께 자고 있다가 아이가 우는데도 꼼짝하지 않는 처를 보고는 화가 나 구타하고 목을 졸라 살해했다는 것이다. 사실관계야 어찌 됐든 정이문이 자신의 처와 오랫동안 불륜관계에 있었다는 정태극의 진술을 전해들은 터라 아내에 대한 분노가 쉽사리 사그라지지 않았고, 이에 정이문에게 복수한다는 마음으로 끈을 가져다가 황씨의 목을 맨 뒤 정가의 집 서까래에 매달아 자살로 꾸몄다는 것이다. 범행에 사용한 끈은 안재찬이 평소 개를 잡을 때 사용하던 올가미였다.

문경군수 김영연은 "인심이 어찌 이렇게도 극악한가!"라는 탄식으로 황씨 검안을 마무리 지었다. 영원히 베일에 가려질 뻔한 안재찬의 근거 없는 복수극은 한 지방관의 철저한 수사로 이렇게 만천하에 진실을 드러냈다.

100여 년 전 우리가 알지 못하는 많은 사람이 이러저러한 이유로 다른 사람을 구타하고 살해했으며, 또 범행을 숨기려고 자살로 위장했다. 사건의 진실을 밝혀내기 위해 고을의 수령들은 의지를 다잡고 법의학 지침서를 읽으며 다양한 법의학 지식들을 조사에 동원했다. 그 생생한 기록이 검안에 고스란히 남아 있다.

애달픈 첩살이

경기도 강화부 하도면 나씨 사건

사회의 가장 내밀한 집단, 가족의 두 얼굴

100여 년 전에도 폭력은 사회의 작고 내밀한 집단에서 자주 발생했다. 그리고 쉽게 은폐되었다. 특히 가족 구성원들 간 폭력은 한 번으로 그치지 않고 반복되는 경우가 많았다. 집 안에서 매 맞는 여성들, 그리고 처첩 간의 갈등은 현존하는 수백 건의 검안 전체를 관통하는 중요한 주제이다. 당시 여성의 지위가 높지 않았으리라는 점을 감안하더라도 폭력에 노출된 여성들의 사연은 가슴 아프다.

집 안에서 여성들은 잔인한 폭력 앞에 맥없이 무너졌다. 황해도 서흥의 김씨는 연이은 흉년으로 패가하여 자신보다 신분이 낮은 집안과 사돈을 맺게 되었는데, 부인 이씨가 자존심이 상한다면서 구박하자 홧김에 아내를 구타하여 살해했다.[6] 금광에서 채굴 노동자로 생계를 꾸리던 황해도 수안의 김봉선은 부인 전씨가 읍내 아무개와 간통한다는 소문을 듣고 아내를 추궁했지만, 잘못을 빌기는커녕 평생 채굴 노동자 신세를 면치 못할 것이라며 도리어 자신에게 악담을 퍼붓는 아내에게 격분하여 그

녀를 살해하고 칼로 얼굴을 난자하는 끔찍한 범행을 저질렀다.[7]

여성들은 집 밖에서도 강간을 비롯한 다양한 폭력에 노출되었다. 혼자 살거나 타지 출신이거나 가난 때문에 남의 집에서 기식(寄食)하는 여성들이 특히 폭력의 주된 희생양이었다. 전라도 고부의 과부 이씨는 동네 건달 홍내한 패거리에게 강간을 당한 후 모욕감을 이기지 못해 자살했다.[8] 경주 사람으로 가난 때문에 동생네 식구들과 함께 충청도 괴산으로 이주하여 김호선의 집에 얹혀살던 윤치언은, 집주인 김호선이 자신들을 얕잡아보고 동생의 아내를 겁탈하려 하자 김호선을 살해했다.[9]

폭력에 폭력으로 맞선 여성들도 있었다. 대구의 구씨 여인은 집을 팔아 장사밑천으로 삼자고 강박하는 남편에게 죽어도 남의 집에 세 들어 살지는 않을 것이라며 맞서다가 남편이 잠든 사이 끓는 기름을 귀에 부어 살해하려고 했다.[10] 남편 몰래 외간 남자와 정을 통하다가 남편에게 살해된 여성도 있었지만,[11] 간통하던 남자와 공모하여 무능한 남편을 살해한 부인도 있었다.[12]

여기에 소개하는 경기도 강화부의 나씨 사건은 남편의 폭력과 본처의 견디기 힘든 모욕에 절망하던 한 여인이 결국 죽음에 이르게 된 이야기이다.[13]

죽은 시어머니의 입을 빌려 첩을 모욕하다

1899년 11월, 강화부 하도면의 선달 정두성이 본처 계씨의 오래된 병을

김준근, 〈무녀 굿하고〉, 독일 함부르크 민족학박물관 소장. 경기도와 황해도 서해안 일대에는 '무감서
다'라는 말이 전한다. 한자로는 '무감'을 '무관(舞觀)'으로 적기도 하는데, 무감이란 굿판에서 해원(解冤,
원통한 마음을 풂)을 원하는 사람이 무복(巫服)을 입고 무당과 함께 춤을 추는 행위를 말한다. 이때 누
군가의 영혼이 그의 몸에 빙의하면, 구경하러 온 사람들과 대화를 하거나 원한이 있는 사람에게 욕설을
퍼붓기도 한다.[14]

치료할 요량으로 전등사 근처에 살던 무당 김씨를 데려와 굿판을 벌였
다. 당시 정두성은 본처의 건강을 핑계로 첩을 두었는데, 몇 년 전 홀로
된 과부 나씨였다. 나씨는 어려서 부친을 따라 한양에서 강화도로 이주
한 뒤 10대 후반에 혼인을 했지만 남편 몰래 동네 선달 정두성과 화간(和
姦)하는 사이가 되었다. 정두성의 본처 계씨가 이 사실을 모를 리 없었다.
그런데도 나씨의 남편이 죽자마자 정두성은 보란 듯이 나씨를 첩으로 들였던 것이다.

굿판이 차려지자 본처 계씨가 무복으로 갈아입고 굿판에 들어와 춤을 추기 시작했다. 곧바로 시어머니의 영혼이 빙의한 듯 시어머니 흉내를 냈는데, 초검과 복검 검안에는 당시 본처 계씨가 정두성과 첩 나씨를 꾸짖었던 정황이 자세하다. 첩 나씨의 이웃집 여인 이씨(58세)와 굿판을 주관한 무당 김씨(50세)의 증언을 통해 현장을 들여다보자.

춤을 추던 계씨가 몸을 들썩들썩하더니 큰 소리로 남편을 불렀다. "두성이는 잘 있느냐?" 어머니의 목소리를 들은 듯 정두성은 큰 소리로 답했다. "어머니, 두성이 여기 대령했습니다." 다시 계씨가 말을 이었다. "두성아, 나는 네 어미다. 네가 열심히 빌지 않는데 내가 어떻게 춤을 추겠느냐? 그리고 네 첩은 어찌 춤을 추지 않느냐? 기도하기 싫으면 신에게 빌지 말고 각자 집으로 돌아가거라." 이후로도 계씨는 이리저리 뛰어다니며 춤을 추었다. 그러다 갑자기 팔을 떨며 쓰러졌고, 잠시 뒤 일어나더니 첩 나씨를 질책하기 시작했다. "이년! 천 번 만 번 죽여도 시원찮을 년! 착하디착한 우리 아들을 꾀어 집안의 화목을 깨뜨렸구나. 남편을 사랑하기는커녕 들고 날 때마다 눈을 흘기니 그 마음을 생각하면 만 번 살을 발라내도 시원찮구나." 부엌에서 이 말을 듣고 있던 첩 나씨는 분을 이기지 못하고 계씨에게 소리를 질러댔다. "시어머니에게 며느리는 본부인이든 첩이든 매한가지라. 시어머니의 귀신이 진짜 옆에 왔다면 절대 나를 미워할 리 없다. 처첩 간 투기는 예부터 있어왔는데 어찌 이처럼 나를 미워하는가?" 나씨는 부엌에서 담배에 불을 붙여 입에 물고는 장탄식을 덧붙였다. "뭐라도 빌 것이 있어야 춤을 출 것 아닌가? 나는 안 하런다. (어차피 계씨는) 한 달이면 29일을 온몸이 아픈데 빌어 뭣하겠는가?"
본처 계씨의 병을 고치려고 굿판을 벌였건만 첩 나씨는 굿판에 도움을
주기는커녕 빌어봐야 소용없을 것이라는 악담만 더했다. 처첩 간의 갈등
이 폭발하는 순간이었다. 말을 끝낸 나씨는 홀연히 굿판을 떠났다. 그런
데 얼마 지나지 않아 집에서 싸늘한 시신으로 발견되었다. 그녀가 간수
를 먹고 자살했다는 소문이 온 마을에 퍼졌다.

내 딸은 살해되었다

1899년 11월 3일[15] 오시, 하도면 덕포동에 사는 나일성이 관에 고발장을
제출했다. 나일성은 사망한 나씨의 아버지였다. 그는 소장에서 자신의
딸이 간수를 마시고 자살한 것이 아니라 사위 정두성에게 살해되었다고
주장했다. "정두성이 첩으로 삼아 데리고 살다가 인두로 지져 죽였다"는
것이다.

　살인사건이 발생했다는 소식을 들은 강화부윤 한인호(韓麟鎬)는 고발
장 접수 당일인 11월 3일 미시(未時, 오후 1~3시)에 바로 검시를 보조할 오
작사령을 대동하고 현장으로 출발했다. 시신이 놓인 현장은 청사에서 남
쪽으로 40리 떨어진 하도면에 있었는데, 가는 동안 야심해져 당일에는
검시가 불가능했다. 한인호는 검시에 앞서 관련자들을 심문하기로 하고,
먼저 고발장을 제출한 나일성(52세)을 취조했다.

네가 발고한 것을 보면, 하도면 문산동에 사는 정두성이 네 딸을 첩으로 삼아 데리고 살다가 인두로 지져 죽였다고 했다. 그렇다면 몇 월 며칠 무슨 이유로 싸우다가 정두성이 네 딸을 인두로 지졌는지, 저간의 사정과 증인이 누구인지, 죽은 딸의 나이는 몇인지, 본래 몸에 상처나 지병이 있었는지 등을 일일이 고해야 할 것이다. 또한 (범행에) 사용된 흉기를 습득했으면 즉시 고하라.

나일성은 다음과 같이 진술했다.

저는 본래 한양 사람인데 정축년(1877)에 강화도의 덕포동으로 이주했습니다. 제 딸은 본래 무녀로 덕포동의 김돌몽과 혼인했고 김돌몽이 죽은 후에는 문산동에 사는 정두성의 첩이 되어 지금까지 4년간 함께 살았습니다. 지난달에 딸이 집에 찾아와 '정두성이 원래 성질이 패악합니다. 매일같이 저를 때립니다. 지난밤에는 인두로 지지기까지 합디다. 너무 원통해서 더 이상은 정가와 함께 살고 싶지 않습니다' 하며 울기에 타일러 집으로 돌려보낸 적이 있습니다.

나일성은 20여 년 전 서울에서 강화도로 이주한 뒤 부인을 잃고 홀로 어렵게 딸을 키우며 살다가 1년 전 재혼했고, 특별한 재산이 없어 마을의 동임을 맡아 생계를 꾸려왔다. 그의 진술내용을 보면, 죽은 여식은 본디 무당으로 열일곱에 김돌몽과 혼인하여 살다가 7년 만에 사별하고 그 뒤로 정두성의 첩이 되었다. 사실 김돌몽이 죽기 전에도 정두성과 정을 통해 주변의 비난을 샀다. 그런데 4년 전 정두성의 첩으로 들어간 후로는 정두성과 매일 다투었고, 죽기 얼마 전에는 친정에 찾아와 정두성의 구타와 학대를 견디기 힘들다고 하소연했다.

(발고한 그날도) 저는 동네일 때문에 한양에 갔습니다. 그런데 돌아와 보니 동네 사람이 제 딸이 죽었다고 했습니다. 처에게 확인한 후 곧장 딸의 집으로 달려가 사위 정두성에게 딸이 어떻게 죽었는지 물었는데, '간수를 마시고 죽었다'고 했습니다. 믿기 어려워 제가 직접 이불을 걷고 딸의 시신을 보았더니, 왼쪽 겨드랑이 아래에 인두로 지진 자국이 분명했고, 등 왼쪽에도 붉은 흔적이 있었습니다. 관에 고발하려고 정두성을 문산동 동임에게 단단히 붙잡아두라고 이야기한 후 귀가했습니다. 딸의 몸에 상흔이 분명한지라 타살로 생각하고 발고한 것이며, 현장을 본 증인이 누구인지는 물어보지 않아 모릅니다. 딸은 올해 스물여덟이고 몸에 본래 상처도 지병도 없었습니다. 흉기는 습득하지 못했습니다. 명백하게 조사하여 처분해주십시오.

강화부윤 한인호는 이어 나일성의 부인 김씨를 소환했다. 김씨의 이야기도 나일성과 다르지 않았다.

저는 상도면 장하동에 살다가 작년 봄에 나일성과 혼인하여 하도면으로 이사했습니다. 나일성의 전처가 낳은 여식은 본래 무녀인데, 정두성과 함께 살았습니다. 지난달 며칠인지는 기억나지 않지만 집에 와서 제게 말하기를, '두성이 틈만 나면 나를 때리는데 이번에는 인두로 지지기까지 했습니다. 살고 싶은 마음이 없습니다'고 한 후 집으로 돌아갔습니다.

강화부윤은 나일성의 아내 김씨로부터 전실 소생 나씨가 정두성에게 자주 구타당한 사실을 확인했다. 또한 나씨가 죽었다는 소식에 놀라 그녀의 집에 찾아갔을 때 간수를 마시고 자살했다고 말한 사람이 바로 사위 정두성이었다는 사실도 확인했다.

은닉인가, 도주인가

결국 이번 사건의 원인과 저간의 사정을 가장 잘 알고 있을 사람은 나씨의 남편 정두성이었다. 그러나 정두성은 이미 도주하여 찾을 수가 없었다. 사건 당일 나씨의 아버지 나일성이 문산동 동임 김장원에게 정두성을 단단히 붙잡아두라고 부탁했건만, 어떤 연유에선지 놓쳐버린 것이었다. 부윤은 동임 김장원을 추궁했다. 문산동 동임 김장원은 문산동 집강 진금손이 시키는 대로 했을 뿐이라고 답했다.

제가 문산동 동임으로 있사오나 어떤 일이든지 관가에 고발하는 일은 집강 어르신께서 맡아 하셨으며 저는 시키는 일만 할 뿐입니다. 사건 당일 해질 무렵 제가 집강 어르신 댁에 있을 때 나일성이 와서 '지금 관가에 고발하러 갈 것이니 정두성을 마을에 잡아두기 바란다'고 했고, 이에 집강 어르신께서 제게 정두성을 불러오라고 시키셨습니다. 제가 먼저 정두성을 찾아 나섰고 곧장 나일성이 쫓아와 함께 정두성의 집으로 들어갔습니다. 나일성은 죽은 딸의 시신을 살핀 후 상처가 세 군데라고 말하고는 돌아갔습니다. 저는 정두성을 집강 어르신께 데려가 맡겼습니다. 그런데 다시 집강 어르신이 나일성도 함께 데려오라고 하셨습니다. 말씀을 받들어 나일성을 찾아 마을 주점에 가보니 나일성이 동네 사람과 술을 마시고 있었습니다. 조금 후에 집강 어르신께서 술집에 오셨기에, 저는 동네 상 치르는 일이 급해 자리를 떴습니다. 이후 사정에 대해서는 전연 아는 바가 없습니다.

동임 김장원은 집강이 정두성을 데려오라 하면 데려오고, 나일성을 불러오라고 하면 부르러 가는 일만 했을 뿐 전후 사정은 모른다고 주장했다. 모든 일은 집강에게 물어보라는 투였다. 강화부윤은 문산동 집강 진금손을 불러냈다. 당시 '집강(執綱)'은 글자 그대로 풍속을 교화하는 등 마을의 윤리와 기강을 바로잡는 역할을 했는데, 대부분 동임보다 신분이 높고 나이도 많았다. 진금손도 머리가 하얀 예순다섯 살 노인이었다.

하도면 문산동 영좌(領座, 집강을 달리 부르는 말) 진금손은 듣거라. 지금 사망한 나씨 옥사에 동임 김장원이 진술하기를, '정두성을 집강 어르신께 데려다주었다'고 했다. 그런데 어떤 이유로 정두성이 사라진 것인지, 이 동네에서 변고가 발생했는데 동네의 우두머리로서 왜 관에 고발하지 않는지, 무슨 흉계가 있는 것은 아닌지 궁금하다. 사망 원인에 대해서도 반드시 아는 바가 있을 테니 이실직고하라.

진금손의 답변은 황당하기 그지없었다.

지난달 나일성이 제게 와서는 여식이 건강하다가 갑자기 죽었으니 맞아 죽은 것인지 독을 마시고 죽은 것인지 아비인 자신을 위해 관에 고발하여 원통함을 씻어달라고 했습니다. 그리고 정두성을 동네에서 붙잡아두기를 청하므로 제가 동임 김장원에게 정두성을 데려오라고 시킨 것입니다. 한참이 지나도 오지 않기에 직접 정두성의 집으로 가봤는데, 정두성이 그의 육촌 정보성, 정치삼과 함께 있었습니다. (그런데) 제가 법의 뜻을 깊이 생각지 않고 정두성을 족친인 정치삼에게 맡겼습니다.

그러면서 자신이 집강으로서 사건을 마땅히 관에 보고해야 했지만 우매하여 즉시 보고하지 못했다며 황송하다는 말로 진술을 마무리했다. 범죄 용의자의 신병을 확보하고도 이를 용의자의 친척에게 맡겨놓다니 참으로 어이없는 일이었다. 동네의 풍속 교화를 담당해온 진금손의 입장에서 보면, 살인사건이 일어났다는 사실 자체가 자신이 교화를 제대로 하지 못한 증거였다. 그래서 관에 사건을 고발하러 떠난 나일성을 중간에 붙잡아 정두성과 화해하도록 만들어 사건을 무마할 요량이었던 것이다. 문산동에 모여 사는 정씨 일가나 집강을 맡고 있는 진금손에게는 그편이 훨씬 유리할 터였다. 진금손은 정두성을 정씨 일가붙이 정치삼에게 맡기는 한편, 또 다른 일가붙이 정문수에게 나일성을 찾아가 고발을 만류하라고 했다. 그러나 그사이 정두성이 그만 도망가버린 것이다. 강화부윤은 정두성을 놓친 정치삼(60세)과 집강의 명에 따라 나일성을 만류하러 갔던 정문수를 차례로 심문했다.

> 저(정치삼)는 정두성과 육촌간인데 지난번 나씨가 죽자 집강 진금손이 정두성을 제게 맡기면서 지키라고 했습니다. 그런데 지키다가 그만 낮잠이 들어버렸고 그사이 정두성이 몰래 도망했습니다. 참으로 죽을죄를 지었습니다. (그러나) 나씨의 죽음에 대해서는 저희 집에서 조금 멀리 떨어진 곳에서 일어난 일이라 전혀 알지 못하옵니다.

갈수록 태산이었다. 윤리와 기강을 바로 세워야 할 집강이 용의자를 친척에게 맡긴 것만도 황당한데, 용의자를 맡은 사람도 지키기는커녕 그를 놔두고 낮잠을 잤다는 것이니 말이다. 정치삼에 이어 정문수는 집강이 "나일성이 관에 고발하러 떠났는데 만일 고발하면 정씨 문중뿐만 아니라 온 동네가 반드시 좋지 않은 처지에 놓이게 될 테니 쫓아가서 나일성을 데리고 오라"고 시켰고 이를 거역하기 어려워 토기점까지 쫓아갔으나 찾지 못했다고 답했다. 그 역시 자세한 내용은 아는 바가 없다고 했다.

검시로 사망의 원인을 밝히다

강화부사는 이어 정두성의 본처 계씨를 심문했다.

계씨는 듣거라. 네가 평소 첩 나씨를 눈엣가시로 여기다가 신이 내린 것처럼 꾸며 간수를 마시고 죽게 만들었으니 오늘날 살옥의 변고가 너로 인한 것이 아니고 무엇이겠느냐? 이제 진실을 밝히도록 하라.

계씨가 신내림을 가장하여 첩 나씨에게 욕설을 퍼부었고 이로 인해 나씨가 자살한 게 아닌지 캐물은 것이다. 본처 계씨는 매우 억울해했다. 자신이 굿판에서 나씨를 꾸짖은 것은 사실이지만, 이로 인해 나씨가 간수를 마시고 죽을 줄은 몰랐다면서 참으로 까마귀 날자 배 떨어지는 격이라고 항변했다. 남편 정두성의 소재 역시 알지 못한다고 했다. 마지막으로 강화부윤은 굿판을 주관한 무녀 김씨를 불러 세웠다.

방금 본처 계씨가 '당일 굿판을 벌일 때 나씨가 기도를 하지 않아 화를 내면서 기도하지 않으려면 남편과 함께 나가라고 소리쳤더니, 나씨가 그만 간수를 마시고 죽었다'고 진술했다. 죽은 나씨가 비록 한 맺힌 마음이 있었다고 하지만 어찌 나가라는 말 한마디에 간수를 마셨겠는가? 납득이 되지 않는다. 당시 정두성의 굿판에서 네가 큰무당으로 자리에 섰으니 계씨가 무슨 일로 어떻게 첩 나씨를 책망했는지 말하라.

뼈에 사무치도록 아픈 소리를 듣지 않았다면 나씨가 어찌 간수를 마셨겠냐는 의미였다. 부윤의 추궁에 무녀 김씨는 당시의 상황을 소상하게 밝혔다.

저는 본래 무녀인데 지난달 정두성의 집에서 굿을 하겠다기에 갔습니다. 굿판에 쓸 제구(祭具)를 이미 갖추어놓은지라 곧장 음악을 울리고 함께 신에게 기도하기 시작했습니다. 그런데 얼마 안 가 정두성의 처 계씨가 무감서려고 무복을 입고는 신청(神廳)에 나와 몸을 들썩이며 남편을 불렀습니다. 남편 정두성이 소리를 듣고 오자 계씨는 더욱 큰 소리로 '네 첩이 함께 춤을 추어야지 어찌 홀로 춤을 추느냐? 그러려면 나는 그만두련다' 하고는 무복을 벗고 방에 들어가 누웠습니다. 그 뒤 나씨가 부엌에 앉아 있는 것을 보았습니다. 저는 나씨에게 신청에 들어가 기도하라고 했습니다만, 나씨는 그냥 집에 가겠다고 말하고 나가버렸습니다. 한참 후에 동네 총각 조한근이 와서 '첩 나씨가 죽었다'고 전하는 말을 듣고 저는 굿을 멈추고 집으로 돌아갔습니다. 이외에 더 드릴 말씀이 없습니다.

강화부윤 한인호는 검시에 앞서 사건의 정황을 파악하기 위해 관련자들의 진술을 들었지만 별다른 소득이 없었다. 도주한 정두성을 제외한 관련자 모두가 나씨의 죽음을 전해 들었을 뿐, 자세한 정황은 모른다는 진술만 반복했다. 사망한 나씨의 아버지 나일성은 정두성을 놓친 것이 분하던지 계속해서 자신이 직접 관가에 끌고 갔어야 했다며 한숨을 내쉬었다.

정두성을 부를 수 없으니 이제 검시를 통해 사망 원인을 확정하는 일만 남았다. 한인호는 현장에 도착한 다음 날인 11월 4일 유시(酉時, 오후 5~7시)에 나씨의 시신을 방에서 꺼내 밝은 곳으로 옮긴 후 검시에 착수했다. 오작사령 정흠상과 김경준이 시신을 직접 다루는 가운데 서기 조학원이 시장을 작성해나갔다. 이 자리에는 부윤의 명에 따라 죽은 나씨의 부친 나일성과 그의 처 김씨, 문산동의 집강 진금손, 동임 김장원, 집강의 명에 따라 나일성을 만류하러 갔던 정문수, 정두성을 놓친 정치삼, 굿판을 주관한 무당 김씨 등 사건 관련자 모두가 입회했다.

무엇보다 시신의 얼굴에 핏자국이 말라붙어 있었다. 콧구멍과 입에서 흘러나온 피였다. 검은색이었다. 은비녀로 검사하자 비녀의 빛깔이 자주색으로 변했다. 독을 먹었다는 의미였다. 시친 나일성의 주장처럼 인두로 지진 흔적이나 구타의 상흔이 보이기는 했지만, 검시 결과로 보면 '음독'이 직접적인 사인이었다. 게다가 주요 증인인 남편 정두성이 도주한 뒤라 부부간의 사정을 더 이상 자세하게 알기 어려웠다. 조사관인 강화 부윤 한인호는 사건의 최종 보고서에 다음과 같이 적었다.

여러 사람의 공초를 들어보니, 지금의 살옥 변고는 (본처) 계씨의 망언과 (죽은) 나씨의 편벽된 성격으로 인한 것입니다. 한밤중에 뜻밖에 일어난 변고인 데다 피고 정두성은 달아나고 중요한 증인 이길복 등은 숨어버려 사건의 전말을 파헤치기에는 여의치 않은 부분이 너무 많습니다. …… 죽은 나씨는 운명이 기구하여 무녀로 살다가 남의 첩이 되었습니다. 그러니 자신은 비록 잘못이 없다 해도 남들은 반드시 흠을 찾아내는 법입니다.

남편 정두성과는 4년 동안 한솥밥을 먹으면서도 늘 이유 없이 다투었고, (남편이) 끝내는 인두로 지지기까지 했으니 어찌 가정을 이룬 즐거움이 있었겠습니까? 본처 계씨도 한결같이 눈엣가시로 여기며 포용하려는 마음이 조금도 없었으니 어찌 화합할 수 있었겠습니까?

그날 밤 굿판이 벌어진 곳에서 본처 계씨의 나가버리라는 고함을 듣고 처음에는 분하고 수치스러워 그냥 집으로 돌아갔지만, 고적한 방에 홀로 있노라니 자신의 신세가 처량하고 불쌍하다는 생각이 들었을 것입니다. 그렇게 한 맺힌 가슴을 어루만지다가 마음이 들끓어 오르는 것을 진정하지 못하고 갑자기 약을 들었던 것인데, 이는 남편의 박정함을 막고 병을 만들어 본처의 투기를 없애려 한 것입니다. 하지만 연한 오장육부가 독약의 침범을 당하여 마침내 꺼져가는 촛불이 되고 말았습니다.

이 광경을 생각하면 여인 나씨가 반드시 죽으려는 마음에서 그리한 것이 아니었건만, 그만 청춘에 떨어진 꽃이 되었으니 그 죽음을 말하면 눈물이 흐르고 그 정을 생각하면 애처롭기만 합니다.

한인호는 이렇듯 나씨가 첩살이를 한탄하던 중 본처의 독설에 마음이 상해 음독자살한 것으로 결론 내렸다. 그리고 검안 말미에 도망간 정두성의 용파(容疤, 범인의 인상착의)를 기록했다.

피고 정두성, 나이 39세, 키는 중간 정도. 얼굴은 구릿빛이며 수염이 적고 눈이 둥글다. 오른쪽 눈썹 위에 흉터가 있는데 손톱으로 할퀸 (자리인) 듯하며 색은 푸른색이다.

나씨의 애달픈 첩살이

강화부윤의 초검이 끝난 뒤 교동군수 서상교(徐相喬)가 두 번째 조사[복검]를 시행했다. 복검관이 새롭게 알아낸 사실은 많지 않지만, 한두 가지는 주목할 만하다. 먼저 정두성의 본처 계씨가 오랫동안 무병을 앓고 있었고, 그날 굿판을 벌여 신내림을 받으려 했다는 사실이다. 아울러 남편 정두성이 첩 나씨를 자주 구타한 이유도 드러났다. 무당질을 하려면 외간 남자와 만나는 일이 잦을 수밖에 없는데, 정두성이 이를 트집잡아 나씨를 괴롭혔던 것이다. 정두성이 길가의 버드나무는 아무나 꺾을 수 있다거나 들오리를 길들일 수는 없다는 말을 하면서 첩 나씨에게 무수히 주먹질과 발길질을 했다는 증언이 이어졌다.

복검관 서상교는 다시 한번 도주한 정두성의 용모를 본처 계씨에게 캐물었다. 반드시 정두성을 체포하여 죗값을 치르게 할 작정이었다. 그런데 계씨가 밝힌 남편의 용모가 초검 때와 달랐다. 유약하고 말랐으며 수염은 길지 않고 어금니 한 개가 부러지고 없다는 것이다. 무엇보다 나이가 마흔셋으로 초검 때와 네 살이나 차이가 났다. 과연 이들의 증언을 어디까지 믿어야 할지 난감했다.

이 사건은 결국 삼검을 치르게 되었다. 그러나 삼검관 풍덕(현재 북한 개성에 속함)군수 박준우(朴準禹)가 현장에 도착했을 때는 나씨의 시신이 이미 까맣게 변색된 뒤였다. 그래서인지 삼검관 역시 남편 정두성의 지속적인 구타와 본처 계씨의 모진 욕설을 이기지 못한 첩 나씨의 자살로 결론지었다.

100년 전 죽음을 기록한 검안에는 이렇게 안타까운 사연들이 가득하다. 굳이 호생지덕(好生之德)을 떠올리지 않아도 사연 없는 죽음이란 없음을 이해하기에 부족하지 않다. 역사가에게 해원의 업보가 들씌워진 것일까? 검안 속에 숨겨진 100년 전 민중들의 애달픈 삶의 이야기가, 아직도 풀어야 할 한(恨)이 끝이 없어 보이니 말이다.

사람이 아니라 여우였다

충청남도 면천군 송암면 양반 조태원 사건

패가망신의 길

조선 후기에 양반이 되려는 사람들이 점점 늘어나자 박지원(朴趾源, 1737~1805)은 〈양반전〉을 지어 진정한 양반이란 무엇인가를 고민했고, 정약용(丁若鏞, 1762~1836)은 모든 사람이 양반이 되었으면 좋겠다고 했다. 그런데 '모두가 양반이 될 수 있다고 해서 아무나 양반이 되는 것은 아니'라는 게 이들의 주장이었다. 양반이려면 '양반다움'을 갖추어야 하는데, 한마디로 그 지위에 걸맞은 품격과 책임감을 갖춰야 한다는 의미였다.

18세기 후반 남인계 학자 윤기(尹愭, 1741~1826)는 양반다움을 유지하기 위해 경계해야 할 몇 가지 행동을 글로 적어 자식들에게 남겼다.[16] 아들에게 남기는 유훈이라는 단서를 달았지만, 당시 양반들의 한심한 작태를 꼬집으려는 의도가 다분하다. 그에 따르면, 양반은 주색잡기(酒色雜技)를 멀리해야 한다. 무엇보다 술[酒]이 모든 문제의 근원이다. 윤기는 어찌 술의 폐해를 말로 다 하겠냐며 "집안[一家]으로 말하면 날마다 술을 마셔 끝내 패가에 이르고, 자기 한 몸[一身]으로 말하자면 술독이 쌓여 결국 병으로 죽게 될 테니, 이는 잠깐 예모(禮貌, 예절에 맞는 몸가짐)를 잃고 말을 함부로 지껄여 망신하는 데 그치지 않는다"라고 경고했다. 그러면서 술은 한 잔이면 족하다고 했다. 남이 권한다고 핑계를 대며 맛 좋은 술을 붙좇다가는 결코 절제하기 어렵다는 의미였다. 그럼 이성[色]은 어떠한가? 윤기는 이성에게 끌리는 것이 인간의 본능이지만, 본능대로 하다가는 몸을 망치기 쉽다고 경고했다. 곱게 치장한 여인을 보고 마음이 동할 수는 있지만 자신에게 치욕이 되건 남의 비웃음을 사건 아랑곳하지 않고 덤벼든다면 짐승과 다름없으며, 무엇보다 색욕은 모든 질병의 근원이니 단호하게 끊기를 권했다. 마지막으로 양반이라면 잡술[雜技]에 빠지지 말 것을 강조했다. 잡술 중에서도 사주나 관상 등 운세를 점치는 일이 특히 경계의 대상이었다. 원래 잡술은 사군자가 해서는 안 되는 일이지만, 행동이 비루하고 자취가 천박하면 저절로 마음도 어그러져 점술을 가까이하게 되고, 일단 풍수나 점술, 관상과 사주 등으로 유명해지면 사람들이 몰려들 것이니 마음은 돈 있는 데로 달려가게 된다며, 그러면 틀림없이 공부에는 관심을 쏟지 않고 재능을 팔아 돈을 벌려다가 패가망신에 이르게 될 것이라고 경고했다.

양반의 품위를 갖추기는커녕 오히려 윤기가 멀리하라고 당부했던 행동들만 골라 하던 사람이 바로 이번 사건의 주인공이다. 충청남도 면천군 송암면 엄치리(현재 죽동리)에 기거하는 양반 조태원(19세)은 동네에서 소문난 난봉꾼이었다. 심지어 그에게 술을 팔아서는 안 된다는 말까지 나돌 정도였다. 그러나 조태원은 행동을 조심하기는커녕 오히려 조씨 가문의 권세를 믿고 돌이킬 수 없는 일을 저지르고야 만다.[17]

김홍도, 풍속도8첩병풍 중 〈기방쟁웅(妓房爭雄)〉, 국립민속박물관 소장.

여우가 나를 홀렸다

1899년 5월 28일 밤, 면천군 송암면의 한 주막에 젊은이 하나가 헐떡이며 나타나 다급히 주인을 불렀다. 주막 주인 김춘명이 나가 보니 엄치리에 사는 양반 조태원이었다. 그는 여우를 잡아왔다면서 껍질을 벗겨야 하니 횃불을 달라고 했다. 놀란 김춘명이 어찌 된 일인지 묻자, 조태원은 산길을 지나는데 여우가 자신을 홀리려고 하기에 있는 힘을 다해 죽여서 끌고 온 것이라 했다. 그런데 그가 잡아온 것은 여우가 아니라 사람, 그것도 여인이었다.

며칠 뒤 주막 주인 김춘명은 관에 고발장을 제출했다. 면천군수 이덕용(李悳用)은 고발장을 보자마자 사건현장으로 출동했다. 사람이 아닌 여우를 때려잡았다는 조태원의 말이 해괴하기도 하거니와 사람이 죽었다고 하므로 서둘러 출발한 것이다. 이덕용은 먼저 동네 사람들의 이야기를 듣기로 했다. 이 일을 발고한 송암면 동림동의 김춘명(60세)이 첫 번째 대상이었다.

군수는 우선 김춘명의 보장(報狀, 고발장)에 근거하여 사건의 전말을 확인하려 했다. 보장에 의하면, 주막 주인 김춘명은 동네의 여러 가지 일을 맡아서 처리하는 동임이었다. 그런데 사건 당일 늦은 밤 익히 알던 양반 조태원이 여인의 시체를 가져온 것을 보고 급히 자신이 사는 동림동은 물론 인근 갈산동의 주민들에게도 연락하여 민회(民會, 조선 후기에 생겨난 민중들의 자치기구로 동네의 잡사를 논의하는 일종의 회의체. '민소民所'라고도 불림)를 열었고, 이 자리에서 이 일을 관에 고발하자는 쪽으로 의견이 모아지

자 동임으로서 보장을 작성하여 관에 발고했던 것이다.

군수는 보장의 내용을 언급하며 사망한 여인의 이름과 사는 곳, 언제 무슨 일로 그 여인이 김춘명의 동네에 나타났는지, 누구에게 어떻게 맞아 죽었는지, 가족이 아니라 동민들이 사건을 보고하게 된 연유는 무엇인지 등을 묻고, "네가 이미 발보(發報)했으니 당초의 일과 죽게 된 근본 이유를 잘 알고 있을 것이다. 인명과 옥체가 엄중하니 숨기지 말고 사실대로 고하라"며 그를 다그쳤다.

김춘명은 저간의 사정을 다음과 같이 자세하게 진술했다.

지난 5월 28일 저는 일 때문에 기지시(機池市, 현재 충청남도 당진시 송악읍)에 갔었습니다. 돌아온 뒤에는 요즘 가뭄이 심해 이앙이 조금 늦어지는 탓에 (논이 마를까 염려스러워) 논에 물을 댔고, 어두워진 후 집으로 돌아와 곤히 잠들었습니다. 그런데 한밤중에 갑자기 누군가 부르는 소리가 들려 문을 열고 내다보니 이웃 동네 엄치리에 사는 양반 조태원이었습니다. 그가 여우를 잡았다면서 껍질을 벗겨야 한다고 말하기에 보았더니 온몸이 피투성이였고 악취가 코를 찔렀습니다. 너무 흉측하고 참혹하여 어찌 된 일인지 묻자, '밤에 산길을 지나는데 여우가 나를 홀리려 하므로 사세가 위급하여 있는 힘을 다해 여우를 죽이고 근처까지 끌고 왔다. 함께 여우의 껍질을 벗기자'고 했습니다. 이에 횃불을 들고 그와 함께 가서 살펴보았는데, 여우가 아니라 사람이었습니다.

너무 놀라 동네에 급히 알리자 사람들이 모였고, 함께 조씨를 결박한 후 동네 사람 이복동과 이약손에게 여자의 주검을 조씨 집에 옮겨놓으라고 했습니다. 그러고 나서 동민들과 함께 (조태원이) 여우를 잡았다던 엄 적곡에 가보았는데, 혈흔이 낭자했고 찢어진 옷가지가 사방에 흩어져 있었습니다. 흔히들 당사주방(唐四柱方)이라고 이야기하는 서책도 있었는데, 그 여인이 가지고 있던 물건인 듯했습니다. 그 여자는 본래 근처에 사는 사람도 아니고 말을 나눠본 적도 없어서 성이 무엇이고 어디에 사는지 전연 알지 못합니다. 헤아려 처분해주십시오.

참으로 끔찍한 사건이었다. 게다가 여우가 여인의 모습으로 변해 자신을 홀리려 하자 때려죽였다는 조태원의 말은 도무지 믿기 어려웠다. 여우에 홀렸다는 이야기를 들어보지 않은 것은 아니지만 그의 말을 믿기에는 근거가 너무 부족했다.

사실 조선시대의 기록에는 여우에 홀렸다는 이야기들이 심심찮게 등장한다. 실학자 이익(李瀷, 1681~1763)은 믿기 어렵겠지만 여우는 100년을 묵으면 충분히 그럴 만한 요사스런 짐승이라며 자신의 집 늙은 종의 목격담을 글로 남겼다. 이에 따르면, 늦은 저녁에 밭을 갈던 중 사람으로 변한 여우를 보았다고 하는데, 앞발을 꼿꼿이 세워 주둥이에 대고 걸어가는 모습이 완연한 사람이었다고 한다.[18] 《산림경제(山林經濟)》와 같은 조선시대의 생활경제서에는 여우의 간을 구워서 가루 내어 먹이든가 여우의 내장으로 국을 끓여 먹이면 여우에게 홀린 사람을 치료할 수 있다는 내용도 있다.[19] 허씨 성을 가진 '의사'의 처방이라 하니 조선 후기에 얼마나 많은 사람이 여우에 홀렸다며 이야깃거리로 삼았을지 어렵지 않게 짐작이 된다. 조태원 역시 이런 이야기들에 기대어 자신의 범행을 감추려

했을 것이다.

군수 이덕용은 먼저 시신을 조씨 집으로 옮긴 이복동(38세)과 이약손(20세)을 심문했다. 어째서 시체를 옮겼는지 추궁하려는 것이었다. 조선 후기에는 살인사건이 일어나면 시신을 현장에 두지 않고 피해자의 집으로 옮기는 것이 일반적이었다. 정확한 사인 분석을 위해서는 조사관이 올 때까지 시신을 현장에 두어야 마땅하지만, 평범한 사람들이 이를 알리 없었다. 그런데 이 경우 동네 사람들이 조태원의 집으로 시신을 옮긴 것은 단지 죽은 여인의 정체를 알 수 없기 때문만은 아니었다. 우회적으로나마 범인을 지목한 것이었다. 조태원을 살인자라고 생각했기 때문에 그의 집에 시체를 가져다놓았던 것이다.

이복동과 이약손은 모두 동네 양반가의 머슴이었다. 다음은 이복동의 진술내용이다.

지난 5월 28일 밤 3경(오후 11시~오전 1시)이 지났을 무렵 동네에서 사람들을 불러 모으기에 가보았더니 동림동과 갈산동의 동민들이 모두 모여 시신을 가운데 두고 이야기를 나누고 있었습니다. 놀랍고 이상하여 물어보자 '양반 조태원이 여우를 잡았다고 했는데 여우가 아니라 바로 이 여인이었다. 살인이라는 큰 변고에 관계된 일이므로 소홀히 처리할 수 없다'면서 저희에게 시신을 조씨 댁으로 옮기라고 했습니다. 동네에서 결정하여 명령하는지라 피할 수 없어서 따른 것뿐입니다. 저는 양반집 행랑채에 기거하며 농사일을 하는 처지라 오랫동안 논에 나가 있었습니다. 그 여인이 어떻게 죽게 되었는지는 전연 알지 못합니다.

양반가의 머슴으로서 동임 김춘명의 부탁을 받은 주인의 명에 따랐을 뿐이라는 것이다. 이약손 역시 자신은 시키는 대로 했을 뿐 한밤중에 아무도 없는 데서 일어난 사건이라 아는 바가 없다고 진술했다. 다만 주막집 안주인, 즉 동임 김춘명의 처가 했던 말을 전했다.

> 저는 동림동의 양반 김씨 댁에 고용되어 있는 몸으로 음력 5월 28일 밤 …… 이복동과 함께 여인의 시신을 메고 (조태원의 집으로) 옮겼을 뿐입니다. 후일 김춘명의 처가 하는 말을 들으니 '지난 28일 양반 조씨가 술에 취해 (주막에) 와서는 어떤 여인과 함께 술을 먹고 노닥거리다가 저녁 무렵 같이 나갔다'고 합니다.

주막집 아낙이 사건 당일 저녁 무렵에 조태원과 어떤 여인이 주막에서 수작하다가 함께 나가는 것을 목격했다는 진술이었다.

술 때문이다

면천군수 이덕용은 드디어 조태원을 자신의 앞으로 불러냈다. 검안에 보면 심문은 보통 고발한 사람, 죽은 사람의 친인척, 목격자 혹은 범행을 도와준 주변인순으로 진행되며, 이들 모두의 진술을 확보한 뒤에야 정범으로 의심되는 사람을 심문한다. 이는 조선 후기부터 20세기 초까지 이어져온 수사기법으로,[20] 사건의 전말을 최대한 조사한 뒤 용의자를 심문함으로써 심문자가 사건의 정황 및 진실에 관한 정보에서 용의자보다 우위에 서기 위한 방안이었다. 군수는 동임 김춘명의 보장과 시신을 옮긴 이복동과 이약손의 공초에 근거하여 조태원에게 몇 가지 사실을 확인했다.

동임의 보장을 보니, …… 요망한 여우가 아리따운 여인의 모습으로 변하는 고로 그 해를 피하기 위해 때려죽였다는 너의 답변과 행동거지가 매우 놀랍고 황당하여 동민들과 의논한 후 시신을 네 집에 옮겨놓고 고발했다고 한다. 또한 시신을 메고 갔던 이복동과 이약손 등의 진술을 들어보니, 그날 네가 당사주와 운명을 보는 여자와 함께 동림동 주막에서 술을 마시면서 노닥거리다가 날이 저물자 함께 나갔고, 이후 살변이 일어났다고 한다.

너는 어떤 흉악한 놈이기에 지나가던 여인과 술을 마시며 노닥거리고는 함께 가다가 유인하여 …… 이처럼 목숨을 잃게 한 것인가? (게다가) 타살 후 처벌이 두려워 여우를 죽였다고 꾸며대며 실성한 것처럼 가장하여 한 동리를 떠들썩하게 만들었으니, 그 마음 씀씀이를 생각하면 흉악하기 그지없다. 어떻게 여자를 만나 어디로 유인하여 어떻게 죽인 것인지 그 경위를 숨김없이 고하라.

군수는 사건의 전말을 모두 알고 있다는 투로 조태원을 몰아붙였다. 하지만 조태원은 점치는 여인이 먼저 자신을 유혹했다며 죽은 이를 탓했다.

저는 5월 28일 기지시장에 볼일을 보러 갔다 돌아오는 길에 동림동 김춘명의 주점에 들렀습니다. 그곳에 한 여인이 앉아 있기에 서로 이야기를 나누었고 춘심(春心)이 발동하여 술을 마시며 희롱했습니다. 그 여인이 먼저 일어나서 길을 가기에 저도 뒤따라 나서며 집으로 돌아가려 했습니다. 하지만 엄적곡을 지날 때 그 여인이 산길을 방황하는 체하며 유인하는 모양을 하는 고로 제가 불같이 일어나는 욕정을 참지 못하고 그녀에게 다가가 허리를 끌어안고 화간하려 했습니다.

조태원은 술기운을 핑계로 들었다.

(그러나) 여자가 힘을 다해 항거하여 화간하지 못했습니다. 저는 너무 화가 나서 여자의 머리채를 잡고 있는 힘껏 땅에 내동댕이친 다음 주먹으로 때리고 무릎으로 밟았습니다. 그랬더니 얼마 안 가 죽어버렸습니다. 그 형적을 감추려고 시신을 끌고 동림촌에 가서 여우를 잡았다고 떠들었던 것입니다. 그런데 동네 사람들이 모여들어 이를 보고 살인사건이 발생했다면서 저를 결박했습니다. 당초 술기운에 저지른 일이오나 제가 한 짓이니 법의 처분을 기다릴 뿐입니다. 헤아려 처분해주십시오.

조선시대에는 술을 탓하며 감형을 구하는 일이 드물지 않았다. 조태원도 여우에게 홀렸다는 이야기가 먹히지 않을 것을 알고는 죽은 여인이 먼저 자신을 꼬드긴 것이며 자신은 술기운을 이기지 못해 일을 낸 것이라고 둘러댔다. 피해자가 사건의 원인을 제공했다거나 술김에 저지른 일이라고 둘러댐으로써 범행의 고의성을 은폐하려 한 것이다. 또한 마지막에는 마땅히 죗값을 치르겠다고 반성하는 듯 보이는 것도 잊지 않았다. 면책을 받기 위해 여러 가지 방법을 동원한 후 마지막에 자신의 책임을 인정함으로써 참작을 바란 것이다.

18세기 이래 수많은 소송사건이 벌어지면서 조선에서도 '탄원하는 방법'과 변론의 레토릭에 관한 여러 가지 서적이 선을 보였다. 이 교재들은 탄원서 쓰는 전략이나 읽는 방법 등을 다양한 이야기나 우화의 형식을 빌려 재미있게 소개하고 있는데,[21] 특히 과거에 낙방한 사람들 중 상당수가 이런 책들을 익혀 소장을 대리 작성하는 일에 뛰어들었다.

조태원의 진술까지 듣고 나자 밤이 깊어졌다. 군수는 어쩔 수 없이 검시를 다음 날로 미뤘다. 다음날 아침, 군수는 옥사에 가두었던 조태원과 김춘명 등 사건 관련자들을 앞세우고 현장으로 달려갔다. 여인의 시신은 조태원의 집 마당에 놓여 있었다.

군수는 오작사령 안원교에게 시신을 덮고 있던 가마니와 소나무 가지들을 치우라고 했다. 드러난 여인의 시체를 살펴보니, 나이는 40세가량 되어 보였고, 흰 저고리에 양사(洋絲, 수입 면실) 홑치마를 입고 있었다. 시체의 상태는 매우 처참했다. 양 뺨에는 이빨로 물어뜯은 자국이 선명했고 왼쪽 귀 역시 물어뜯겨 뼈가 드러날 정도였다. 입 안을 보니 온전하게 남아 있는 이라고는 아랫니 세 개가 전부였다. 무언가로 세차게 가격당한 것이 분명했다. 음호 부위도 벌겋게 부어 있었다. 강간을 시도한 흔적이었다.

파락호의 종말

군수 이덕용은 어느 정도 사인이 드러나자, 고발장을 올린 동임 김춘명과 정범으로 확실시되는 조태원을 한 번 더 심문하고 수사를 종결하기로 마음먹었다. 김춘명은 사건을 고발한 사람일뿐더러, 사건 발생 전 조태원과 여인이 함께 있었던 곳도 조태원이 여인의 시체를 끌고 간 곳도 그의 주막이라 저간의 사정을 누구보다 잘 알고 있을 사람이었다.

> 김춘명에게 다시 묻노라. …… 여러 사람의 진술을 들어보면 당초 사달이 네 집에서 났으므로 이 옥사에 가장 중요하게 연루된 사람이 바로 너다. 그런데 변고가 발생한 날에 즉시 고하지 않고 며칠 미루다가 고발한 것이 이상하다. 전후 사정을 전처럼 숨기려 하지 말고 사실대로 고하라.

이덕용은 김춘명에게 사건을 인지한 즉시 고발하지 않고 며칠이 지나서야 관에 알린 경위를 따져 물었다. 아울러 1차 공초에서 하지 못한 말이 있으면 이참에 모두 털어놓으라고도 했다. 사실 김춘명은 당일 기지시장에 다녀오느라 사건의 내막을 자세히 알지 못했다. 당일의 정황은 주막에서 장사하던 김춘명의 아내가 더 잘 알고 있었다. 그는 아내로부터 들은 이야기를 사또에게 고했다.

> 후일 안사람에게 들으니 그날 저녁 무렵에 조가가 양반 유동원과 함께 주막에 들렀다고 합니다. 기지시장에서 돌아오는 길이라며 목이 마르

니 술을 달라 했다는데 이미 말도 제대로 못할 정도로 취기가 오른 상태였다고 합니다. 평소에도 엄치리 양반 조가 하면 본래 파락호로 (소문 난 인물로서) 워낙 술을 좋아하는 데다 술만 취하면 발광하고 발광하면 패악을 부리는데, 노소와 장유를 가리지 않고 욕설을 퍼부으면서 구타를 하는지라 대적할 사람이 없습니다. 그래서 그 양반의 삼촌 진사 나리께서 그에게는 술을 팔지 말라고 신신당부하셨습니다. 제 처는 그날도 조가에게 술을 팔지 않으려고 술이 없다고 잡아뗐다고 합니다. 그런데 양반 조가가 부엌으로 들어가 술을 찾아내고는 '여기에 이렇게 술이 많은데도 팔지 않으니 주모가 사람을 가려서 술을 판단 말이냐?'고 큰 소리로 화를 내며 대거리를 하는 통에 낌새가 좋지 않다고 생각하여 부득이 술상을 차렸다고 합니다. 그런데 이때 마흔 살쯤 되어 보이는 한 여인이 (주막에) 들어왔다고 합니다. 머리에 수건을 두르고 보따리 하나를 손에 쥐고 있었는데, 그 여인이 술을 청하자 조태원이 술 한 잔을 따라서 여인에게 내밀며 '내 술 한잔하라'고 수작을 부렸다는 것입니다. 그 여자가 '그대가 내 마음을 아니 내 수양아들을 해도 되겠다'고 응대하자 다시 조태원이 '그대가 내 수양어미라면 나는 그대의 수양아들'이라면서 서로 술을 주거니 받거니 하다가 그 여자가 서산 땅으로 간다면서 작별하고 먼저 나가자 양반 조가가 뒤를 따라 나갔다고 합니다. 이번 사건으로 죽은 여자가 바로 주막의 그 여자라는 사실은 이번에 안사람의 이야기를 듣고 비로소 알게 되었습니다.

늦게 보고를 드린 이유는, 사건은 저희 동네에서 시작되었지만 범인이 엄치리에 사는 양반인 데다 시신 또한 엄치리에 있어서 해당 동리에서 발고할 것으로 생각했기 때문입니다. 나중에 들으니 고발하지 않았다고 하여 더 이상 늦출 수 없을 것 같아 발고한 것입니다. 헤아려 처분해 주십시오.

조태원은 김춘명의 주막에서 여인을 만나 수작하던 중에 이미 겁탈할 마음을 먹고 여인의 뒤를 쫓아 산길을 올라갔던 것이다. 죽은 여인은 본래 이 마을 저 마을을 돌아다니며 점을 치는 점쟁이였다. 그녀가 일을 당한 엄적곡에서 발견된 서책이 바로 그녀의 정체를 확인해줄 물건이었다. 사건이 벌어진 날에도 그녀는 점칠 사람을 찾아 떠나던 길이었다. 그런데 잠시 주막에서 목을 축이려던 차에 만난 조태원이 그녀를 쫓아가 겁간을 시도했고, 그녀가 저항하자 격분하여 마구 때려 숨지게 한 것이다.

조태원은 끝까지 술기운 때문에 벌어진 일이라고 주장했다. 혈기방장한 젊은이가 술에 취해 춘심을 자제하지 못하고 저지른 실수였다는 것이다. 기지시에서 이미 술에 취해 귀가하던 중 들른 주막에서 여인을 만나 생긴 일이니 이 모든 것이 술기운 탓이라는 이상한 논리였다. 참으로 악독한 인간이었다.

면천군수 이덕용은 한 치 앞을 내다보지 못한 점쟁이 여인의 죽음을 안타까워하면서 다음과 같은 보고서를 상부에 올렸다.

불쌍하게 죽은 여인은 남의 운명만 헤아릴 줄 알았지, 자신의 몸을 보호할 방법은 알지 못했습니다. 부평초처럼 떠돌아다니는 처지로 그 성씨마저 알 수 없는 사고무친이었지만, 홀로 산길을 갈 때 요망한 여우의 행색은 아니었습니다. 그런데 어디서 나타난 패류(悖類)가 겁간하려다가 뜻을 이루지 못하자 사납게 때리기 시작했고, (끝내는) 어두운 밤 인적 없는 산속에서 만류해줄 사람 하나 없이 눈을 감았던 것입니다.

아, 저 조태원은 몸가짐이 단정치 못하여 파락호를 면치 못하고 술만 퍼마셔서 부랑객이라는 이름을 얻은 자입니다. 길가의 술집에 들어갔다가 여인을 만나 자신을 억제하지 못하고 여인의 정절을 빼앗으려는 마음에 술을 나누어 마시고는 함께 길을 가다가 겁간하려 했습니다. 그러나 여인이 심하게 저항하자 술기운에 분기충천하여 때려죽였으니 그 눈과 얼굴의 몽롱함이 금수의 형상이었다고 합니다. 사람의 마음을 가졌다면 어찌 그리할 수 있었겠습니까. (게다가) 당장의 일을 모면하고자 (시체를) 마을까지 끌고 내려와 여우를 잡았다고 떠들썩하게 했으니 하늘을 속이려 하면서도 후회하지 않는 자입니다. 법의 처분을 조금도 늦출 수 없어 정범으로 보고합니다.

조태원은 글자 그대로 파락호였다. 열아홉 젊은 나이에 하루가 멀다 하고 술을 마시고 술만 마시면 행패를 부리는 일로 이미 동네에서 유명했다. 사건 당일에도 술에 취한 그는 한 여인을 겁탈하려 했고 뜻을 이루지 못하자 살인이라는 악행을 저질렀다. 그러고도 여우에게 홀렸다고 꾸며댔다. 또 술 때문이라며 사건의 고의성을 은폐하려고까지 했다.

당시 사법부의 판결은 엄중했다. 갑오개혁 이후 설치된 재판소의 판사 김영덕은 범인 조태원에게 교수형[絞刑]을 선고했다.[22] 사고무친 점쟁이 여인의 생명을 빼앗아간 파락호의 인생은 이렇게 죽음으로 막을 내렸다.

2

향촌의 실세

의옥의 발명, 향촌의 권력자들

경상남도 산청군 압동 김조이 사건

죄상이 뚜렷하지 아니하면 용의자를 방면한다

'의옥(疑獄)'이란 '의심스러운 살옥(殺獄)사건'을 말한다. 조사과정에서 관련자들의 진술이 번복되거나 용의자를 범인으로 특정할 만한 근거가 사라지는 등 의심스러운 점이 나타나면 '살인자는 목숨으로 갚는다'는 살인자상명(殺人者償命)의 원칙을 적용하기 어려웠다. 억울한 사람이 생길 수 있기 때문이다. 그래서 조선시대에는 '죄의유경(罪疑惟輕)', 즉 죄가 의심스럽다면 가볍게 처벌한다는 원칙을 인정(仁政)의 기초로 삼아, 살인사건이라 해도 의옥이 되면 용의자를 정범으로 특정하여 사형에 처하는 대신 속전(贖錢, 죄를 면하기 위해 바치는 돈)을 받고 방면했다. 이는 한 사람이라도 억울하게 처벌받는 일이 없도록 신중하게 심리한다는 흠휼(欽恤)의 정신을 기반으로 한 것이었다. 그러나 이런 정신은 도리어 사건을 의옥으로 만들어 처벌을 피하려는 악의에 이용되곤 했다. 그래서 조선시대에는《의옥집(疑獄集)》이라는 책까지 간행하여 지방관에게 속임수를 써서라도, 다시 말해 함정수사를 해서라도 사건의 정범을 확정하고

의옥을 막을 의무를 지웠다.[1]

의옥을 막는 최선의 방법은 철저한 수사였다. 그럼에도 의옥을 피하기란 쉽지 않았다. 이는 최첨단의 기술과 법의학 지식을 지닌 오늘날에도 미제 사건이 수두룩한 현실을 보면 알 수 있다. 반면, 의옥을 만들기는 어렵지 않았다. 특히 향촌의 권세가에게는 돈을 내면 풀려나는 의옥 처분이야말로 죄를 짓고도 무사할 수 있는 최고의 방편이었다. '유전무죄 무전유죄'란 말이 오늘날에만 통용되는 말은 아니었던 것이다.[2]

100여 년 전 경상남도 산청군에도 의옥이 될 뻔한 사건이 있었다. 때는 1902년 11월 3일, 산청군민 김영운이 자신의 조카딸 김조이(조선시대에는 평·천민 여성을 '조이'라 불렀다)가 살해되었다며 산청군 관아에 고발장을 냈다. 산청군수는 곧바로 조사에 착수했다. 이후 자살과 타살을 넘나드는 조사관들의 보고서 내용, 중요한 증인의 죽음, 무엇보다 다섯 차례의 조사과정에서 보여준 관련자들의 증언 번복과 위증은 사건의 진상을 파헤치는 데 심각한 장애물로 작용했다.[3] 위증과 무고를 엄하게 다스린다고는 했지만 실제 처벌한 사례는 드물었기 때문이다.

김조이의 죽음은 초검과 복검에서 모두 '자살'로 처리되었다. 초·복검의 결과가 일치했던 만큼 원칙대로라면 더 이상 조사를 할 이유가 없었다. 그러나 시친이 초·복검의 결과를 받아들이려 하지 않았다. 당시에는 시친이 계속해서 억울함을 호소하면 세 번 아니 그 이상의 조사도 허용했다. 누구도 잘못된 판결로 인해 피해를 보아서는 안 된다고 여겼기 때문이다. 시친들은 죽은 사람에 대한 사랑과 의무를 다하기 위해서라도 힘닿는 데까지 억울함을 호소했다. 결론이 확실함에도 호소를 멈추지 않으면 무고죄로 처벌받을 수 있었지만 처벌에 대한 두려움보다는 죽은 이를 위해 '원정(原情, 사정을 하소연함)'하려는 마음이 더 컸다. 가족애를 의심받거나 불효자로 낙인찍힐 가능성이 높을수록 호소의 의지도 강해졌다. 가족들은 대부분 관찰사 혹은 왕을 포함해 그 이상의 지위에 있는 인물에게 소지(所志, 소장이나 청원서 혹은 진정서)를 제출했다. 해당 지역 목민관에게 하소연해봤자 받아줄 가능성이 거의 없었기 때문이다.

김조이의 친정아버지 김영팔도 초·복검의 결과에 수긍하지 않았다. 김영팔은 소지에서 사위 권원중이 도박에 미친 건달이라는 점을 강조하며 자신의 딸을 구타하여 살해했다고 주장했다. 권원중을 압동의 권씨들이 입을 맞추어 보호한다고도 했다. 압동은 권씨들 세상이라 그들의 노비나 머슴은 물론 평민들도 그들의 눈치를 볼 수밖에 없다는 것이다. 김영팔은 딸 김조이가 살해되었다고 굳게 믿고 있었다.

지체하지 말고 재조사에 임하라

1903년 음력 2월 27일 유시, 동헌에 있던 곤양군수 이병의(李丙儀)에게 한 통의 훈령이 전달되었다. 경상감영으로부터 온 비밀 훈령이었다.

경상도 산청군 생림리 압동에서 사망한 김조이의 시신을 이미 두 번이나 검시하여 처결한 지 수개월이 지났지만 죽은 김씨의 아버지가 두 번의 조사가 잘못되었다며 재차 고소했다. 원통한 죽음에 대해서는 기왕의 조사가 완결되었다고 해도 그대로 방치할 수 없다. 본 군수를 별도의 조사관으로 정하여 조사 명령을 발동하니 사건의 단서를 확실하게 찾아 보고서를 올려라. 조사가 지체되면 그사이에 또 간사한 일이 생길 수 있으므로 지체하지 말고 달려갈지어다.

이병의는 마음이 급해졌다. 곤양에서 산청까지 거리가 만만찮기 때문이었다. 다음 날인 2월 28일 아침 일찍 동헌을 출발해 북쪽으로 70리 거리에 있는 단성군 경계에서 하룻밤을 묵은 뒤, 29일 아침에 다시 40리를 달려 산청군에 도착했다. 그러나 사건 관련자 모두가 옥에 있는 것이 아니어서 하루를 기다려 이들을 모두 체포한 후에야 본격적으로 심문을 시작할 수 있었다. 먼저 사건을 관에 알린 시친 김영운이 관아의 뜰로 불려 나왔다.

죽은 김조이는 제 조카딸인데, 압동 권원중에게 출가했습니다. 지난해 (1902) 11월 초2일 저녁, 권준호 등 권씨 일가 세 사람이 저를 찾아와서 조카딸의 병세가 위급하여 생사를 알 수 없다고 했습니다. 놀란 저는 (조카딸의 집으로) 달려갔습니다. 형님은 나중에 알고 달려오셨습니다. (그런데) 집 밖에서 두 아이가 헛간에 불을 지르고 있다가 저를 보고 달아났고 권원중의 친척인 권국경과 권재환도 저를 보더니 문을 밀치고 달아났습니다. 이상한 생각이 들어 급히 방에 들어가 봤는데, 조카딸은 이미 사망한 뒤였고 시어머니 이조이만 방에 함께 있었습니다. 조카사위 권원중은 도망하고 없었습니다.

옷을 걷어 시신을 살펴보니 조카딸의 가슴에 상처가 있었는데 불에 덴 듯 검은 자줏빛이었습니다. 오른쪽 옆구리에도 검푸른 상처가 있었고 시신 옆에는 다듬잇방망이가 뒹굴고 있었습니다. 조카딸이 죽은 이유를 안사돈에게 묻자 '오늘 저녁밥을 먹고 와서 보았더니 방문을 닫아 걸고 목을 매 자살했다'고 하는데 너무 의심스러웠습니다. 조카딸이 잠깐 사이에 죽어버려 구료는 시도조차 못했으며 시신 옆에 놓인 방망이가 흉기인 듯 보여 초검 때 이미 보고했습니다. 사건의 목격자나 조카딸의 나이와 흉터 여부 등은 형님이 자세히 알고 있습니다.

죽은 김조이의 친부 김영팔을 부를 차례였다. 지난해 이 사건의 초검관인 산청군수 조유승(曺有承)과 복검관인 단성군수 정환기(鄭煥琦)는 김조이의 죽음을 '자액', 즉 스스로 목을 매 자살했다고 보고했다. 그러나 김영팔은 권씨 일가에 의해 살해된 것이라고 누차 정소(呈訴, 관청에 소장을 냄)했고, 이 때문에 2개월이 지난 지금 다시 삼검을 진행하게 된 것이다. 이병의는 이미 두 차례의 검험에서 자살로 판명이 난 죽음을 타살이라 주장하는 근거가 무엇인지 캐물었다.

김영팔은 도박꾼에게 딸을 시집보낸 것을 후회한다면서 1899년 자신의 딸과 결혼한 후에도 권원중은 노름빚에 시달렸다고 했다. 자신이 25냥을 대신 갚아주기도 했는데, 다시 수백 냥을 갚아달라며 딸을 핍박하고, 심지어 '아내라면 몸을 팔아서라도 남편의 빚을 갚아주어야 한다'며 딸의 머리채를 잡고 때린 적도 있다고 했다. 지난 10월 말에는 딸이 찾아와 울며 하소연하다가 돌아갔는데, 얼마 지나지 않은 11월 2일 밤 그만 딸 김조이가 죽었다는 소식을 접했다는 것이다.

> 제가 방에 들어가 보니 딸은 이미 죽어 있었고 시체도 싸늘했습니다. 입
> 고 있는 옷을 벗겨 방구석에 두려는데 옷 여기저기에 발자국이 도장처
> 럼 찍혀 있었고 장롱이 깨져 있고 옷가지가 흩어져 있었습니다. 어떻게
> 죽었는지 묻자 혹자는 '목을 맸다' 하고 혹자는 '모르겠다' 하여 (제가 직
> 접) 시체를 살펴보았는데, 가슴 부위에 구타당한 것으로 보이는 청흑색
> 의 상처가 있어 만져보니 딱딱했습니다. 오른쪽 허리에도 검붉은 상처
> 가 있었으며 골무를 낀 오른손도 부어 있었습니다. 권씨들에게 딸이 목
> 맨 장소를 묻자 '문을 걸어 잠그고 방 안 들보에 목을 맸다'고 해서 서까
> 래를 살펴보았습니다. 그러나 먼지가 어지러이 흩어진 흔적이 없고 목
> 맨 자국도 없어서 허망한 소리 말라며 꾸짖었더니 안사돈에게 들었다
> 면서 권씨 모두가 잘 모른다고 잡아뗐습니다. 그래서 주변의 다른 사람
> 들에게 딸이 목맨 장소를 물었더니 집강 조지순은 '대밭'이라 하고, 김
> 상서는 '측간 서까래'라 하고, 안사돈은 '방 안 들보'라 했습니다. 목맨
> 장소가 세 군데라니, 이것이 도대체 말이 됩니까?

김영팔은 동네 사람 모두가 권씨 집안 사람들과 한통속이라고 했다.
또한 앞으로 심문할 사건 관련자 대부분이 권원중의 친인척이라고 했
다. 실제 동임 임재고는 권씨의 척당(戚黨, 성씨가 다른 일가붙이)이요, 겨린
[切隣, 이웃] 정환구는 권씨 집안의 처남이요, 목격자 김상서는 권씨의 생
질이요, 권준호·권재기·권재환·권수견 등은 모두 권씨의 일가붙이였

다. 게다가 도주한 용의자의 자수를 유도하기 위해 문장(門長, 가문의 어른)을 대신 옥에 가두던 당시의 관행대로 권씨 가문의 문장 권국경을 옥에 가두었지만 권원중은 나타나지 않았고, 부친이 고초를 당할까 염려한 권국경의 아들 권주원이 사람을 풀어 권원중을 붙잡았지만 권재기·권재환 등이 관아로 끌려가던 권원중을 풀어주고 도망가게 했다는 것이다. 이것만 보아도 권씨들의 호세(豪勢)를 알만 했다.

사비의 귀띔, "노름꾼이 자기 처를 죽였다"

김영팔은 권씨들을 심문해봐야 소용없으니 권씨 집안의 사비(私婢)인 수월과 시체를 목격했다는 김상서를 심문해달라고 읍소했다. 그러나 군수는 권원중의 이웃 정환구를 먼저 취조했다. 쉰 살의 중늙은이 정환구는 얼마 전에 아내와 자식을 잃어 망연자실한 상태였다. 그는 권원중과 이웃하여 살지만 상종하지 않는다는 말로 운을 뗐다. 사건 당일에도 '목을 맸다'는 등 동네가 소란스러웠지만 산후조리를 위해 집에 와 있던 누이동생을 간호하느라 바깥출입을 하지 않아서 자세한 내용은 모른다고 했다. 조사가 시작된 후에는 관에 끌려가 고초를 겪다가 귀가했는데 당시 임신 8개월이던 아내가 자신을 걱정하다가 사산을 한 뒤 숨을 거두어 집안이 패망했다며 눈물을 흘렸다. 잠시 숨을 고른 후 정환구는 의미심장한 말을 꺼냈다.

지난 12월 그믐께 사비 수월이 제 상황을 보러 왔다가 측은한 마음이 생겼는지 조용히 말하기를 '죄는 다른 사람이 지었는데 액운은 이리로 왔으니 참혹한 일'이라고 했습니다. 이유를 묻자 '지난 11월 2일 밤, 물을 길어 권원중의 집 앞을 지나다가 부부가 싸우는 소리가 나기에 가서 엿보았는데, 권원중이 처 김조이의 머리채를 잡고 발로 밟아 사경에 이르자 헛간에 목을 매달았다가 다시 방으로 들여놓은 후 목을 맸다고 소리쳤다'고 했습니다. 하지만 무서워서 말하지 못했답니다. 아무리 생각해도 권원중이 저의 업보인 듯합니다.

놀라운 진술이었다. 초·복검 때는 정환구도 이런 사정을 고하지 않았고 사비 수월은 심문조차 받지 않았다. 나중에 들으니 당시 수월이 보이지 않는다고 하자 더 이상 찾지 않았다고 한다. 참으로 허술한 조사라고 아니할 수 없었다. 이병의는 바로 수월을 심문하고 싶었지만 초·복검 당시 시어머니 이조이의 부탁을 받고 시신을 헛간에서 방으로 옮겼노라고 공초한 김상서를 먼저 심문했다. 그에 따르면, 권원중은 처가의 전답을 갈아먹는 처지로 본래 가난한 데다 노름빚까지 많아 항상 처와 장인 김영팔에게 빚 탕감을 호소했다. 그런데 지난 11월 2일 밤, 권원중의 모친 이조이가 자신을 찾아와 헛간에서 목매 죽은 며느리의 시신을 방으로 옮겨달라고 부탁했다는 것이다. 그러나 앞선 정환구의 진술에 의하면 김조이를 방으로 옮긴 사람은 김상서가 아니라 김조이의 남편 권원중이었다. 사비 수월의 진술을 반드시 들어야 했다. 이병의는 수월에게 이실직고하라고 호통쳤다.

저는 권재환의 사비이며 권원중 집에 곁방을 얻어 살고 있습니다. 작년 11월 2일 밤에 상전(권재환)댁에 해산할 임부가 있어 물을 길어 오는 길에 권원중의 집 창가를 지나는데 방 안에서 '아이고, 나 살려!' 하는 소리가 들려서 곧장 들어가보았습니다. 권원중이 주먹으로 처의 가슴을 때리고 발로 걷어차고 있었습니다. 마침내 처가 죽을 지경에 이르자, 갑자기 어미와 함께 마끈으로 처의 목을 감아 헛간 서까래에 매달았습니다. 조금 후 낫으로 끈을 잘라 다시 방으로 옮겨 누이고는 이불로 (시신을) 덮었습니다. 그러고는 '비밀에 붙이고 절대 발설하지 말라. 목을 맨 것 같다고 말하라'며 저를 협박했습니다. 저는 온몸이 떨려 곧장 문밖으로 나갔습니다. 이때 누군가와 마주쳤는데 늦은 저녁이라 얼굴은 정확히 보지 못했습니다. 곧장 상전댁으로 달려가 사실을 고했을 뿐입니다.

김상서는 자신이 이조이의 부탁을 받고 헛간에 있던 김조이의 시신을 방으로 옮겼다고 했다. 이와 달리 수월은 권원중 모자가 사경에 이른 김조이를 헛간에 목매달았다가 다시 방으로 옮겼다고 증언했다. 둘 중 하나는 거짓말을 하고 있었다.

권씨들, 입을 맞추다

이제 권씨들의 진술을 들을 차례였다. 권씨들 가운데 권치운은 간증(看證, 사건 목격자)으로, 문장 권국경은 사련(詐連, 사건 연루자)으로 심문장에 끌려왔다. 목격자 권치운이 먼저 공초했다. 공초에 따르면, 권치운은 사건 당일 밤 '권원중의 처가 목을 맸다'는 김상서의 전언에 놀라 집안사람들과 함께 권원중의 집으로 가서 참혹한 광경을 목도했다. 그리고 이조이에게 며느리가 죽은 이유를 물었는데 "처가의 전답을 매매하는 일로 아들 부부가 매일 싸우더니 불효한 며느리가 목을 매 동네를 시끄럽게 만들었다"고 했다는 것이다. 그것이 자신이 아는 전부라는 말도 덧붙였다. 권국경(73세)의 진술은 더 간단했다. 김상서의 전갈을 듣고 권원중의 집에 들렀을 뿐이라는 것이다.

사건 관련자로서 관에 불려온 나머지 권씨들도 모두 "잘 모른다"는 말만 되풀이했다. 일족끼리 말을 맞추었는지는 모르지만 압동은 권씨들의 세상이 분명해 보였다. 이제 권국경의 아들 권주원을 추궁할 차례였다. 용의자 권원중과 사촌 형제간인 권주원에게 이병의는 권원중을 붙잡았다가 도로 놔준 이유를 물었다. 그는 일가붙이 권자삼에게 권원중을 잡아오라 했고 실제로 안의에서 권원중을 붙잡았지만 관아로 데려가는 길에 권재기와 권재환이 나타나 옥사가 거의 끝난 마당에 풀어주는 것이 어떠냐고 해서 그리했을 뿐이라고 답했다.

권주원의 말을 확인하려면 권원중을 직접 체포한 권자삼의 진술이 필요했다. 권자삼은 권주원이 옥중의 부친을 위해 권원중을 잡아오라 해서 잡았고 권재기와 권재환이 풀어주라 해서 풀어주었을 뿐이라고 했다. 자신은 이 일과 무관하다는 말투였다. 그런데 권원중을 놓아주라고 했다는 권재환(53세)은 모든 것을 부인했다. 자신은 김영팔 등을 본 적도 없으며 초·복검에서 자액으로 판명이 난 사건을 왜 다시 조사하는지 모르겠다고 오히려 불만을 쏟아냈다.

　권원중의 이웃 정환구의 진술에 따르면 권씨들은 단순히 말만 맞춘 것이 아니었다. 주변의 다른 사람들에게도 사건에 관해 함구령을 내렸다. 군수는 정환구를 찾아가 입을 다물라고 한 권수견을 불러 세웠다.

　　지난 11월 2일 밤 권원중의 집이 시끄러워 가보니 김조이가 방 안에 죽어 있었습니다. 시어머니 이조이는 '방 안 들보에 목을 매 죽었다'고 했습니다. 이때 동네 사람들이 모여들고 김조이의 친정아버지 김영팔도 도착하여 야단법석이었습니다. 제가 왜 초검과 복검에 간증으로 기록되고 (이번에 다시) 심문을 받아야 하는지 알 수 없지만 '권씨들이 입을 맞추는 통에 원통함을 씻지 못했다'는 김영팔의 주장은 천만부당합니다. 김조이가 목을 매 자살한 장소는 대밭 옆 헛간이 확실합니다. 졸지에 변고가 발생하자 시어머니 이조이가 망령되게 방 안 대들보에 목을 맸다고 했던 것입니다. 권재기가 앞으로는 방이 아니라 대밭이라고 이야기하라고 지시한 것도 그 때문입니다. 또 정환구도 (우리와) 똑같이 입을 맞추어야 한다고 하기에 그 지시에 따랐던 것뿐입니다.

　군수의 엄한 문초에 권수견은 이렇듯 권재기의 사주를 토설했다. 그러나 '대밭으로 입을 맞추었을 뿐' 김조이의 죽음을 자살로 확신한다는 소리였다.

　이병의는 권재기와 시어머니 이조이의 증언을 더하면 진실을 파헤칠 수 있을 것이라 생각했다. 권재기는 일찍이 향장(鄕長)을 역임한 인물로 권씨 집안의 대표자라 할 만했다. 군수는 무슨 생각으로 권원중을 풀어주고 입단속까지 했는지 캐물었다.

> 도주한 권원중을 붙잡았을 때는 이미 사건 조사가 어느 정도 마무리되고 사인도 '자액'으로 정리되어 권원중의 무죄가 확실해 보였습니다. 그래서 후일을 생각지 않고 사사로이 풀어주었던 것입니다. 숨기려는 뜻은 전연 없었습니다. 그리고 김조이가 대밭 옆 헛간에서 목을 맨 것이 확실한데도 방문에 밖으로 자물쇠가 채워져 있었다는 둥, 방 안에 시체가 놓여 있었다는 둥, 도무지 말이 안 되는 소리들이 나오는지라 옥정을 더욱 혼란스럽게 할 것이 두려워 '대밭 옆 헛간에서 목을 맨 것'으로 일제히 납공(納供, 진술)하라고 훈계했을 뿐입니다. 지금 생각하니 후회막급입니다.

권재기는 조사를 도울 생각에서 그리한 것이라고 했지만 믿을 수 없었다. 권재기의 행동은 사건 해결에 도움을 주기는커녕 혼란만 부추겼다. 그리고 사망 장소를 '헛간'이라 답하라고 사주한 것을 보면 사망 장소가 반드시 헛간이어야 할 이유가 따로 있는 것이 분명했다. 무언가를 숨기려는 의도가 아닌지 의심스러웠다. 그래서 후회한다는 말도 믿기 어려웠다. 이제 김조이의 사망 장소를 분명히 밝혀야만 했다. 이조이는 며느리가 방에서 죽었다고 했지만, 권씨들은 헛간에서 죽었다고 했다. 심지어 측간에서 목을 맸다는 사람도 있었다. 무엇보다 권원중 모자가 김씨를 헛간에 목매달았다가 방으로 옮기는 것을 보았다는 수월의 증언을 뒷받침하거나 반박할 증거 혹은 진술이 필요했다.

시어머니 이조이야말로 현장의 목격자로서 본 사건의 열쇠를 쥐고 있는 인물이었다. 그런데 초·복검 기록을 보면, 이조이는 여러 번 진술을 번복했다. 이를테면 초검의 초추(初推, 1차 심문) 때는 "방 안에서 목매 자살한 며느리를 발견했다"고 진술했다가 초검 삼초(三招, 3차 심문) 때는 "며느리가 헛간에서 자살했는데 김상서의 도움을 받아 방으로 옮겼다"고 진술을 번복했다.[4] 초검관과 복검관은 김조이가 '헛간에서 목매 자살한 것'으로 사건을 종료했지만, 이조이의 진술 번복은 기억을 바로잡은 것이라기보다는 권재기의 함구령과 관련되었을 가능성이 컸다.

이병의는 시어머니 이조이를 문초했다. 예순 살의 이 노인은 막무가내로 모든 사실을 부인했다. 김영팔과 수월이 자신을 무함한다며 오히려 억울해했다.

> 저는 수년 전 남편을 잃고 큰아들 내외와 함께 살고 있습니다. 압동에 사는 권원중은 둘째 아들입니다. 사건 당일 둘째 아들이 채무 독촉에 시달리다가 어디론가 도주했다는 소식을 듣고 아들의 집에 가보았습니다. 그런데 며느리도 보이지 않아 혹 친정으로 갔나 해서 조카 권주원을 며느리의 친정으로 보냈습니다. (그사이에) 점점 날이 어두워져 방에 불을 땔 생각으로 땔감을 가지러 헛간에 갔는데, 며느리가 서까래에 목을 맨 채 늘어져 있는 것이 아니겠습니까? 어찌할 바를 모르다가 일단 낫으로 줄을 끊고 며느리를 바닥에 내렸습니다. 때마침 김상서가 자기 집에서 나오기에 그에게 가서 며느리를 방으로 옮겨달라고 부탁했습니

다. 그러고는 방에서 손으로 전신을 문질러보았더니 온기가 남아 있었습니다. 다행이라 여기고 입 안에 침을 넣어 회생시키려 했지만, 영영 절명하고 말았습니다. 이에 며느리의 친정과 권씨 일가에 사실을 알렸는데, 며느리의 친정 식구들이 몰려와 다짜고짜 저를 결박하고는 어찌된 일이냐고 따졌습니다. (그래서 놀란 제가) 헛간에서 목을 맸다고 답하지 못하고 방 안 들보에 목을 맸다고 속여서 답한 것입니다.

아들 부부는 평소 금슬이 좋았습니다. (게다가) 이날 아들은 집에 없었는데 둘이 어찌 싸울 수 있었겠습니까? 장롱이 부서지고 며느리의 가슴이 맞은 상처로 가득했다는 김영팔의 주장은 억지입니다. 사비 수월도 도대체 어디서 그런 말을 듣고 (저와 아들을) 무함하는지 모르겠습니다. 저는 당일 밤 수월을 보지도 못했을뿐더러 문밖에 서 있었다는 사람도 알지 못합니다. 며느리의 죽음이 자살이 아니라 타살이라면 초·복검 당시에 왜 밝혀지지 않았겠습니까? '스스로 목을 매 죽은 것[自縊而死]'이니 명백하게 조사해주십시오.

증인들의 실토로 진실에 다가가다

다음 날인 3월 1일, 관아에 머물던 이병의는 조반을 먹은 후 검시를 위해 읍내에서 북으로 30리쯤 떨어진 산청군 압동으로 향했다. 도착해 보니 김조이의 시신은 가매장된 상태였다. 이병의는 오작사령 윤득신으로 하여금 무덤에서 시신을 꺼내 밝은 곳으로 옮기게 한 뒤, 김영팔에게 딸의 시신을 확인하게 했다.

오작사령이 시신을 세척하자 이병의는 사람들이 보는 앞에서 검험을 시작했다. 일단 옷에는 흙 자국이 남아 있었다. 시신의 두 손은 자연스럽게 주먹을 쥔 형상이었고 목에 액흔이 있었지만 혀가 밖으로 나와 있지 않았다. 그리고 가슴 부위에 상처가 남아 있었다. '구타하여 살해한 후 자살로 위장한 사건'으로 보였다. 따라서 검시 후 관련자들을 다시 심문하기로 했다. 필요하다고 판단되면 대질심문도 할 작정이었다.

이조이의 부탁을 받고 시신을 옮겼다는 김상서를 먼저 불렀다. 예상 밖으로 김상서는 순순히 자백했다. 수월의 증언이 맞고 자신은 이조이의 사주를 받아 거짓을 고했다는 내용이었다. 수월의 증언이 사실이라면 김조이가 사망한 장소는 헛간이 맞지만, 시신을 방으로 옮긴 사람은 김상서가 아니라 권원중 모자일 터였다. 즉, 김조이가 자살한 것이 아니라 권원중이 김조이를 방에서 구타한 뒤 헛간으로 옮겨 강제로 목을 매단 것이었다. 수월은 두 번째 심문에서도 첫 번째와 동일한 답변을 했다. 권원중이 범인이라는 진술이었다. 거의 진실에 다가섰다고 생각한 이병의는 권문(權門)의 대표자 권재기를 다시 불러 추궁했다. 이번에는 그도 순순히 사실을 인정했다.

권원중을 사사로이 풀어준 것도, (헛간 옆) 대밭으로 입을 맞추라고 지시한 것도 어리석은 일이었습니다. 속의(族誼, 일가 사이의 정의)를 저버릴수 없어서 그리했던 것입니다. 사건 당일 밤의 광경을 수월이 입증했고 검시과정에서 드러난 상흔이 법문(法文)에 분명한 만큼, 제가 친족을 보호하려 한들 (무슨 소용이며) 사실이 이러한데 무엇을 연연해하겠습니까?

이병의는 짙은 어둠 속을 헤치고 나와 진실의 빛을 보는 듯했다. 이제 시어머니 이조이의 자백을 첨부하여 사건을 마무리할 일만 남았다. 이조이는 완강했다. 계속해서 수월과 김상서가 거짓말을 한다고 소리쳤다. 대질심문이 필요했다. 이조이를 마주한 수월은 이조이를 힐난하는 투로 다음과 같이 말했다.

댁의 아들과 며느리가 서로 싸울 때 (아들이 며느리를) 손과 발로 구타하고 (며느리가) 거의 죽게 되자 헛간에 목매달았다가 방으로 옮기지 않았는가? 그리고 이를 발설치 말라고 나를 협박하지 않았는가?

그러나 이조이는 끝내 혐의를 부인했다. 삼검관 이병의는 곤양으로 돌아갈 채비를 했다. 사건 조사도 거의 끝이 났고 무엇보다 '구타하여 살해한 후 자살로 위장'한 사건이 확실한 마당에 더 이상 산청에 머물 이유가 없었다.

갑작스런 시어머니의 죽음

그러던 3월 5일, 예상치 못한 문제가 발생했다. 귀가를 서두르던 이병의에게 옥에 갇혀 있던 이조이가 피를 토한다는 보고가 올라왔다. 관련자들을 심문하면서 주리를 틀고 곤장을 몇 대 치기는 했지만 피를 토할 정도는 아니었는데 이상하다는 생각이 들었다. 어쨌든 며칠 더 산청에 머물며 추이를 살피기로 했다. 하지만 별다른 보고가 없자 이병의는 이틀 뒤인 3월 7일 곤양으로 향했다.

곤양에 도착한 군수 이병의는 삼검 보고서를 쓰기 시작했다. 초·복검 때와 달리 자신이 김조이의 죽음을 타살로 보고하면 4차 조사가 불가피해질 테고, 그때 다시 수월과 이조이의 진술을 받아낸다면 진실은 여지없이 밝혀질 것이었다. 이병의는 소임을 다했다는 생각에 김조이 사건의 발사(跋辭, 조사관의 평가와 결론)를 막힘없이 써 내려갔다.[5] 시신의 가슴 부위에 구타의 상흔이 명백하고 수월의 진술까지 확보했으니 거리낄 것이 없었다.

조사과정에서 부딪혔던 어려움들이 떠올랐다.《증수무원록》〈늑사(勒死)〉조의 "목을 졸라 죽인 후 자액으로 위장하면 분간하기 어렵다"는 말이 바로 이번 옥사를 두고 한 말 같았다. 무엇보다 사건이 발생한 압동이 권씨들의 세거지인 까닭에 간증, 겨린, 사련 등이 모두 권족(權族) 아니면 권척(權戚, 권씨가 아닌 일가붙이)이라는 점이 진실에 다가가는 데 걸림돌로 작용했다. 일족을 보호한다는 미명 아래 모두가 한가지로 답변하거나 모르쇠로 일관했기 때문이다. 그런데 늦은 밤 유일하게 사건을 직접 목격한 수월이 정환구의 상처(喪妻)를 위로하다가 무심코 뱉은 한마디가 사건 해결의 실마리가 되었으니 하늘이 수월의 입을 빌려 김조이의 원수를 갚은 것이 분명했다.

조사가 쉽지만은 않았지만 진실은 곧 밝혀질 터였다. 그러나 산청에서 돌아온 지 얼마 지나지 않은 3월 12일, 놀랄 만한 소식이 전해졌다. 산청군 감옥에 있던 이조이가 사망했다는 전갈이었다. 이제 사검관이 산청군에 도착하면 이조이의 거짓말도 탄로 날 것이라 여겼는데 어찌 죽었단 말인가! 엎친 데 덮친 격으로 이조이가 삼검 때 얻은 장독으로 피를 토하다가 원통하여 목숨을 끊었다는 소문이 돌기 시작했다. 심지어 삼검은 고문과 난장(亂杖)이 어지러웠다는 말도 떠돌았다.

이조이의 죽음을 계기로 산청군수가 김조이 사건에 이어 다시 한번 조사에 착수했다. 3월 12일 새벽, 권주원이 숙모 이조이의 원통함을 풀어달라며 관에 발고한 때문이었다.

> 숙모 이씨가 지난 삼검관 곤양군수의 심문 때 난장을 맞아 피를 쏟다가
> 원통함과 고통을 이기지 못하고 어젯밤 옥중에서 목매 자살했으니, 법
> 에 따라 조사해주시기 바랍니다.

권씨들이 반전의 기회를 잡다

1903년 3월 21일과 24일, 사흘 간격으로 두 통의 비밀 훈령이 함안군수 이인성(李寅聲)에게 전달되었다. 21일의 훈령은 권원중의 모친 이조이의 죽음에 대하여 산청군수의 초검에 이은 복검을 시행하라는 명이었고, 24일의 훈령은 김조이 사건의 오검(五檢)을 행하라는 명령이었다. 시어머니 이조이의 죽음으로 사건은 더욱 복잡해졌다. 함안군수 이인성은 사

김윤보, 〈금부난장(禁府亂杖)〉, 《형정도첩(刑政圖帖)》. 난장은 대상자를 형틀에 묶어놓고 여럿이 한꺼번에 구타하는 고문이다. 개인 소장.

건 발생 후 수개월이 지난 탓에 훼손이 더 심각할 김조이의 시신을 먼저 조사하기로 했다.

이인성은 그에 앞서 서리 등을 보내 기왕의 조사내용을 탐문했다. 그 결과, 초검 및 복검 당시 자살로 결론지었던 사건을 곤양군수가 삼검에서 '구타 후 살해'로 변경했지만, 사검관 의령군수 김영기(金永基)는 김조이의 죽음을 다시 자살로 확정하고 삼검관 곤양군수의 고문과 협박이 도를 넘었다고 보고했다는 내용이었다. 놀랍게도 김상서와 수월은 사검에서 진술을 번복했다. 수월은 삼검 때와 달리 사건 당일 바깥출입을 하지 않아 내막을 전연 알지 못한다고 진술했고, 김상서는 다시 초·복검 때처럼 자살한 김조이의 시신을 자신이 방으로 옮겼다고 주장했다.

오검관 이인성은 두 번째 훈령을 받은 3월 24일에 함안을 떠나 진주 의곡사(義谷寺)에서 하룻밤을 묵고 다음 날인 25일에 산청군에 도착했다. 죽은 김조이의 숙부 김영운과 친부 김영팔은 삼검 때 이루어진 조사만이 진실이라며 읍소했다. 압동은 권씨들의 소굴이니 이들의 음모를 밝혀달라고도 했다. 그런데 권씨들은 새로운 주장을 내놓았다. 김조이의 죽음이 친정아버지 김영팔 때문이라는 주장이었다.

권재환은 흉악한 김영팔이 친정에 온 딸을 내쫓아 하소연할 데 없던 김조이가 차라리 자진을 결심했으니, 김영팔이야말로 딸을 죽음으로 내몬 살인자라고 주장했다. 당시 권원중은 외지에 출타 중이어서 애초에 김조이를 죽일 수 없었다고도 했다. 이인성은 우선 김상서와 수월의 증언을 듣기로 했다. 이들은 삼검 때와 달리 김조이의 자살을 한목소리로 증언했다.

먼저 김상서는, 사건 당일 밤 밖에서 "사람 살려!" 하는 여인의 목소리가 들려 나가보니, 이조이가 대나무 옆 헛간에서 목을 매 목숨이 경각에 달린 며느리를 도와달라고 요청했고, 자신이 헛간에 도착했을 때 이미 김조이는 숨을 거둔 상태였다고 진술했다. 수월 역시 곤양군수의 혹형과 사령들의 권유로 거짓 증언을 했다고 주장했다.

> 삼검 때 너무 엄하게 주리를 틀어 제 오른쪽 다리가 부러졌습니다. (그런데도) 곤양의 사령들은 '권원중이 처와 싸우던 중 발로 차 처를 살해하고 방 안에 베개를 받쳐 뉘어놓았다고 공초하면 다른 다리는 부러뜨리지 않겠다'며 저를 위협했습니다. 이년은 살아날 방도만 생각하고 그 말에 따라 납공한 것이지 사건을 직접 목도한 것이 아닙니다. 머리채를 잡고 옷으로 덮었다는 것, 자물쇠로 잠그고 신발을 숨겼다는 것도 처음부터 누가 시켜서 한 말이 아니며, 이전에도 그렇게 말씀드린 바 없습니다. 살펴 처리해주시기 바랍니다.

삼검관 곤양군수의 엄장(嚴杖, 무거운 매질)이 문제였다. 아무리 심문과정에서 고문이 허용되었다고 하지만 다리가 부러질 정도로 주리를 틀거나 피를 토하고 자살할 정도로 난장을 쳤다는 것은 심각한 문제가 아닐 수 없었다.

이제 김영팔이 딸을 구박했다는 권재환의 진술이 사실인지를 확인할 차례였다. 사건 당일 이조이의 부탁을 받고 김조이를 찾으러 친정에 갔다는 권주원은 김영팔로부터 직접 들었다며 다음과 같이 증언했다.

김영팔이 제게 말하기를, '딸이 엊그제 저녁 무렵 남편의 빚을 의논하려 왔다면서 60냥을 달라기에 네 서방은 전답을 팔아먹으려 하고 너는 저축한 돈을 재촉하니 다시는 내 집에 발걸음을 말라 했다'고 했습니다. 이에 김조이가 '남편은 빚을 독촉하고 부친은 이리 구박하니 차라리 죽는 게 낫다'면서 나가는 길에 김영팔에게 하직 인사를 했고, 김영팔은 더욱 화가 나 크게 꾸짖었다고 했습니다. 저 흉악한 김영팔이 딸을 꾸짖고 쫓아내 이런 변고를 만들었으니 저놈이야말로 우리 권씨 집안의 원수입니다.

심지어 권수견은 삼검 때 김영팔이 동네의 오조이를 매수했다고 주장했다. 오조이는 오검 때 처음 등장한 인물이다. 이인성은 오조이를 잡아오라고 했다. 오조이 역시 이를 부인하지 않았다.

지난 2월 말 김영팔이 '압곡(압동) 내 딸의 죽음을 알고 있느냐?'고 묻기에 모른다고 하자, '근일 조사관(삼검관)이 왔는데 혹시 내 딸에 대해 물으면 심한 상처가 많았다고 답하라'는 부탁을 받았습니다. 제가 '모르는 일에 대해 공연히 말했다가 후일 탄로가 나면 후사를 감당키 어렵다'면서 거절하자, 김영팔은 다시 '이 일만 잘하면 수고비를 많이 줄 테니 내 말을 따르라'고 했습니다.

김영팔이 딸의 죽음을 '타살'로 몰기 위해 오조이를 매수했다는 진술이었다. 진술의 진위는 오조이와 김영팔을 대질시키면 밝혀질 일이었다.

압동은 권씨들의 세상이었다

오검관 이인성은 비록 시신은 오래되었지만 옥사의 엄정(嚴正)을 위해 김조이를 검험하기로 작정하고 3월 27일 날이 밝자마자 김조이의 무덤을 찾아 나섰다. 산기슭에 도착하자 쇠못으로 표시를 해둔 김조이의 무덤이 시야에 들어왔다. 김조이를 관에서 꺼내 검시했지만, 우려한 대로 상흔을 분별하기 어려웠다. 특히 가슴 부위에 많다는 구타의 흔적을 살펴보았지만 김영팔의 증언과는 달리 약간 누르스름한 정도였고 딱딱하지도 않았다.

이어진 심문에서 김영팔은 오조이를 매수한 적이 없다며 억울하고 원통하다고 울부짖었다. 오히려 권씨들이 자신을 무함하기 위해 오조이를 매수한 것이라고 주장했다. 이에 이인성은 오조이를 불러 김영팔의 앞에 세웠다. 둘은 만나자마자 언성을 높였다. 그대로 두었다가는 아귀다툼이 벌어질 모양새였다. 이인성은 그만두라 명했다. 누가 오조이를 매수했는가는 중요한 문제가 아닌 듯싶었다. 이미 수월이 곤양군수의 혹형에 못 이겨 거짓을 고했다고 밝혔으니, 타살을 의심할 만한 증언이 무위로 돌아간 셈이었기 때문이다.

이인성은 조사를 마무리하고 보고서 초안을 작성했다. 남편의 노름빚 때문에 친정에 돈을 부탁하러 갔지만 구박만 당하고 내쫓긴 김조이가 스스로 목숨을 끊은 사건으로 결론을 내렸다. 이인성이 보기에 친부 김영팔은 딸을 구박한 일이 마음에 남아 계속 타살을 주장해온 것뿐이었다. 삼검관이 타살을 인정했지만 이를 뒷받침한 증언이 결국 엄장으로 인한 거짓 증언임이 드러난 이상 타살에 미련을 둘 필요가 없었다.

목매 자살한 김조이의 시신을 법례에 따라 검험했으며, 시장은 세 건을
제작하여 한 건은 시친, 한 건은 관아, 한 건은 관찰사에게 보냈습니다.
이번 사건은 항산(恒産, 살아가는 데 필요한 재산이나 생업)이 없는 자의 돈문
제로 빚어진 사건이었습니다.
시체는 사후 5개월이 지난 탓에 많이 부패하여 상처를 포착하기 어렵
습니다. 그간 다섯 차례나 검시를 했지만 시간이 흐르면서 간사한 계교
가 자꾸 생겨난 데다 사증(詞證, 진술과 증언)은 주로 친족을 심문한 것이
라 의심만 더해갔을 뿐입니다. 사망 원인 또한 '구타'라고도 하고 '결항
(結項, 목매닮)'이라고도 하니 점점 애매해지기만 했습니다. …… 시친 김
영팔은 남편의 돈 요구에 시달리다가 (도움을 구하러) 친정에 온 딸을 좋
은 말로 타이르기는커녕 도리어 구박하고 내쳤다가 이런 참변을 당하
자 원통한 마음을 씻으려고 '피타(被打, 매를 맞음)'라 했으나 증명할 수 없
었습니다. 이번 사건은 원통한 마음에 김조이가 스스로 죽음을 택한 것
이 분명합니다.

김조이의 죽음은 정말로 망자 자신의 의지에 의한 것이었을까? 김영
팔의 일관된 주장에 의하면 압동은 그야말로 권씨들의 소굴이었다. 권씨
들은 용의자 권원중을 사사로이 놓아주었다. 그들의 말대로 조사가 마무
리 단계였고 자살로 결론이 나고 있었다면, 무엇보다 자살이 분명하다
면, 관으로 향하던 권원중을 도망가게 할 이유가 없다. 그들은 무엇이 두

려워 권원중의 입을 막은 것인가? 권원중은 또 무엇이 두려워 도주를 택했는가? 이뿐이 아니다. 권씨들은 '김조이가 헛간에서 자살했다'고 진술하기로 자기들끼리 입을 맞추었다. 다른 사람들에게 이를 강요하기까지 했다. 김조이의 자살이 분명하다면 헛간이든 방이든 자살한 장소가 중요할 리 없다. 권원중 모자가 헛간에서 김조이를 목매달았다는 수월의 증언을 무위로 돌리기 위한 술수라고밖에 볼 수 없다.

　수월의 증언을 위증이라고 단정하기도 어렵다. 아무리 혹형을 못 견뎌 한 말이라 해도 그녀는 삼검 때 '자물쇠'나 '신발'과 관련된 이야기들을 술술 내뱉었다. 오검 때의 증언을 보아도 이는 누가 시켜서 한 말이 아니다. 또한 수월이 타살을 귀띔했다는 정환구의 증언은 어찌 설명할 것인가? 김용팔이 매수했다는 오조이의 증언에 이르면 의심은 더욱 커질 수밖에 없다. 삼검 때 이미 그녀가 김용팔에게 돈을 미끼로 증언을 약속했다면 시친에게 우호적이던 곤양군수 앞에 나아가 약속을 이행하지 않을 이유가 없기 때문이다. 그러나 오조이는 오검 때야 비로소 이 사건에 처음 등장한다. 오조이를 매수한 사람이 자신이 아니라 권씨들임을 주장한 김용팔의 진술에 무게가 실리는 것이다. 권씨들은 오히려 수월마저 위협했거나 매수했을 가능성이 높다. 수월은 용의자로 의심받던 권원중의 집에 기거하는 권씨 집안의 사비였으니 권씨들이 수월의 목줄을 쥐고 있는 것이나 다름없다. 그러니 위협을 받았건 돈을 받았건 간에 수월이 진술을 번복할 이유는 충분하다. 삼검 때는 자신의 진술이 이조이의 사주에 의한 거짓 진술이었음을 실토한 김상서 또한 같은 맥락에서 진술을 번복한 이유가 의심된다.

삼검의 결론이 뒤집어진 데는 두 가지 요인이 크게 작용했다. 하나는 시어머니 이조이의 죽음이었고, 다른 하나는 삼검관의 혹형이었다. 이조이의 죽음을 계기로 상황은 권씨 집안에 유리하게 돌아갔다. 때마침 권씨들은 김영팔의 매정함이 딸을 죽음으로 내몬 근본 원인이라는 논리를 만들었고, 이는 김영팔의 끈질긴 하소연을 죄책감에 시달리던 아비의 억지 주장으로 몰아갈 명분이 되었다. 무엇보다 곤양군수의 혹형이 반전의 빌미를 제공했다. 혹형은 수월의 증언을 거짓으로 만들었고, 결국 삼검의 결론을 무력화했다.

사건이 발생한 1902년 11월부터 이듬해인 1903년 5월까지 6개월 사이에 수차례 반복된 검험은 모두 7건의 보고서를 우리에게 남겨놓았다. 그 과정에서 조사관들의 결론은 자살과 타살이라는 양극단을 넘나들었고 오검관은 자살로 사건을 마무리했다.

타살을 의심할 만한 정황이 있었음에도 이를 뒷받침할 증언이 번복된 만큼 사건은 의옥으로 남을 가능성이 커졌다. 그렇게 되면 살인자로 의심받던 권원중도 압동으로 돌아와 속전을 내고 방면될 것이다. 사건이 의옥이 되면 아무리 살인범일지라도 벌금을 내면 풀려나기 때문이다. 권씨들이 이를 노렸을 가능성을 배제할 수 없는 이유이다.

사건은 그렇게 끝나는 듯했다. 그런데 1903년 6월 경상남도 재판소의 판사 이재현(李載現)이 이미 다섯 차례나 조사한 바 있지만 여전히 의혹이 남아 한 번 더 조사하기로 했다는 공문과 함께 초검부터 오검까지 다섯 명의 검관들을 모두 소환했다. 김조이의 억울함을 밝힐 기회가 한 번 더 마련된 것이다. 사건 관련자들 역시 빠짐없이 대령했다. 예상대로 이들은 초검, 복검, 사검, 오검 때의 진술을 되풀이했다. 그런데 수월이 다시 한번 나섰다. 그녀는 참회의 눈물을 흘리며 권원중이 아내를 때려죽이고 범행을 은폐하려고 목을 매 자살한 것으로 위장했음을 증언했다. 삼검관을 제외한 나머지 네 명의 군수와 검리(檢吏)들은 묵묵부답이었다. 법정에 선 관련 증인들 역시 수월의 말을 반박하지 못했다.

이재현은 법부대신 이재극(李載克)에게 최종 결과를 보고했다. "사건을 신중하게 조사하지 못한 초검·복검·사검·오검관을 감봉으로 징계하고, 달아난 권원중을 반드시 체포하여 《대명률(大明律)》의 '처(妻)를 때려죽인 자는 교형[絞]에 처한다'는 율문을 적용해야 합니다"[6]라고 말이다.

조상의 묏자리로 이익을 다투다

강원도 회양군 장양면 김갑산 사건

이익을 다투는 사회

조선 후기에는 다양한 사회문제가 발생했지만 '갈등'과 '무질서'라는 차원에서 주목할 만한 문제는 소송의 급증이었다. 그중에서도 묏자리와 관련된 산송(山訟)은 가장 심각한 사회문제로 인식되었다. 겉으로는 효를 내세우지만 사실은 이익을 탐하는 마음에서 비롯된 산송이야말로 조선 후기 사회에 뙈리를 틀고 있던 탐욕의 상징이었다.[7]

역사상 건송(健訟, 하찮은 일에도 소송 걸기 좋아함)과 호송(好訟)이 문제되지 않은 적은 없지만, 조선 전기만 해도 호송 또는 건송을 들어 지역의 풍속을 비판하는 사례는 드물었다. 《세종실록》〈지리지(地理志)〉의 '풍속'조를 일별해도 호송이나 건송을 들어 풍속의 퇴폐를 비판한 사례는 없다. 예외적으로 진주목의 창원도호부가 거론되고 있을 뿐이다.[8] 그러나 조선 후기에 이르면 사정은 달라진다. 지역의 풍속을 논하면서 호송 혹은 건송을 지적하는 일이 빈번해졌다. 지방관을 지낸 인물들의 행장(行狀)에는 해당 지역이 건송 혹은 호송의 풍속 때문에 다스리기 어려웠지만 행장의 주인공이 부임하면서 이런 문제들이 사라졌다는 내용이 포함되곤 했다.

먼저 땅이 넓고 인구가 많은 삼남(三南)지역이 아무래도 물산이 풍부하고 세력이 자못 강한 자들이 많아 송사가 많을 수밖에 없었다. 송시열(宋時烈, 1607~1689)은 영남지역이 건송이란 별칭을 얻은 이유가 많은 인구와 넓은 땅 때문이라고 설명했다.[9] 특히 대구나 상주 같은 영남의 웅읍(雄邑, 큰 고을)들이 더욱 소송이 빈번한 지역으로 꼽혔다.[10] 최석정(崔錫鼎, 1646~1715)은 영남은 72주를 다스려야 하므로 본래 난치(難治)의 고장임을 강조했다.[11] 이외에도 영남지역이 건송 때문에 다스리기 어렵다는 표현은 조선 후기의 글들에서 드물지 않다.

호남도 예외는 아니었다. 장유(張維, 1587~1638)는 전주부윤으로 부임하는 이창기를 전송하면서 전주는 인구와 물자가 풍부한 지역으로 소송이 잦아 다스리기 어려운 지역이라고 했다.

전주는 토지가 광대하고 인구와 물자가 풍부한 만큼 그야말로 호남에서 으뜸가는 지역이라 할 것이다. 그런데 그곳의 선비들로 말하면 도포를 입고 시서(詩書)를 외우지만 즐비하게 늘어서 있는 그 집들 가운데는 선악이 뒤섞여 있고, 백성들로 말하면 농상(農商)이 뒤섞여 종류가 같지 않을뿐더러 성질이 새매처럼 사나워 걸핏하면 송사를 일으킨다. 게다가 호족이나 중간층의 교활한 자들이 관리들의 장단점을 파악한 후 빈약한 백성을 부려먹고 한 지방을 제멋대로 주무르는데, 그 수를 이루 헤아릴 수 없을 정도다. 다스리기 어려운 점에서는 호남의 으뜸이다.[12]

이러한 현상은 18세기에도 그대로 이어졌다. 영조는 전라감사로 부임하는 조영로에게 하교하면서 "호남은 풍패(豐沛)의 고향으로 물산이 풍부하고 산천과 인물이 가히 볼만한 지역이었는데, 점차 풍속이 나빠져서 호민(豪民, 부유하고 세력 있는 백성)들이 송사를 좋아하는 등 폐단이 늘었다"고 비판한 바 있다.[13] 정조 또한 1797년에 전라감사로 부임하는 이득신에게 내리는 교서에서 "호남의 풍속이 퇴폐하여 호민들의 송사가 걱정"이라며 선치를 부탁했다.[14]

인구가 많고 땅이 넓기로는 충청도도 빠질 수 없었다. 영조 때인 1733년 충청감사 정언섭이 올린 상소를 보면, "호서지역의 풍속이 송사를 좋아하여 소장이 어지럽게 쌓여 있다"는 내용이 있다.[15] 2년 뒤 충청감사로 부임한 유엄도 호서의 송사를 좋아하는 풍속과 소장의 번다함이 호남과 견주어도 심하다고 지적했다.[16] 뒤이은 이주진도 송사를 좋아하기로는 충청지역이 팔도 가운데 으뜸이라 주장했다.[17]

조선 후기의 건송은 대부분 이렇게 하삼도처럼 땅이 넓고 인구가 많고 물산이 풍부하여 향촌의 호강(豪强)들이 많은 지역에서 발생했다. 이들 지역의 건송의 주체는 주로 향촌의 권력자인 '호민'들이었다.

반대로 가난하고 풍속이 완악(頑惡, 고집스럽고 사나움)하여 송사가 잦은 지역도 있었다. 황해도가 그랬다. 가령 1748년 황해감사 엄우는 해서의 민속이 사납고 모질어서 송사를 즐기며 다투기를 좋아한다고 보고했다.[18] 1768년 5월 황해감사 윤득양은 상소문에서 "해서지역은 풍속이 거칠고 백성들이 송사를 좋아하는 폐단으로 말미암아 가장 다스리기 어렵다"고 토로한 바 있다.[19] 정조 역시 해서지역의 교화가 가장 어렵다고 술

회했다.[20]

조선 후기의 건송은 이렇듯 풍족한 하삼도의 호민들과 황해도처럼 가난하고 교화가 미치지 못한 지역의 완악한 소민들의 분란으로 인식되었다.

16세기 중엽에도 호송이나 건송은 향촌의 질서를 어지럽히는 문제로 인식되었다. 향약의 규약에 호송에 관한 처벌조항이 수록된 것이 그 증거이다. 이이(李珥, 1536~1584)의 〈사창계약속(社倉契約束)〉에는 호송을 멈추지 않는 사람들을 중벌에 처하는 동시에 비리호송(非理好訟), 즉 근거 없이 소송을 일삼을 경우 무겁게 처벌[上罰]하자는 내용이 포함되어 있다.[21] 〈사창계약속〉의 '상벌'이란, 사족의 경우 음식을 말단에 앉아서 먹게 하거나 어른이 면전에서 책망하는 것이며, 하인의 경우에는 태 40에 처하는 것이었다. '중벌(中罰)'은 사족의 경우 면책하고 하인의 경우 태 20을 가했다. 이후 조선의 향약들은 건송하는 사람들에 대한 처벌을 이 정도 선에서 유지했다.[22] 그러나 향촌의 자율적인 태 40이나 면전의 책망만으로는 건송의 증가를 막을 수 없었다.

《속대전(續大典)》 이전까지 근거 없이 소송을 일삼는 비리호송자들에 대한 처벌은 죄인을 가족과 함께 변방으로 옮겨 살게 한 '전가사변(全家徙邊)'이 일반적이었다.[23] 점차 비리호송에 관한 법조문의 필요성이 대두되자 결국 《속대전》에는 '장 100에 유 3,000리'라는 비리호송률이 설치되었다.[24] 소송에서 두 번이나 패했는데도 불구하고 세 번째 소송을 제기하는 경우 비리호송률을 적용했다. 물론 비리호송률에도 불구하고 건송은 사라지지 않았다.

호송 금지를 유언으로 남기는 사족도 있었다. 조선 후기의 학자 윤기는 〈가금(家禁)〉에서 비리호송을 엄하게 금지했다.[25] 그의 생각에 건송은 무뢰배나 저지르는 악행이며 대낮에 도둑질을 하는 것과 다름없었다.[26]

수령이 직접 건송을 금하는 글을 지역민에게 배포한 일도 있었다. 1750년 충청감사 홍계희(洪啓禧, 1703~1771)는 한글로 된 교화서를 관내의 주민들에게 배포하면서 '송사'야말로 가장 큰 불효라고 강조했다.

> 지금 내(홍계희)가 불효를 논하면서 송사를 즐기는 일을 으뜸으로 삼은 이유는 무엇인가? 도에 부임한 후 보니, 건송이 도내의 오래된 폐단이며 송사를 좋아하는 자는 결국 처벌을 받았다. 이는 진실로 불효라 하겠다. 특히 산송에 이르면 스스로 효를 들먹이며 '부모를 위한다'지만 실은 부모의 유해가 파헤쳐지는 것은 물론 옥에 갇히거나 귀향을 가는 일이 다반사다. 이보다 심한 불효가 없는 것이다.[27]

홍계희의 글은 기본적으로 소민들보다는 이익을 탐하는 호민들을 대상으로 한 경계의 글이었다. 산송문서를 직접 작성할 능력이 있는 사족이 산송에 보다 적극적으로 임했기 때문이다. 이에 반해 이수광(李睟光)의 후손이자 시인으로 유명한 이덕주(李德胄, 1696~1751)는 이익을 탐하는 무리 앞에서 욕심을 억제하기를, 즉 절욕을 강요당하는 이들의 답답함을 토로했다. 이덕주는 건송 자체를 풍속의 퇴폐로 몰아가는 지방 수령들을 비난하며 수령의 무능함이야말로 건송의 진정한 원인이라고 주장했다. 사건을 공정하게 해결할 생각은 않고 금령만을 앞세운다면 억울한 사람

만 계속 늘어갈 뿐, 소송은 멈추지 않을 것이라고 했다.[28]

부모를 위한다지만 실은 이익을 탐하는 무리에 불과하다는 홍계희의 주장이나 타인의 투장으로 인한 손해마저도 참으라고 해서는 안 된다는 이덕주의 반박 모두 조선 후기에 산송으로 이익을 보려는 자와 손해 보지 않으려는 자 사이에 분쟁이 계속되었음을 알리는 증거이다. 조선 후기에는 소송의 절반이 장지(葬地)를 둘러싸고 벌어졌고 사형이나 도형(徒刑, 노동형)으로 결론 난 사건들 또한 절반이 산송에서 비롯된 것이었다.[29] 정약용에 따르면, 당시 이름난 가문 중에는 조상의 묘를 일곱 번이나 이장한 집안도 있었다.[30]

사실 더 심각한 문제는 소송을 통해 사욕을 채우려는 자와 반대로 자신의 이익을 지키려는 자 모두가 군자와는 거리가 먼 '이익을 탐하는 무리'로 치부된다는 데 있었다. 사족이 사족인 이유는 군자의 삶을 지향하기 때문이고, 군자라면 이해에 초연해야 하기 때문이었다. '하필왈리(何必曰利)'를 귀감으로 현실의 이익과 거리를 두어야 했다. 하지만 실상은 그렇지 않았다. 점차 '사욕'에서 자유롭지 못한 사족이 늘어났고, 이로 인해 소민과 사족, 소인과 군자를 '구별'하기 어려운 지경이 되었다. 소민과 사족 모두 상대방의 사욕을 비판하면서 자신들의 탐욕을 정당화해 나갔다.

19세기 말 기회를 잡은 소민들은 사족사회의 상층으로 가기 위해 점점 더 강한 욕망을 드러냈다. 이로 인한 향촌의 갈등은 불가피했다. 이를 구향(舊鄉)과 신향(新鄉)의 대립, 즉 '향전(鄉戰)'이라고 부른다.

투장한 놈을 처벌해주시오

1899년 10월, 강원도 회양의 군수 박용덕(朴用悳)은 회양군 장양면의 광산 김씨들이 연명한 소장을 한 통 받았다. 맨 먼저 이름을 올린 것으로 보아 김병렬이 가문의 수장인 듯싶었다.

> 저희 10대조의 선산이 장양면 쇄령 위에 있는데, 한치리에 사는 백성 김문호가 그 아비를 투장했다는 소문이 낭자하여 족인들로 하여금 소문의 출처를 탐문케 한 후 산에 올라 형적을 살펴보았습니다. 그리고 투장한 김문호, 김갑산을 붙잡아 물어보았더니 이미 (다른 곳으로) 이장했다고 했습니다. 하지만 그 말을 믿기 어려워 김문호로 하여금 투장한 곳을 찾아보게 했더니, (저희 선조의) 무덤 왼쪽 절반이 파헤쳐지고 옛 관의 회벽이 드러나는 등 훼손된 것을 볼 수 있었습니다. 세상천지에 이 같은 경우가 어디 있겠습니까? 비록 (다른 곳으로) 이장했다고는 하지만 타인의 무덤을 파손한 죄를 물어야 하는데, 김문호와 김갑산이 아니면 누구의 짓이겠습니까? 원컨대 관청에서 이를 적간하여 법대로 처벌해주시기 바랍니다.

자신들의 선산에 투장(偸葬, 남의 산이나 묏자리에 몰래 자기 집안의 묘를 씀)한 사람을 처벌해달라는 내용이었다. 박용덕은 서기 김창성을 보내 사건이 벌어진 광산 김씨의 선산을 조사하라고 했다. 김창성은 〈광산김가산도형(光山金哥山圖形)〉을 작성해 보고했다.

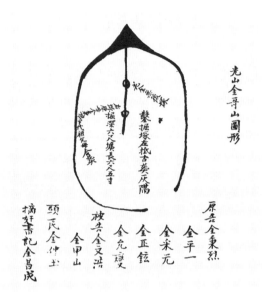

《김갑산 초검안》에 기록되어 있는 〈광산김가산도형〉. 김갑산 등은 투장지로 광산 김씨 가운데 절손(絕孫)된 자의 무덤을 선택했다. 자손이 없으니 발각될 리 없을 것이라고 생각했기 때문이다. 위쪽에 ○로 표시한 부분이 바로 '광김무후총(光金無後塚)', 즉 자손이 끊어진 무덤이다. 아래쪽의 ○ 표시는 김문호 등이 투장한 부분을 가리킨다. 후손이 끊어진 묏자리를 노려 '굴심육척 광장육척오촌(掘深六尺 壙長六尺五寸)', 즉 깊이 6척, 길이 6척 5촌의 구덩이를 파던 중 왼쪽에 있던 오래된 무덤의 회벽을 건드린 것이다. 그 무덤이 바로 김병렬의 10대 조부모를 합장한 묘였다. 서울대학교 규장각한국학연구원 소장.

회양군수 박용덕은 소장을 제출한 김병렬과 김평일, 소장에 투장자로 지목된 김문호와 김갑산, 그리고 두민(頭民, 동네에서 나이가 많고 식견이 높은 사람) 김중옥이 입회한 가운데 작성된 도형을 보면서 관련자들을 소환하여 조사할 생각이었다. 그런데 11월 초1일 장양면 한치리의 양녀(良女) 최조이가 발괄[白活, 소장, 청원서]을 올려 하소연했다. 남편 김갑산이 10월 24일 사망했다는 내용이었다. 인명사건이 발생하자 회양군수는 즉시 관아를 나섰다. 그리고 20여 리를 달려 서진강점(西津江店)의 상여가 놓인 장소에 도착한 후 김갑산의 죽음을 고한 최조이(28세)에게 남편의 몸에 상처나 질병이 있었는지를 물었다.[31]

남편은 올해 서른셋이며 허리에 두 군데 뜸을 뜬 자국이 있을 뿐, 상처라고 할 만한 것도 달리 아픈 데도 없었습니다.

군수는 오작사령 김천길에게 검시를 명했다. 시신은 원래 서진강변 상엿집 바깥채에 놓여 있었지만, 방이 좁고 어두워 마당에 내놓고 살펴보았다. 목에 두른 명주 목도리에 이어 당목(唐木) 적삼과 당목 저고리, 백목 저고리, 백목 단삼, 당목 토수, 누비 토수, 백목 중의(中衣) 등을 벗겼는데, 혈흔이 낭자했다. 바지와 버선에도 핏자국이 선명했다. 이어 응용 법물을 사용하여 시신을 뒤집어가며 닦게 한 후 살펴보았다. 두 다리에 주리를 튼 흔적이 확연했다. 적자색을 띤 상처는 분명 구타나 포박의 증거였다.

회양군수는 다시 한번 감갑산의 부인 최조이를 불렀다. 그녀는 김갑산이 광산 김씨 김평일을 원수로 지목했다고 증언했다.

남편은 본래 함경도 사람으로 4, 5년 전에 이곳 장양면 한치리로 이사했습니다. 김문호는 한동네에 사는 먼 친척입니다. 언제인지는 모르겠지만 김문호가 자신의 아비를 한치리의 광산 김씨 선산에 투장한 일로 지난 10월 13일 밤 광산 김씨 수백 명이 몰려와 김문호를 잡아갔습니다. 그런 뒤 다시 남편과 다른 친척들까지 잡아가려 해서 원근의 족친들이 모두 도주했습니다. 남편도 도망가야 했지만 마을의 존위인 관계로 멀리 가지 못하고 김중옥의 집으로 피신했습니다. 그런데 다음날 아침, 광산 김씨들이 남편을 결박하여 산으로 끌고 가서 주리를 틀었고 녹초가 된 후에야 동네 서재(書齋)에 가두었다고 합니다. 이틀 연속해서 주리를 틀었다고 하는데 저는 직접 보지는 못했지만 그 말을 듣고 너무 원통하여 즉시 가서 구하려고 했습니다. 하지만 광산 김씨들이 집에 머물면서 위협하는 통에 나갈 수가 없었습니다. 그사이 광산 김씨들은 관청에 본 산송사건을 고발했습니다. 그리고 해당 지역의 지세를 살피기 위해 관청의 서기가 10월 19일 현장에 도착했을 당시에도 광산 김씨들은 남편을 결박한 채 산으로 끌고 갔고 그곳에서 다시 주리를 트는 등 고문을 가했다고 합니다.

남편은 혹형으로 몸을 마음대로 움직이지 못하게 되었는데도 하룻밤이 지나자 읍내에 이 사실을 고발하러 간다 했고 결국 친척들의 부축을 받으며 집을 나섰습니다. 읍내에 들어가기 전날 저를 조용히 불러 유언하기를 '죽지 않는다면 다행이지만 혹시라도 내가 죽거든 김평일이 나의 원수이니 이를 갚아주오'라고 했습니다.

최조이는 고문 후유증에 시달리던 남편 김갑산이 10월 24일 밤 끝내 숨을 거두었다고 증언했다. 남편의 유언대로 김평일이 정범이니 원수를 갚아달라고도 했다.

화의 근원, 김문호

최조이의 진술대로 김갑산의 제족은 원래 함경도 출신으로 사건 발생 4, 5년 전에 강원도 회양의 장양면 한치리로 이주했고, 존위나 두민으로서 동네의 주요 업무를 관장하며 신향으로서 세력을 넓혀가고 있었다. 그러던 어느 날 김갑산이 광산 김씨들의 영향력을 무시한 채 한동네에 사는 먼 친척인 김문호를 도와 김문호 부친의 시신을 광산 김씨 선산에 투장하려 했고, 투장 중에 광산 김씨 김병렬의 10대조 무덤의 회벽을 파손하고 만 것이다. 투장 소식을 접할 당시 김병렬은 경북에 살고 있었다. 그는 광산 김씨의 수장으로, 가문의 대표자답게 문중에 이 사실을 고지한 후 광산 김씨 수백 명을 데리고 강원도의 무덤 훼손 현장으로 달려갔다. 본 사건은 타지에서 장양면 한치리로 이거하여 새롭게 성장하던 김갑산 일가와 이 지역 구향 세력인 광산 김씨들이 투장을 둘러싸고 벌인 향전이 분명했다.

　회양군수 박용덕은 장양면의 집강 이경진에게 저간의 사정을 물었다. 그러나 집강 이경진은 공전(公錢)을 거두기 위해 고성에 다녀오느라 사건에 대해서는 듣지도 보지도 못했다고 답했다. 결국 한치리의 두민 김중옥(67세)을 대령하는 수밖에 없었다. 김중옥은 김갑산의 먼 친척으로, 광산 김씨들에게 쫓기던 김갑산을 숨겨준 인물이기도 하다.

　　저와 김갑산은 10촌간입니다. 지난 10월 13일, 족인 김문호가 예전에
　　자신의 부친을 쇄령의 광산 김씨 선산에 투장한 일로 광산 김씨 집안 사

람 수백 명이 한치리에 모여 김문호와 김갑산, 이어 저와 문중의 족손(族孫) 김여수 등을 붙잡아두고 밤새 고문했습니다. 다음 날인 14일에도 산으로 데려가서 심한 고문을 가하는 등 저희 모두가 여러 날 곤욕을 치렀습니다.

김중옥은 광산 김씨들의 고문과 위세에 겁을 먹었는지 증언조차 제대로 하지 못했다.

저는 당시 광산 김씨들에게 고문을 당하여 겁을 먹은 데다 경황이 없어 광산 김씨 문중 사람 가운데 누가 지휘하고 누가 악형을 가했는지 기억하지 못합니다. (기억나는 것이라고는) 그들이 제 집에 와서 한치리에서 자신들이 먹은 음식값 37냥과 수백여 명이 8, 9일 동안 먹은 밥상 6천 상값 780냥가량을 마련해내라고 위협했다는 것뿐입니다. 이에 원근의 친척들이 돈을 마련하고자 거의 유리할 지경에 이르렀습니다. 어찌 억울하지 않겠습니까?

김중옥은 김문호의 친척이라는 이유만으로 광산 김씨들에게 고문을 당했으며 그들이 요구한 돈을 마련하느라 가산이 거덜났다며 억울함을 호소했다. 김갑산과 김중옥이 각각 존위와 두민으로서 마을일을 도맡아 하게 되면서 이들의 집안도 장양면 한치리의 권력자로 부상하게 되었지만 오랫동안 이 지역에 세거해온 광산 김씨들의 위력을 넘어설 수는 없었던 것이다. 결국 광산 김씨 선산에 자신의 아비를 투장하여 사건의 빌미를 제공한 김문호를 심문하지 않을 수 없었다. 그런데 김문호는 풍수쟁이 유조이 때문에 이 사달이 난 것이라고 했다.

김문호의 진술에 따르면, 그가 유조이를 만난 것은 한 해 전인 1898년 5월이었다. 당시 김문호는 신통하기로 소문난 점쟁이 유조이가 마을에 왔다는 소식을 듣고 그녀를 불러 아버지의 산소 자리를 물었다. 그랬더니 쇄령에 있는 광산 김씨 선산에 투장하고 술법을 사용하여 밝은 기운[明氣]을 불러 모으면 길할 것이라고 해서 그녀의 말대로 부친의 시신을 광산 김씨 무덤 왼쪽에 입장했다. 그런데 유조이에게 복채로 건넨 암소가 수일 만에 집으로 도망쳐왔기에 모른 척하고 돌려보내지 않았더니 화가 난 유조이가 그만 투장 소문을 퍼뜨렸고 소문을 들은 광산 김씨들이 한치리로 몰려왔다는 것이다. 그는 광산 김씨들의 위세에 겁을 먹고 그들의 선산에 묻었던 부친의 시신을 1898년 10월에 이미 다른 곳으로 이장했노라고 말했지만, 광산 김씨들은 아랑곳 않고 자신과 김갑산을 고문했다고 주장했다.

1899년 10월 13일에 광산 김씨들이 유조이를 선산에 데리고 와서 저와 김갑산 등과 대질케 했습니다. 이후 14일부터 19일까지 계속 (저와 김갑산을 붙잡아두고) 주리를 틀었습니다. 양 무릎과 종아리를 묶은 후 몽둥이를 하나씩 양 발목에 끼워넣고 비틀어대는 데다 좌우에서 한두 사람이 망을 보며 손으로 때리고 발로 차니 혹형으로 정신이 몽롱했습니다. 그 와중에 김평일이라는 자가 여러 친족을 지휘하며 '선산을 위해서라면 자손 수백 명이 돌아가며 매질을 가하여 투장한 놈들의 다리를 부러뜨려야 한다'고 소리를 질렀습니다.

김문호는 한 해 전에 이미 이장한 아버지의 묘를 파서 시체까지 보여주었지만 광산 김씨들은 악형을 멈추지 않았다고 했다. 숨을 거두기 전 김갑산이 고문을 가한 김평일과 애당초 원수인 점쟁이 유조이에게 복수해달라고 유언했다는 말도 빠뜨리지 않았다. 김문호의 이야기대로라면 이장을 권한 사람은 이곳저곳을 떠돌며 점을 치는 유조이였다. 그러나 그녀의 진술은 김문호와 사뭇 달랐다. 유조이는 투장에 대해서는 전연 아는 바가 없으며, 작년(1898) 5월 박아무개를 치료하러 장양면에 갔다가 한치리의 김문호를 만났다고 진술했다.

> 김문호가 제게 '내가 늦게 아들을 얻었으니 유모를 골라달라'고 부탁했고 이에 의논차 며칠 묵었습니다. 그사이 김문호가 자신의 선산을 보여주겠다고 해서 제가 '여자의 몸으로 어찌 풍수를 보겠소'라고 답하는데, 때마침 이웃 사는 김덕원이 김문호의 집에 놀러 왔습니다. 김덕원과 저는 이전부터 알던 사이로 김덕원이 저를 형수라고 부릅니다. 김덕원이 조용히 손으로 제 옆구리를 치면서 귓속말하기를, '형수가 선산을 보면서 빈 무덤인 것 같다고 말하면 더욱 신명(神名)을 얻을 것'이라고 했습니다.

그래서 유조이는 김덕원의 조언을 따라 선산의 무덤이 빈 무덤이라고 말했고, 그녀의 신통력에 놀란 김문호가 투장 사실을 털어놓았다는 것이다. 김문호가 자신의 아버지를 광산 김씨 선산에 투장한 것은 그녀를 만나기 전이라는 의미였다. 그 후 귀가하던 길에 쇄령의 한 주점에서 보부상 이씨와 말을 주고받다가 김문호의 투장 사실을 발설하게 되었고, 소문을 접한 광산 김씨들이 자신을 찾아와 김문호 등과 대질케 했다는 내용이었다.

올해(1899) 10월 초순에 광산 김씨 두 사람이 회양의 사동 석우리에서 왔다면서 간병을 청하기에 따라나섰더니 중도에 장양으로 길을 틀었습니다. (장양에는) 광산 김씨 수백 명이 모여 있었습니다. 그들이 저를 지붕 없는 가마에 앉히고는 곧장 쇄령으로 올라갔습니다. 그곳에는 이미 김문호와 김갑산이 결박되어 있었습니다.

광산 김씨들은 '여풍수인 네가 김문호에게 광산 김씨 무덤 옆에 투장하라고 한 것이냐? 너 같은 것들은 결단코 악형을 받아야 한다'며 저를 위협했습니다. 저는 겁을 먹고 김문호에게 '내가 언제 아비를 투장하라 했느냐?'며 화를 냈습니다. 이에 김문호가 '일전에 유조이에게 투장에 대해 발설한 적은 있다'고 답했습니다.

유조이 자신은 투장을 권유한 바가 없으며, 광산 김씨들도 자신의 말이 사실임을 확인했기에 자신을 풀어주었다는 것이다. 그러나 광산 김씨들이 어떤 고문을 했고 누구를 죽였는지에 대해서는 전혀 아는 바가 없다고 했다.

광산 김씨의 수장 김병렬

남은 관련자는 광산 김씨 가문 사람들이었다. 이들은 시제를 지내다가 투장 소식을 알게 되었다고 했다.

> 지난 10월 3일 제족이 시조 장연현감(長連縣監)공의 묘가 있는 장양면 한치리 산기슭에 모였습니다. 이때 보부상 이가가 떡을 구걸하러 산에 올라왔다가 통천의 여풍수에게 들었다면서 저희 선산에 누군가 투장을 했다는 이야기를 전했습니다. 말이 괴이한지라 조사해야겠다고 여기고 시제를 마친 후 사람을 보내 여풍수를 데려오게 했습니다. 그녀의 말을 자세히 들어보니, 한치리의 김문호가 아비를 김갑산, 김평산과 함께 저희 선산에 투장했다는 것이었습니다. 손바닥으로 문서에 도장을 찍으라 한 후 여풍수는 돌려보냈습니다. 뒤이어 문중에 통문을 발송하자 300명이 넘는 족인이 모여들었습니다.

이후의 진술은 기왕의 내용과 크게 다르지 않았다. 김문호와 김갑산을 데리고 산으로 올라가 투장한 곳을 묻고 주리를 틀었다는 내용이었다. 그리고 격분한 자손들이 앞다투어 악형을 가하는 통에 누구도 막을 수 없었으며 누가 주동했는지도 알 수 없다는 진술만 잇따랐다.

회양군수 박용덕은 다시 김문호를 심문장으로 불렀다. 김문호는 점쟁이 유조이가 투장을 권유했다고 말한 것은 고문을 피하기 위한 거짓 증언이었음을 고백했다. 투장 사실을 유조이에게 발설했다가 이런 사달이

난 것이라며 후회한다는 말도 내뱉었다. 그런데 이때 광산 김씨의 수장 김병렬(82세)이 나섰다.

저는 늙고 병들어 지난 10월 3일 한치리의 쇄령에서 있었던 10대조 조부의 시제에는 참석하지 못했습니다. (그러나) 제사 후 찾아온 여러 족인에게서 김 아무개가 (저희 선산에) 투장을 했다는 소식을 듣고 너무 놀라고 분통하여 한편으로는 제족에 통문을 돌려·알리고 다른 한편으로는 족인들을 소집해서 투장의 흔적을 찾고 투장한 놈을 심문하여 투장한 곳을 정확히 알아내라고 지시했습니다. 또한 김평일을 비롯한 300여 명에게 김 아무개가 모호하게 답하거든 고문을 해서라도 사정을 알아내라고 했습니다. 사정을 제대로 알아야 관에 고발할 수 있다고 생각했기 때문입니다. 그러니 이들이 일제히 한치리의 김문호와 김갑산을 잡아다가 산 위에서 주리를 튼 것은 죽이려던 것이 아닙니다. 김문호 등은 본래 북관(北關, 함경도)의 완악한 놈들이라 지켜보는 눈이 많은데도 불구하고 거짓을 일삼아서 제족 300여 명이 한두 차례 돌아가며 주리를 틀다 보니 이 지경에 이른 것입니다. 이는 모두 제가 족인들을 지휘한 탓입니다. 시친이 김평일을 지목한 것은 착오입니다. 저를 법대로 엄히 처벌해주시기 바랍니다.

김병렬은 자신이 사건을 배후에서 조종한 것이니 자신을 처벌해달라고 말했다. 군수는 그 말대로 김병렬을 정범으로 결정하고 사건을 마무리 지을지 고민했다. 그런데 갑자기 죽은 김갑산의 처 최조이가 사건을 없던 일로 해달라는 청원을 넣었다. 원통한 마음에 고발은 했지만 큰어머니가 중병에 걸려 목숨이 경각에 달린 터라 더 이상 집안에 우환이 없도록 화해를 요청한다는 내용이었다.

1899년 12월 14일, 회양군수 박용덕은 검안의 발사에서 본 사건을 혼자서 처리하기 어렵다고 토로했다.

> 이번 옥사는 투장과 굴총(掘塚, 남의 무덤을 불법적으로 파냄)에서 야기된 것으로서 비록 국내(局內, 좌청룡 우백호 안, 곧 무덤 안)에 투장한 것은 아니지만 율에 의거하여 처벌해야 할 것입니다. 법으로 논하자면 김문호를 벌해야겠지만 김문호와 김갑산이 동족으로서 같이 한 일이니 비록 죽은 자라도 용서할 수 없습니다. 또한 김갑산이 장에 맞아 죽었으므로 광산 김씨들의 죄 역시 갚을 길이 없습니다. 그런데도 김갑산의 시친들은 검시 이후에 청원을 넣어 화해를 자처하니, 무슨 생각으로 그리하는지 도무지 알 수 없습니다. 제 생각만으로는 처결하기 어려우므로 시친의 청원소를 부록하여 상부에 보고합니다.

함경도에서 강원도로 이거한 김문호의 친족들은 비록 지위는 낮지만 두민과 존위로서 향촌의 권력을 맛보았다. 그러나 광산 김씨들의 힘을 너무 가볍게 보고 그들의 선산에 투장함으로써 화를 자초했다. 당시 광산 김씨의 수장 김병렬은 기거하던 경북에서 통문을 돌린 후 문중 사람 수백 명을 이끌고 한치리로 와서 김갑산과 김문호를 붙잡았고, 관에 고발하기 전 사적으로 주리를 틀고 구타하는 등 심문을 빌미로 고문을 가했다.

　위세등등한 양반의 선산에 투장하려면 이처럼 죽음을 각오해야 했다. 살아남은 사람들 역시 마을에서 평온하게 살려면 법보다 화해의 길을 택할 수밖에 없었다. 김갑산의 처 최조이가 느닷없이 화해를 요청한 것도 그런 이유였을 것이다. 김갑산이 죽임을 당했지만 김문호 제족이 한치리에 계속 거주하려면 광산 김씨들의 용서를 구하는 수밖에 다른 방법이 없었던 것이다.

약자 위에 군림하는 약자들

평안북도 용천군 이추규, 황해도 신계군 박봉록 사건

향촌의 이익집단

조선시대 향촌사회에는 여러 가지 형태의 이익집단이 존재했다. 이익집단이란 하나의 목표나 가치 혹은 이익을 중심으로 형성, 운영되는 공동체를 의미한다. 이는 양반들의 문중일 수도, 평민들의 상호부조조직이거나 같은 직업을 가진 사람들의 모임일 수도 있었다.

조선시대에는 농업을 기반으로 한 일반 민중의 상호부조모임이 널리 유행했다. 또한 16세기 이후로 향촌사회의 양반들은 자신들만의 다양한 모임[契]을 만들었다. 양반들의 계모임은 기본적으로 자신들의 이익을 지키기 위한 것이었지만 향촌사회의 안정을 위한 상호부조의 성격을 띠기도 했다. 조선 후기에는 다양한 신분층에서 이러한 모임들을 조직했는데, 특히 향촌의 공동 노동조직이나 직업조직, 즉 두레나 계모임이 활기를 띠었다.

여기서 살펴볼 의계와 보부상단은 동일 직업 종사자들이 결성한 조직들로, 비조직원을 배타하는 동시에 조직원 간 강한 유대와 규율을 특징

1800년 무렵 한 서양인이 계모임을 보고 그린 그림. '동심계(同心稧)'라고 새겨진 궤짝 안에는 계모임과 관련한 각종 규약과 회의록, 명단 등의 서류가 가득했을 것이다. 동심계는 '한마음회' 정도로 풀이할 수 있다.

으로 한다. 본래의 거주지를 떠나 다른 곳에 정착하기 힘들었던 조선 후기 사회에서 조직 외곽의 삶은 고달플 수밖에 없었다. 그런 만큼 신분사회의 억압으로부터 자신들을 보호하려던 소민들에게는 계가 특히 중요했다. 그리고 이 사회적 약자들이 스스로를 보호하기 위해 만든, 이러한 사적 모임들은 자신들보다 약한 사람들을 상대로 작지만 거스르기 힘든 권력을 휘둘렀다.

100년 전의 검안에는 다양한 종류의 계모임과 이들 간의 갈등, 폭력과 상호부조의 양상이 드러나 있다. 이를 통해 흡사 먹이사슬의 연쇄와 같은, 향촌 내부의 권력을 둘러싼 갈등 및 긴장관계를 살펴볼 수 있다.

의계의 우두머리 이추규

1896년 8월 8일 어스름한 저녁, 평양 진위대 소속 중대장이 평안북도 용천군 읍내에 출동했다. 읍내 시장에 400명이 넘는 무뢰배가 모여 깃발을 휘날리며 총을 쏘아댈 것이라는 첩보가 있었기 때문이다. 현장으로 달려가보니 시장에는 '의(義)'라고 쓰인 깃발이 나부끼고 있었고, 수백 명이 술을 먹고 고함을 지르고 노래를 부르며 소란을 피우고 있었다. 기세로 보아서는 당장이라도 무슨 일을 벌일 듯했다.

자라 보고 놀란 가슴은 솥뚜껑 보고도 놀라는 법이다. 2년 전인 1894년 농민들이 무기를 들고 정부에 대항(동학농민운동)한 이래, 정부에서는 조금이라도 백성들이 운집했다는 첩보가 있으면 군대를 출동시켜 진압했다. 진위대는 진압을 위한 새로운 군대였다. 진위대 중대장은 200여 명의 군인을 인솔하고 시장에 들어와 운집한 군중을 해산하기 시작했다. 이리 뛰고 저리 뛰며 도주하는 사람들로 시장 일대는 삽시간에 아수라장이 되었고, 진위대는 두목으로 보이는 몇 사람을 체포했다.

잡혀온 사람들은 시장에서 계모임을 만들어 운영하던 이추규와 최봉일, 김여성이었다. 이들은 시장의 치안 유지와 시장 사람들 간 친목 도모라는 명분을 내세워 지난 5월부터 '의계(義契)'라는 이름의 모임을 운영해왔다. 그중 용천군 읍내에서 술을 팔아 생계를 이어가던 이추규가 계장이었다.[32] 패륜과 불의를 행하는 무뢰한이나 주정뱅이, 도박꾼을 혼내주고 시장의 질서를 바로잡는다고 큰소리쳤지만, 사실은 의계의 계원 대다수가 오히려 의계의 징벌 대상인 무뢰배였다.

1896년 8월 8일 밤, 진위대 중대장은 체포한 세 사람을 용천군 관아로 압송하여 매질했다. 50대 가까이 장을 맞은 계장 이추규는 초주검이 된채 옥에 갇혔고, 그 안에서 여각 주인 문시정이 중대장에게 계원들의 모임을 밀고했다는 소리를 듣게 되었다. 문시정은 읍내에서 여각을 운영하며 숯을 구워 생계를 꾸리는 자로서 평소 이추규를 형님이라 부르며 따랐다. 그런데 그가 얼마 전 이추규와 다툰 일로 이추규에게 원한을 품고 관에 정보를 흘렸다는 것이었다. 사정은 이러했다.

1개월 전쯤인 7월 15일, 누군가 의계의 계원 김기남의 선영(先塋, 조상의 무덤)에 투장을 하려 했다. 김기남이 소금물을 부어 이를 막았는데, 관은 소금물을 뿌린 것이 지나친 처사라며 도리어 김기남을 옥에 가두어버렸다. 이후 김기남의 아버지 김윤백이 읍내에 있는 문시정의 여각에 머물면서 아들의 억울함을 풀기 위해 백방으로 노력했지만, 관아에 줄을 대고 있던 문시정에게 100냥의 소개비를 준 뒤에야 어렵사리 아들을 옥에서 빼낼 수 있었다는 소문이 돌았다. 이 소문을 접한 이추규는 문시정을 불러다가 김윤백에게서 받은 100냥을 돌려주라고 했다. 이 과정에서 술에 취해 문시정의 상투를 잡고 방바닥에 내팽개쳤다. 문시정은 "형님, 힘자랑 마소. 그리해도 내 상투를 뽑지는 못하잖소"라고 농으로 대꾸하며 위기를 면하려 했지만, 이추규는 "너 같은 놈이야말로 의계의 계원들이 징치해야 할 대상"이라며 창피를 주었다. 더 이상 참지 못한 문시정이 대들자 이추규는 계원들을 동원하여 문시정을 두들겨 팬 후 계원들과 함께 문시정의 집으로 몰려가 가재도구를 부쉈다.

의계의 무력 소동은 용천군수가 문시정을 잡아다가 곤장 20대를 친 후 성 밖으로 쫓아버리겠다는 약속을 한 뒤에야 겨우 진정되었다. 문시정으로서는 의계의 계원들에게 구타당하고 집안이 쑥대밭이 된 것도 억울한데 관에 끌려가 곤장까지 맞게 된 터라 복수할 마음을 품는 것도 무리는 아니었다. 그래서 진위대가 의주 일대를 순행한다는 소식을 듣고 곧장 진위대 대장에게 달려가 무뢰배가 시장에 모여 소란을 피울 것이라 고했다는 것이다.

문시정의 밀고가 사실이든 아니든, 중대장에게 수십 대를 얻어맞고 투옥된 이추규는 또다시 용천군 사령들의 매질에 시달려야 했다. 8월 11일 문시정이 용천군수에게 소원장(訴願狀)을 제출했기 때문이다. 문시정은 의계의 계원들이 자신의 가재도구를 부순 데 대해 보상을 요구하는 동시에 이를 방조한 이추규에게 죄를 물어달라고 호소했다. 며칠에 걸쳐 수십 차례 매질을 당한 이추규는 어떻게든 돈을 마련해서 문시정에게 보상하고 옥에서 나오려 했다. 이추규는 아들 이명록을 불러 읍내의 고리대금업자 김석산에게 1천 냥짜리 어음을 받아 관에 제출하게 했다. 그러나 관은 어음이 아닌 현금을 요구하며 이추규를 풀어주지 않았다. 결국 장독에 시달리던 이추규는 8월 17일 새벽을 넘기지 못하고 옥사했다. 목숨이 경각에 달린 아버지를 지켜보아야만 했던 이명록은 날이 밝자 계원들에게 도움을 청했다. 계장의 죽음을 알게 된 계원들은 문시정을 붙잡아관에 고발했다. 이추규의 죽음이 문시정 때문이라는 주장이었다. 문시정은 곧바로 수감되었다.

이틀 후인 1896년 8월 19일, 또 다른 문제가 발생했다. 문시정의 친척수백 명이 관아로 몰려가 옥문을 부수고 문시정을 빼간 것이다. 용천군수는 이렇게 관할 감옥의 죄수가 탈옥을 한 데다 문시정으로부터 뇌물을받은 사실이 드러나 파직되었다. 따라서 이추규 사건에 대한 1차 조사는용천군수가 아닌 인근의 선천군수가 맡게 되었고, 2차 조사는 곽산군수에게 이첩되었다.

이추규와 문시정, 누가 더 억울한가?

복검관인 곽산군수 한계석(韓啓錫)은 이추규의 아들 이명록을 불러 심문했다. 이명록(17세)은 나이는 비록 어렸지만 저간의 사정을 조리 있게 진술했다.

아버지는 올해 쉰셋으로 첩을 취해 읍내에 살면서 술을 팔아 생계를 이었습니다. 5월경 계를 하나 만들어 '의계'라 이름 짓고 (계원들과 더불어) 윤리와 의리를 모르는 놈들과 술과 잡기를 즐기는 무리를 금할 것을 약속했습니다. 경내에는 이러한 계가 셋 있는데, 계마다 계장이 존재합니다. 그 가운데 읍내 계장이 제 아비였습니다. 문시정은 벼슬을 얻으려고 자주 관청에 출입하는 자로 첩을 얻어 읍내에 살면서 내외가 관에 줄을 대러 다니곤 했습니다.

이어 이명록은 문시정이 자신의 아버지에게 원한이 있었다며 원한을 품게 된 이유를 털어놨고, 원한 때문에 문시정이 진위대의 순초(巡哨)길에 의계의 모임을 고발하여 아버지가 장을 맞은 후 옥에 갇혔다고 공초했다. 이명록은 이 과정에서 망극하다는 표현을 연발하며 억울함을 토로했고, 관아의 매질이 얼마나 심했는지에 대해 강조했다. 그의 공초에 따르면, 문시정은 부서진 가재도구 값으로 1천 냥을 요구하며 관아에 정소하는 한편, 뇌물을 써서 순교청 사령들이 이추규에게 재차 매질을 가하게 만들었다. 그리하여 이명록이 아버지를 보러 옥에 갔을 때 맞은 부위를 살폈는데, 양쪽 볼기의 피부가 모두 벗겨져 피가 낭자하고 심하게 부어오른 상태였다. 놀란 이명록이 아버지의 말대로 읍내의 김석산에게 어음을 빌려 관에 납부했지만 용천군수는 어음이 아닌 현금을 요구하며 이추규를 풀어주려 하지 않았다. 그러던 8월 17일 밤 아버지의 장독을 치료하기 위해 옥에 들렀다가 아버지의 임종을 지켜보게 되었던 것이다. 뿐만 아니라 이명록은 초검관 선천군수의 태도를 문제 삼았다. 선천군수가 조사도 제대로 하지 않고 아버지의 시신을 내주며 매장을 강요했다는 것이다.

곽산군수 한계석은 사건의 열쇠를 쥐고 있는 문시정을 심문장에 불러 세웠다. 문시정은 족인들의 도움을 받아 탈옥했다가 다시 체포되어 옥에 갇힌 상태였다. 군수는 평문(平問, 고문 없는 심문)할 때 이실직고하라고 호통쳤지만, 문시정은 오히려 자신의 억울함을 주장했다. 이추규와는 호형호제하는 사이였는데 어찌 죽이려 했겠냐는 이야기였다.

지난 5월 이추규가 의계를 만들어 계장이 되면서 깃발을 제작하고 규정도 만들었는데 다분히 분수와 의리를 어기는 조항들이 (포함되어) 있었습니다. 저에게도 계원이 되라고 했지만 계원들이 대개 노비 아니면 난잡한 인간들이라 후환이 염려되어 가입하지 않았습니다.

6월 초에 김윤백이 산송문제로 제 여각에서 유숙했을 때 제가 관청에 줄을 대주고 소개비조로 100냥을 받은 것으로 오해했는지, 하루는 이추규가 술에 잔뜩 취해서는 제 상투를 잡고 흔들면서 계인들에게 저를 때리라고 했습니다. 그때 저는 세상을 다시 못 보는 줄 알았으나 본군 사또께서 이 사실을 아시고는 싸움을 말리며 저를 옥에 가두겠다고 하셔서 일단 소란은 잦아들었습니다. 그러나 그 후에도 의계의 계원들은 제 상투를 잘라 부끄럽게 만들어야 한다거나 저를 마을에서 영영 쫓아버려야 한다고 떠들고 다녔습니다. 저는 매를 맞은 후 사람도 분간 못하고 엎어져 앓다가 8월 15일에야 겨우 지팡이를 짚고 밖에 나갈 수 있었습니다. 그러니 어찌 진위대의 순초를 알고 미리 고했겠습니까? 모두 터무니없는 거짓말입니다.

문시정은 이름과 달리 시장 건달들의 모임에 불과한 의계가 자신들의 이익을 보호하기 위해 죄 없는 자신을 희생양으로 삼았다고 주장했다. 자신이 소개전으로 100냥을 받았다거나 진위대에 의계의 모임을 고했다는 이야기도 사실무근이라고 했다. 이추규의 죽음은 진위대와 순교청 사령들의 난장 때문이지 자신과는 무관하다는 주장이었다.

문시정이 억울하다

1896년 12월 29일, 곽산군수 한계석은 3개월에 걸친 조사 끝에 복검안을 작성했다. 결론은 문시정의 승리였다. 복검안에 따르면, 사소한 오해 때문에 구타당하고 살림살이마저 부서진 문시정의 억울함은 위무되어야 마땅했다. 그리고 이추규는 분수를 모르고 날뛰다가 대가를 치른 것이었다. 이추규의 죽음은 진위대 중대장의 매질과 순교청의 난장, 이로 인한 장독으로 설명되었다.

> 행동의 마땅함을 일컬어 '의(義)'라 하는데 그 마땅함을 잃었으니 '의'라 할 수 없으며, 같은 마음으로 모인 것을 '계'라 하는데 악행을 서로 도왔으니 '계'라 부를 수 없습니다. 깃발을 세우고 포를 쏘았다는 말을 들으니 해괴하며, 사람을 때리고 가산을 파괴했다니 진위대의 순행 중에 이러한 폐단을 살피는 것이 당연합니다. 계원들끼리 큰 집회를 여는데 무려 400명이나 모였다 하니 이를 금하는 것도 마땅합니다. …… 이제 죽

은 이추규는 항상 몸가짐을 조심하며 분수에 맞게 근신했어야 합니다. 그런데 100여 명을 모아 계를 만들고 불법을 자행했으니 스스로 화를 자초한 것입니다. 문시정으로 말하면 관아의 소개와 무관한데도 계원들이 모여 자신의 집을 부쉈으니 어찌 억울하지 않겠습니까? 관에 호소함은 인지상정입니다.

조선 후기는 물론 100여 년 전에도 향촌에서 살인사건이 벌어지면 온 동네가 쑥대밭이 되었다. 포졸들과 사령들이 관련자를 수배한다며 온 동네를 뒤지고 다녔고 그 와중에 엄청나게 토색질(돈이나 물건을 강제로 갈취하는 일)을 해댔기 때문이다. 조사과정에서도 백성들은 옥을 들락거리며 이어지는 사또의 엄벌과 사령들의 난장에 고통받았다.

살옥사건이 벌어지면 향촌의 작은 권력들도 요동쳤다. 이추규 사건에서 보듯 의계는 사또에게 문시정을 처벌해달라고 요구했다. 그리고 문시정은 문중의 힘을 동원하여 관청에 연줄을 댔다. 다양한 사조직이 불법을 자행하는 공권력에 맞서, 혹은 향촌의 사적 폭력에 맞서 구성원들의 이익을 보호하는 한편 타인의 이익을 침해했던 것이다. 특히 동일 직종을 기반으로 형성된 사조직은 결속력이 남달랐다. 서로의 이익을 위해 뭉친 집단인 만큼 자신들의 이익을 위해서라면 언제든 물리력을 행사할 수 있었다. 이추규의 의계 역시 이추규와 같은 주점업자들의 이익단체에 불과했다. 시장에서 술과 잡기에 골몰하는 무뢰배를 징벌한다고 했지만 수백 명이 총을 쏘며 거리를 활보하는 짓이야말로 무뢰배의 횡포가 아니고 무엇이겠는가? 그럼에도 의계가 향촌의 오래된 권력에 대항하려 한 하층민들의 자발적인 조직이었음을 부인할 수는 없다.

공권력의 억압과 향촌의 사조직이 가하는 허다한 폭력으로부터 개인을 보호할 수 있는 또 하나의 방패막이는 '혈연'이었다. 문시정의 문중이 그 예다.

100여 년 전 문시정은 친족의 힘에, 이추규는 의계의 힘에 기대어 삶을 꾸려나갔다. 이들과 달리 문중이나 동업조직의 보호를 받지 못하는 힘없는 민초들은 호랑이 같은 사령들과 엄형을 남발하는 사또에게 온정과 정의를 구할 수밖에 없었다. 그리고 그중 적지 않은 사람들이 힘없는 자신들의 처지를 원망하며 극단적인 선택을 했다. 다음의 박봉록이 그런 사람이다.

사조직 외곽의 사람 박봉록

100여 년 전 향촌사회에는 통제되지 않는 폭력이 난무했다. 힘없는 다수의 민중이 그 피해자였다. 황해도 신계군에 살던 박봉록은 풍헌(風憲)까지 지낸 집안의 가장이었지만 가세가 기운 데다 사조직의 폭력까지 더해지면서 홀로 고통받다가 스스로 목숨을 끊었다.[33]

1904년 2월 9일, 신계군수 윤태길(尹泰吉)에게 비밀 훈령이 내려왔다.

> 본군 율방 대동에 사는 박조이의 발괄(소장)을 보니 '지난달 그믐 본군 향
> 장 이동제가 시아버지 박봉록을 불러 근거 없는 설로 위협, 난타하고 돈

40냥을 늑탈해간 고로 시아버지가 분을 참지 못하고 2월 9일에 목매 자살했습니다. 저는 곧 관에 고하여 시아버지가 집에서 돌아가셨으니 복수원망이라 했으나 끝내 들어주지 않았습니다. (오히려) 관속들이 좌우에서 닦달하며 돈 6천 500냥을 내라고 협박하고 보부상 두령(頭領) 김지석은 동료를 끌고 와 행패를 부리며 1천 냥을 요구했습니다. 시아버지의 죽음을 신원하지도 못했는데 저들이 이리 행패를 부리니 어찌 통한하지 않겠습니까? 지금 이동제와 김지석을 모두 체포하여 한편으로 복수하고 한편으로 악습을 징계하기를 원합니다'라고 했다.

삶과 죽음을 그대로 두고 볼 수 없는 일이요, 인명치사 또한 엄중한데 여자의 발고를 거절하고 들이지 않아 이렇게 달려와 부(府)에 직접 호소한 것이다. 법안(法案)이 있는데 그대로 둘 수 없어 비밀 훈령을 내린다. 해당 서기는 순교(巡校)를 정하여 관련자들을 체포하고 시체가 있는 곳으로 가서 법례에 의거하여 검험하고 보고하라. 빨리 사람들을 인솔하여 가되, 조금이라도 동네 사람들에게 폐를 끼쳐서는 안 될 것이다.

군수는 다음 날인 2월 10일 아침 응참인(應參人, 검시에 참여할 관속 및 사건 관련자)들을 인솔하고 25리 떨어진 율방으로 향했다. 박봉록의 시체가 놓인 현장에 도착하자마자 박봉록의 며느리 박조이(39세)를 대령했다.

저는 사망한 박봉록의 맏며느리로, 4년 전 남편을 잃고 위로 홀로 된 시아버지와 아래로 시숙 박관철 내외와 함께 살고 있습니다. 지난 음력 3월경에 보부상 김지석이 무슨 허물을 잡았는지 시아버지를 위협하여

300냥을 빼앗아갔습니다.

지난 음력 11월 그믐에는 시아버지께서 인근의 채익묵과 함께 본 읍의 향장 이동제를 만나고 돌아오신 뒤로 줄곧 사랑방에 들어가 계셨습니다. …… 다음날 아침 조반을 청하자 방에 들어오셔서는 길게 탄식하셨습니다. 걱정하는 기색이 완연하고 조반을 드시지 않으므로 제가 수상히 여겨 사유를 여쭈었지만 대답하지 않으시다가 이내 '지난번 본군에 들어갔다가 향장 이동제의 말을 듣고 마음이 울적해져서 그렇다'고 하셨습니다. 제가 다시 '이동제가 뭐라고 했습니까?'라고 여쭙자 '그 말이 너무도 부끄러워 자신의 입을 막으려면 800냥이 필요하다 하니 어찌 이를 마련하겠느냐? 일이 이 지경에 이르렀으니 밥을 먹은들 살겠으며 산다 한들 뭐 하겠느냐?' 하시고 이내 사랑방으로 나가셨습니다.

이날은 마침 육촌 시숙의 기일이라 (저는 제사에 갔다가) 밤늦게 귀가했습니다. 그런데 시아버지 방에 불이 꺼져 있고 인기척이 없어 유황을 찾아 등불을 밝혀 (문을 열고 들여다)보니, 시아버지가 시렁에 목을 맨 채로 쓰러져 계셨습니다. 황급히 들어가 풀어보았지만 이미 절명한 상태임을 알고 그 자리에서 대성통곡했습니다. 확실히 조사하여 시아버지의 유한을 풀어주시기 바랄 뿐입니다.

박조이는 그 후 시아버지 박봉록의 자살 소식을 들은 박씨 집안 사람들이 집을 방문하여 1904년 1월 20일에야 겨우 상복을 입고[成服] 시신을 매장할 수 있었다고 했다. 그리고 다음 날인 21일 곧바로 신원을 위해 본군에 소장을 올렸지만 다들 사화(私和, 개인 간의 사적인 합의)를 종용했다고도 했다. 박조이는 침착하고 논리 정연하게 자신의 소회를 진술했다. 군수는 이어 박봉록의 차남 박관철(22세)을 취조했지만 형수 박조이의 진술내용과 대동소이했다.

신계군수 윤태길은 율방의 방수(坊首) 장일창(37세)을 불러 사건을 보고하지 않은 이유를 물었다. 방수는 살인이든 자살이든 인명사고가 발생하면 반드시 관에 고발할 의무가 있기 때문이다. 그는 살고 있는 동네가 변고가 일어난 곳과 15리 정도 떨어져 있어 자주 왕래하지 못했고, 이미 매장했다는 이야기를 들은 터라 보고하지 않았다고 답했다. 이는 율방의 방장(坊長) 이동덕(34세)도 마찬가지였다. 연말의 공전 거두는 일이 급해 밤에 마을[坊]을 돌다가 박봉록이 죽었다는 소식을 듣고 가보았지만 성복했다고 하여 이내 다른 동네로 세금을 거두러 갔다고 답했다. 두 사람다 별 탈 없이 지나가기만을 바랐던 것이다. 방수나 방장에게서 새로운 단서를 찾기는 어려운 듯 보였다.

끝없는 토색질

신계군수는 이웃에 사는 이인옥(48세)을 불렀다. 조선시대에는 살인사건이 발생하면 반드시 사건현장의 이웃들을 조사했다. 이인옥은 박조이의 시아버지가 이동제의 토색질로 인해 목을 맸다는 이야기를 들었을 뿐이라고 답했다. 결국 사망한 박봉록과 함께 읍내에 다녀온 채익묵(62세)을 다그쳐야 했다. 채익묵은 향장 이동제와 박봉록이 읍내에서 만났을 당시 함께하여 둘 사이에 무슨 말이 오갔는지 가장 잘 알고 있을 사람이었다.

1904년 1월 15일, 죽은 박봉록이 저물녘에 집에 찾아왔기에 이유를 물었더니 향장 이동제의 서간을 보여주었는데, '다음 날 입래(入來)하라'고 적혀 있었습니다. 박봉록이 '내일 나와 함께 들어가자'고 청했지만 저는 날이 추워 갈 수 없다고 고사하다가 급기야 간청에 못 이겨 허락했습니다. 약속대로 본군에 들어가 읍내 오득생의 집에 함께 앉아 있었는데, 잠시 후 향장 이동제가 들어와 추운 날씨에 건강이 어떤지 안부를 물었습니다.

박봉록이 먼저 이동제에게 오라고 한 이유를 묻자, 이동제는 '네가 무슨 죄를 지었기에 300냥을 보부상 두령 김지석에게 주었는가?'라고 되물었습니다. 박봉록은 '내가 무슨 죄가 있으리오. 다만 인정을 헤아리기 어려우니 저 보부상들이 나의 아버지 시절에 과오로 사람을 매장한 일을 들추어 돈을 갈취하려 해서 부득이 그렇게 한 것이다'라고 말하고 '지금 향장이 어찌 오래전 일을 들추어내는가?'라고 다시 되물었습니다. 그러자 이동제는 '네 죄는 그뿐만이 아니다. 또 다른 죄가 있다'고 으름장을 놓고는 박봉록을 데리고 나가 비밀스럽게 이야기를 나눈 뒤 먼저 방으로 들어왔습니다. 잠시 후 박봉록이 들어오자 이동제는 '(나와) 사화하는 편이 좋을 것이다'라고 말했습니다. 이에 박봉록이 '떠벌리려는 자를 내 어찌 말릴 수 있겠는가?'라며 800냥짜리 전표를 약속했습니다. 제가 박봉록에게 '무슨 협박을 받았기에 이렇게 큰돈을 주는가?'라고 물었지만 박봉록은 그저 '그대는 말을 마소'라고만 했습니다.

채익묵은 향장 이동제가 박봉록을 읍내로 불렀고, 이에 박봉록이 함께 가자고 부탁하여 갔을 뿐 자세한 내용은 알지 못한다고 했다. 박봉록과 이동제가 만난 곳은 읍내 오득생의 집이었다. 신계군수 윤태길은 총각 오득생(23세)을 불러 취조를 시작했다. 오득생은 지난 1월 율방에 머물다가 동네 사람들에게서 보부상 두목 김지석이 과부문제를 빌미로 박봉록으로부터 300냥을 토색했다는 이야기를 듣고는 귀가한 뒤 향장 이동제에게 이를 아뢰었을 뿐이라고 했다. 군수 윤태길은 박봉록과 향장 이동제가 나눈 대화를 들은 그대로 진술하라고 오득생을 압박했다.

> 향장 이동제가 박봉록을 다그치며 보부상에게 300냥을 준 이유를 캐물었습니다. 이에 박봉록은 '내가 무슨 죄가 있는가? 부친이 생전에 본방의 풍헌을 지낼 때 공전을 거두는 문제로 박치옥의 조부와 다투다가 실수로 박치옥의 조부가 죽었고 이때 서로 사화하여 매장했었다. 그런데 40년이 지난 지금 박치옥이 보부상 무리에 투신하여 연이어 돈을 요구하기에 고통을 참지 못하여 돈과 미곡을 주었을 뿐이다. 그게 무슨 죄가 되겠는가?'라고 답했습니다.

오득생은 이어 향장 이동제가 "내 말을 듣지 않으면 마땅히 두 사람의 일을 상부에 고발하겠다" 했고, 박봉록은 200냥을 먼저 주고 나머지 600냥도 곧바로 준비하겠노라 약속했다고 했다. 즉, 보부상 박치옥이 수십 년 전 박봉록의 부친과 자신의 조부가 다투다가 조부가 사망한 사건을 들추어내서 박봉록을 협박했고, 수백 냥을 박치옥에게 주고 일을 마무리하려던 박봉록을 다시 향장 이동제가 협박했던 것이다. 당시에는 인명사건이 발생해도 당사자끼리 사화하고 관에 보고하지 않는 일이 다반사여서 정부에서는 이를 엄중히 금지하고 발견하는 즉시 처벌했다. 특히 향촌의 향장, 풍헌 등은 사화를 적간하여 관에 보고할 임무가 있었다. 그런데도 이동제는 박치옥과 박봉록 두 사람이 수십 년 전의 살인사건을 사화하여 돈으로 무마하려던 일을 향장인 자신이 알게 되었으니 입막음을 위해서는 돈이 필요하다고 박봉록을 협박했던 것이다.

부끄러움을 모르는 자들

향장 이동제는 뻔뻔스럽게도 두 사람이 사화하려던 사실을 알게 된 이상, 박봉록이 자신의 입을 막기 위해 수백 냥을 준비하는 것이 당연하다는 듯 진술했다.

> 제가 '자네가 나의 문책을 막아야 하지 않겠는가?'라고 하자 박봉록이 이내 '사람의 마음은 헤아리기 어려우니 이 일은 없던 일로 하자'며 800냥을 주기로 약속했습니다. 그러고는 술 한 잔씩 마시고 자리를 파했습니다. 후일 박봉록이 자살하자 그의 아들 박관철과 조카 박관겸이 저를 관에 고발했고, 저는 곧바로 전표(錢票)를 환급했습니다. 그런데 다시 박관겸이 옥중의 저를 찾아와 서로 사화하자며 옥비(獄費) 300냥을 주기에 부끄럽지만 이를 받았습니다. 받지 말아야 할 돈을 받은 것은

죽을죄라 해도 안타깝지 않으나 박봉록이 어떻게 죽었는지는 조금도 아는 바가 없습니다.

군수는 마지막으로 박봉록을 협박하여 300냥을 늑탈한 보부상 김지석을 심문했다. 김지석은 동무 박치옥을 위해 박봉록과 박치옥을 대면케 하고 박봉록에게 돈이나 쌀로 수십 년 전의 잘못을 보상하라고 했을 뿐 박봉록의 죽음과 관련해서는 조금의 책임도 없고 아는 바도 없다고 잘라 말했다.

1차 심문을 마친 군수는 박봉록의 시체가 놓인 곳으로 가서 검시를 시작했다. 시체의 인후 좌변에 액흔이 있는데 길이가 3촌 2푼, 피부는 자적색(紫赤色)을 띠었다. 손으로 만져보니 딱딱했다. 우측에도 역시 액흔이 있는데 길이가 2촌 4푼이고 역시 자적색이었다.《무원록》에 의하면 자적색은 죽음의 색이다. 피부가 약간 일어나 있어 손으로 만져보니 딱딱했다. 의심할 바 없는 '액사(縊死, 목을 매어 죽음)'였다. 검시 후 다시 관련자들을 불러 2차, 3차 심문을 이어갔지만 별다른 소득이 없었다.

군수 윤태길은 검안의 발사에서 얼굴색이 자적색을 띠고 목 주위의 액흔이 분명한 것으로 보아 박봉록의 죽음은 스스로 목을 매고 자결한 '자액치사'가 분명하다고 결론지었다.

저 애처로운 박봉록은 본디 산골의 순진한 사람으로 어떤 일로 죄를 지었는지는 알 수 없으나 사람들과 다투기를 두려워하고 읍내 관속들 보기를 염라귀신 보듯 했으며, 잡배[亂類] 피하기를 심산의 맹수 (피하기)보다 더했습니다. …… 일찍이 아비를 잃고 홀로 되어 고통을 받았는데 다시 과거의 원수를 들먹이는 것은 무엇 때문이겠습니까? 완악한 김지석은 마치 사화인 듯 진술하고, 교활한 향장 이동제는 오득생과 일을 꾸며 (박봉록을) 공갈 협박했습니다. 200냥 600표가 비록 구타하여 얻어낸 것은 아니지만 박봉록은 (죽어) 입을 다물었고 저들만이 말하니 마침내 증거를 구할 수 없는 지경에 이르고 말았습니다.

읍내에 다녀온 후 하루 이틀 생각건대 모든 일이 죽기를 각오할 바였으니 박봉록이 이러한 어려운 일을 누구와 의논할 수 있겠습니까? 같은 집에 사는 친속, 즉 아들과 며느리뿐입니다. 그런데 당일 마침 제사가 있어 가족들은 나가고 때는 밤으로 적막하여 이내 죽기로 마음을 먹었으니 그 누가 알았겠습니까? 그 죽음을 말하자면 맹랑하기는 하나 그 사정을 생각하면 참으로 불쌍합니다.

100년 전 사회의 약자인 소민들은 자의로 혹은 타의로 수많은 조직의 회원이 되었다. 어떤 조직이든 자신들의 생명과 권리를 보호해줄 것이라 믿었기 때문이다. 이런 조직들은 한편으로 조직의 규약대로 상호부조와 환난상휼의 미풍을 만들어갔지만 다른 한편으로는 조직원들의 이익을 위해 다른 조직과 마찰하고 갈등했다. 술집과 여각을 주업으로 삼던 의계의 계원들은 수백에 달했고, 이들은 불량배를 징벌한다는 명분 아래 사적인 폭력을 일삼았다. 보부상 조직은 더욱 굳은 결속력으로 회원들의 이익을 지키는 동시에 주변의 약자들을 대상으로 무서운 토색질을 계속했다. 그리고 어디에도 속하지 못한 산골의 순진한 박봉록은 이 사람에게 갈취당하고 저 사람에게 핍박받다가 끝내 죽음을 선택했다. 소민들을 괴롭히는 것은 이렇듯 거대한 국가 권력만이 아니었다. 소민들이 자신들의 삶을 지키려고 가입했던 사조직이 다른 소민들에게는 또 다른 두려움의 대상이 되었던 것이다. 약자 위에 군림하는 또 다른 약자의 횡포는 이토록 여실했다.

3

인륜의 역설

복수는 나의 것, 용천뱅이의 비극

전라북도 남원군 남생면 김판술 사건

용천뱅이, 두려움과 멸시의 낙인

오늘날 한센병으로도 불리는 나병은 조선시대에는 나풍(癩風), 대풍창(大風瘡), 용병(龍病), 용천뱅이[龍川白][1] 등으로 불렸다. 이 병을 얼마나 두려워했는지 인조 치세인 1638년 청주 사람 박귀금은 나병에 걸린 아버지를 산속 초막에 내다 버렸고, 나중에 불을 질러 살해했다. 아버지를 버리는 것으로도 모자라 살해까지 한 이 사건으로 조정이 한바탕 시끄러웠다.[2] 숙종 대인 1690년에는 경기도에 사는 최효선의 아내가 나병에 걸려 앓아누운 남편을 버리고 다른 남자와 도주했다가 남편에게 무참히 살해되었다. 나병은 인륜을 저버렸다는 비난, 나아가 죽음을 무릅쓰고라도 멀리해야 할 무서운 질병으로 인식되었다.[3]

오늘날에도 나병과 나환자에 대한 인식은 크게 달라지지 않은 듯 보인다. 얼마 선까지만 해도 나환자는 단순한 병자를 넘어 사회로부터 철저하게 격리된 존재를 의미했다. 영화감독 이창동은 단편소설 〈용천뱅이〉(1992)에서 6·25전쟁 이후 남한사회에서 전향하지 않고 잉여적 삶을 사는 사회주의자들을 '용천뱅이', 즉 나환자로 표상한 바 있다.[4] 그렇다. 용천뱅이 하면 스스로 사회와 격리된 삶을 살거나 사회에서 버림받은 존재를 의미했다. 나병은 천벌이고, 나환자는 어떤 이유에서건 천벌을 받은 사람이었다.

일제시대의 사학자 미키 사카에(三木榮)의 주장에 따르면, 한반도에서 나병의 역사는 삼국시대까지 거슬러 올라간다. 그는 《삼국유사》 〈아도기라(阿道基羅)〉조에 등장하는 악병(惡病)을 나병(lepra)으로 추론했고, 《고려사》 열전의 효자 위초(尉貂) 이야기 역시 나병과 관련이 있는 것으로 보았다. 위초는 자신의 넓적다리 살을 베어 병자인 아버지에게 먹였는데, 당시 위초의 아버지가 앓고 있던 '악질(惡疾)'이 바로 나병이라는 주장이다. 나병은 악성 피부병을 동반하기 마련이라 보통 '악질'이나 '악병' 등으로 표기되었다고 한다.[5]

나병과 같은 악질을 치료하기 위해 이렇게 사람의 살이나 장기를 섭취하는 풍습은 중국에서 유래한 것으로, 한반도에서도 삼국시대 이래 고려시대까지 민간에 회자되며 영향을 끼쳤다. 조선 전기의 기록에서도 사람의 살이나 간과 쓸개를 매독이나 나병 등을 치료하는 데 사용했다는 내용이 종종 발견되곤 한다. 물론 조선의 '의서'에는 인육이나 장기를 나병의 치료제로 언급한 내용이 없다. 권장하지도 않았고 권장할 수도 없었기 때문이다. 허준은 《동의보감》에서 중국 고대의 의학경전인 《내경(內經)》을 인용하여, "풍사(風邪, 질병을 일으키는 나쁜 기운)가 맥에 침입하여 나병이 된다"고 설명했다. 나병은 영위(營衛)가 열로 인해 썩어 들어가서 결국 콧마루가 무너지고 안색이 어두워지며 피부가 악성 종기로 덮여 허

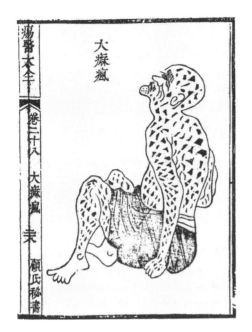

1760년 중국의 고세징(顧世澄)이 편찬한 의서 《양의대전(瘍醫大全)》(권28, 〈대마풍(大麻瘋)〉)에 실린 나병 환자 그림.

물어지는 병이라는 것이다. 《동의보감》에 따르면, 병의 원인은 주로 환경과 생활방식에 있었다. 즉, 묏자리 위에 집을 지어 살거나, 풀덤불이나 분뇨가 묻어 있는 더러운 곳에서 아무렇게나 잠을 자거나 성관계를 가졌을 때 걸릴 수 있는 병이라는 것이다. 이는 사실 병의 원인을 정확히 알지 못한다는 반증에 불과하다. 천지의 살기(殺氣)가 인체에 침입하여 생기는 악질이므로 평소 생활태도를 조심하는 수밖에 없다는 이야기이기 때문이다.

나병에 관한 《동의보감》의 설명은 조선 후기까지 그대로 통용되었다. 소개된 처방이라고는 뱀이나 가물치를 잡아서 고아 먹거나 환을 빚어 복용하라는 정도였다. 특히 뱀을 술에 담갔다가 약술로 마시거나 살을 발라 환으로 복용하는 방법이 오래도록 권장되었다. 병의 초기에는 백화사(白花蛇)를 잡아 환으로 복용하라 했다. 병이 악화되면, 즉 눈썹과 수염이 빠지기 시작하면 세 가지 종류의 뱀을 잡아 환으로 만들어 먹으라고 했다. 검은 뱀[烏蛇]과 백화사, 그리고 토도사(土桃蛇)라 불리는 작은 뱀을 술에 절인 뒤, 살을 발라 가루로 만들어 고삼 등의 약재와 섞어 환으로 빚는 방법이었다. 당연히 '유풍단' 혹은 '삼사단'이라 불리는 이 약물만으로는 완치가 어려웠다. 그래서 조선 후기에는 다시 인육을 먹는 경악할 만한 방법들이 회자되었고, 이와 더불어 나병과 관련된 다양한 미신들이 유행했다. 그중 하나가 나환자들이 가려움을 참지 못해 피부를 긁을 때 떨어져 나온 부스럼 조각이 사람들 사이에 나병을 퍼뜨린다는 것이었는데, 부스럼 조각이 땅에 떨어지거나 하천으로 흘러 들어가면 닭이나 물고기가 먹게 되고, 이들을 섭취한 사람들에게 병이 전염된다는 식이었다.[6]

19세기까지도 이런 풍문에 기대어 닭고기와 나병을 연결 짓는 사고가 존재했다. 무엇보다 닭은 항상 집 주위를 돌아다니며 사람들과 함께 생활하기 때문이었다. 실학자 이규경(李圭景, 1788~?)은 《오주연문장전산고(五洲衍文長箋散稿)》에서 닭에 대해 자세하게 변증한 바 있다. 여기에는 고추와 닭을 같이 먹으면 나병에 걸린다는 속설도 포함되어 있다. 그러나 이규경 본인도 이를 믿기 어려웠던지 나름대로 합리적인 설명을 부가했다. 닭고기에 고추를 곁들여 먹는 사람들이 예전보다 늘었지만 대풍창에 걸린 사례는 없다며, 아마도 고추가 매운 데다 고추와 닭고기 모두 풍을 일으키기 쉬운 성질을 갖고 있어 옛사람들이 이를 걱정하여 경계한 말로 풀이된다는 설명이 그것이다. 닭이 오행(五行) 중 '목(木)'에 속하고 '풍(風)'을 주관하므로 이를 섭취할 경우《동의보감》에서 나병의 원인으로 경고한 풍을 일으킬 수 있다고 본 것이다.[7]

19세기에는 나환자들의 비루한 삶의 모습과 나병은 천벌이라는 사고가 합쳐지면서 낙인효과가 훨씬 더 강해졌다.[8] 19세기의 조선 의서《의휘(宜彙)》의 〈대풍창〉조를 보면 이를 짐작할 수 있다.

> 대풍창은 나병이니 곧 용천뱅이다. 병의 초기에는 온몸이 가렵고 피부
> 색이 검붉은 빛을 띠다가 눈썹과 수염이 빠지고 눈이 어두워지며 콧대
> 가 내려앉아 문드러지고 입술이 뒤집히고 목소리가 쉬고 온몸이 헐어
> 문드러진다. 조리법으로는 근심과 걱정을 버리고 술과 여색을 멀리하
> 며 고기와 짠 음식을 먹지 말아야 한다. 맑고 고요하게 지내면서 약을
> 복용하면 낫지 않는 경우가 없다.

한마디로 주색잡기에 빠져 살면 병에 걸리기도 쉽거니와 병을 치료할 수도 없다는 것이다. 바른 생활만이 유일한 치료법인데, 나병이 치료되지 않는 것도 환자들이 바른 생활을 하지 않아 그렇다는 논리였다. 나환자는 이렇게 끔찍한 사회적 편견을 온몸으로 견뎌야 했다. 그러다 보니 치료에 실패한 환자들이 결국 사람의 살을 먹거나 간이나 쓸개를 빼 먹는 극단적인 방법을 찾게 되었던 것이다. 이미 천벌을 받은 것이라는 낙인이 찍힌 자들이 이런 낙인을 지우기 위해 실제로 천벌받을 짓을 저지

르는 아이러니한 상황이 벌어졌다.

이들은 20세기 벽두에도 종종 경악할 만한 일들로 신문의 지면을 장식했다. 1908년《대한매일신보》는 경상남도 양산군 읍내에 사는 김씨의 효행을 소상하게 소개했다. 이에 따르면, 김씨(23세)는 나병에 걸려 사경을 헤매던 친정아버지를 위해 자신의 허벅지 살을 베어 내주었다. 여전히 인육을 나병의 치료제로 인식하는 사람들이 있었던 것이다.[9] 당연히 인육을 먹거나 사람의 장기를 빼 먹는 야만적인 풍습을 비판하는 기사가 줄을 이었다. 신문에서는 "담취만습(膽取蠻習)의 미신, 어린아이를 죽여 쓸개를 먹는 못된 악습"이란 투의 비난 기사들이 사라지지 않았다. 1914년 5월《매일신보》는 경상남도 거창읍내에서 나병을 앓던 거지 셋이 산 사람의 쓸개를 먹으면 병이 낫는다는 말을 곧이듣고 근처에서 아이 하나를 때려죽인 뒤 배를 갈라 쓸개를 먹고 시체를 내다 버렸다는 내용의 기사를 게재했다.[10] 1940년에도 같은 유의 기사가《매일신보》에 실렸다. 전남 고흥의 나환자 서재모가 국화꽃을 따러 가던 사촌 여동생 김보돌을 쫓아가서 죽이고 그 살을 베어 먹었다는 내용이다. 그는 사형에 처해졌다.[11]

괴이한 소문을 조사하라

1899년 겨울, 전라북도 남원군 남생면에서 하루 사이에 두 사람이 싸늘한 주검으로 변했다. 김판술의 여섯 살배기 아들 김왜춘과 이웃에 사는 마흔세 살 이여광이었다. 발견 당시 두 사람은 모두 배가 갈린 채 간이 배 밖으로 나와 있었다. 모두가 경악할 만한 참혹한 죽음이었건만, 이 일로 관의 문턱을 넘은 사람은 없었다.

덮어졌던 사건은 얼마 지나지 않아 소문이 되었다. 어느새 문둥병자가 아이를 죽여 간을 내먹었다는 믿기 어려운 풍문이 퍼져나갔다. 더 이상 소곤거릴 필요가 없을 만큼 많은 사람이 이 일을 알게 되었을 무렵, 남원군수 권직상(權直相)에게 한 통의 훈령이 전달되었다. 흉흉한 소문의 진상을 조사하라는 비밀 훈령이었다.

군수는 소문의 주인공들과 관련자들을 불러 모았다. 검시가 불가능한 상황이라 관련자들의 증언에 기댈 수밖에 없었다. 인명사건은 반드시 검시과정을 거쳐야 했지만, 시체가 매장된 지 1년이 넘은 시점에서는 소용없는 일이었다. 검시가 생략된 인명사건의 전례를 따라 보고서는 '검안'이 아닌 '사안(査案, 검시하지 않은 조사 보고서)'[12]으로 처리될 것이었다.

1900년 음력 12월 9일, 남원군수 권직상은 죽은 아이의 아버지 김판술을 대령하게 했다. 자신을 스물아홉 살의 한량(閑良)[13]이라 소개하는 김판술에게 군수는 죽은 아들의 이름과 나이를 묻고는, "어린아이가 다른 사람과 원한을 맺을 일은 없을 것이 분명"한데, "무슨 이유로 누구에게 이런 변고를" 당했는지 아는 대로 고하라 일렀다. 김판술은 1년 전의 고통스러웠던 기억을 꺼냈다.

아들은 여섯 살이고 이름은 왜춘입니다. 작년(1899) 11월 9일, 이웃에 사는 이호섭의 여덟 살배기 아들 잉수와 함께 점심을 먹은 후 놀러 나갔

습니다. 그런데 해가 저물 무렵 집에 온 잉수가 자신의 할머니에게 '오
늘 왜춘이랑 놀고 있는데 삽을 든 사람이 와서 왜춘이를 업어 가려 했어
요. 왜춘이가 싫다고 하니까 그 사람이 사탕을 사 먹으라며 돈으로 꾀어
서는 업어 가버렸어요'라고 했답니다.

싫다는 아이를 돈으로 꾀어 데려간 것을 보면 무언가 목적이 있는 게
분명했다. 그러나 아이 아버지는 당시 그런 의심을 품지 않은 듯했다. 손
자의 말을 듣고 놀란 노인이 자신을 불러 이야기를 전했지만, 대수롭지
않게 여기고 자신과 친분 있는 사람들 중 하나가 "예뻐서 업고 간 듯"하
다고 대답했다는 것이다. 그런데 날이 어둑해도 아들이 집에 돌아오지
않자, 김판술은 걱정이 되어 이웃 아이 잉수를 앞세우고 함께 놀던 곳을
둘러보았고 그곳에서 이웃 마을에 사는 이여광을 만났다. 이여광은 삽을
멘 채 논둑에 서 있었다고 한다.

제(김판술)가 그자에게 '어떤 사람이 이곳에서 놀던 우리 아이를 업어 갔
다고 하는데, 자네는 혹시 보았는가?'라고 물었더니, 보지 못했다고 했
습니다.

삽을 가지고 있었다면 일을 했다는 것인데, 낮부터 그곳에서 일했다면
아이를 보았을 가능성이 컸다. 김판술 역시 그런 생각을 했는지 이여광
에게 "자네가 언제부터 논에 물을 대고 있었는지는 모르지만, 우리 애가
얼마 전까지만 해도 이곳에서 놀고 있었다는데 어찌 못 보았다고 하는

가?"라며 재차 따지듯 물었다고 한다. 그렇지만 이여광은 계속해서 보지 못했다며 머리가 아픈 듯 찡그리기만 했다는 것이다.

실망한 김판술은 다시 잉수와 함께 아들을 데려간 사람을 찾아 나설 요량으로, 잉수에게 왜춘이를 업고 간 사람의 이름은 몰라도 얼굴은 보았을 것 아니냐고, 기억할 수 있겠냐고 물었다고 한다. 그런데 잉수가 뜻밖의 대답을 했다. 이여광을 가리키면서 "저 사람이 (왜춘이를) 업고 간 사람이에요"라고 말한 것이다.

김판술은 1년이 지났지만 당시의 일을 똑똑하게 기억하고 있었다.

> 저는 문득 이여광 집안에 문둥병 환자가 많다는 사실이 생각났습니다. 어린아이의 간이 문둥병에 효험이 있다는 말도 있던데, 저놈이 그래서 우리 아이를 해친 것은 아닐까 하는 의심이 들었습니다. 또 근처에 문둥병에 걸린 김씨가 임시로 피막을 치고 있어 가서 물어보았더니, 이여광 말고는 누구도 지나간 사람이 없다 해서 의심이 더욱 커졌습니다.

김판술은 잉수를 앞세워 이여광이 아들을 업고 갔다는 길을 따라가 보았고 산 뒤편에서 배가 갈린 채 죽어 있는 왜춘을 발견했다. 그런데 간이 배 밖으로 나와 있었을 뿐만 아니라 "반만 있고 반은 없어진 상태"였다는 것이다. 놀라고 기가 막혔을 아이 아버지는 분을 참으며 진술을 이어갔다.

> 저는 너무 놀라 아이를 업고 이여광의 집으로 달려갔습니다. 곧바로 이

여광을 결박하고는 '네놈이 우리 애를 죽이고 간을 내먹었느냐, 아니면 네 병든 동생에게 먹였느냐?'고 다그쳤습니다. 이여광은 처음에는 부인하다가 결국 실토하기를, '이놈이 나병이 점점 심해져서 먹은 것이니 병든 내 동생과는 아무런 관계가 없소'라고 했습니다.

엄청난 일이었다. 나환자가 아이의 간을 내먹었다는 소문은 근거 없는 낭설이 아니었던 것이다. 김판술의 어린 아들은 나환자 이여광에게 유괴되어 살해당한 것이 분명해 보였다. 그러나 시친의 증언만으로는 부족했다. 물증이 필요했다.

용천뱅이 형제의 죽음

군수는 김판술에게 살해에 사용된 물건을 나중에라도 습득했는지 물었다. 이에 자식을 잃은 아버지의 고통스런 자백이 이어졌다.

제가 즉시 관에 고하려고 했지만 밤이 늦어 아무도 없을 것이 분명했습니다. 누구에게 호소할 수 있겠는가 생각하니 밤새 너무 분하고 절통하여 참을 수가 없었습니다. 그래서 다음날 아침 이여광에게 달려가 이여광의 배를 갈라 내장을 헤쳐 보았습니다. 과연 간을 씹어 먹은 흔적이 그대로 남아 있었으니, 분통한 마음을 어찌 다 표현할 수 있겠습니까. 당시 사용된 흉기에 대해 말씀드리면, 제가 아들을 찾으러 원수놈의 집에 갔을 때 아내가 뒤따라 들어오다가 처마 밑에 있던 닭의 둥지를 건드렸는데, 거기서 칼 한 자루가 떨어졌습니다. 경황이 없던 차에 '이 칼을 보라!'고 소리를 치고 주워 보니 핏자국이 선명했습니다. 더욱 치가 떨려 그 칼로 원수의 배를 갈랐던 것입니다. 그 후 칼을 떨어뜨렸는데 어디에 떨어뜨렸는지는 알 수 없습니다.

이렇게 김판술은 아들의 목숨을 앗아간 그 칼로 원수의 숨통을 끊었다. 군수는 사망한 이여광의 형 이우범(48세)을 심문하기로 했다. 이여광은 어린아이의 배를 가른 잔인한 살인범이었지만 살인사건의 피해자이기도 했기에 살해의 동기와 아울러 피살된 원인을 분명히 해야 했다. 군수는 살인자의 형이자 시친인 이우범에게 동생이 무슨 병을 앓고 있었는지를 비롯해 자세한 사건의 정황을 물었다. 이우범은 동생 여광이 악병을 앓고 있었다며 다음과 같이 진술했다.

(동생 여광이) 사건 당일 무슨 마음을 품었는지 김판술의 아들 왜춘을 산속으로 끌고 가서 배를 갈라 간을 꺼냈다고 들었습니다. 이에 김판술이 아들의 복수를 한다며 이여광을 잡아다가 배를 갈라 죽이고 간을 꺼낸 것입니다.

두 사람의 죽음에 관한 이우범의 진술은 아이 아버지 김판술의 진술 내용과 일치했다. 양 시친의 진술이 일치하는 만큼 그에 관해서는 더 이상 물을 필요가 없었다. 하지만 이우범의 집안에는 또 다른 죽음이 있었다. 군수는 이들의 죽음에 관해 캐물었다.

이군필, 이판용 등도 연달아 죽어 한집에서 세 번이나 초상을 치르는 참혹한 일이 있었다고 들었다. 그들이 어떻게 죽었는지 이실직고하라.

이우범은 잠시 숨을 고른 후 말을 이어나갔다.

군필은 이놈의 셋째 동생입니다. 군필 역시 평소 악병을 앓고 있었는데 이번에 여광이 아이를 죽이고 간을 꺼낸 것이 자신을 치료하기 위해서였다는 사람들의 말을 듣고는, 집을 나가 뒷산 소나무에 목매 자살했습니다. 판용은 제 사촌동생으로 역시 병자입니다. 그도 이번 사건에 겁을 먹었는지 병이 덧나 죽고 말았습니다. 더 이상 드릴 말씀이 없습니다.

김판술이 이여광을 죽여 아들의 복수를 하자, 두려워하던 이군필은 스스로 목숨을 끊었고 이판용 역시 두려움과 충격으로 병세가 악화되어 사망에 이른 것이었다. 이런 정황은 이여광의 숙부 이사현의 진술에서도 드러났다.

군필이는 오랫동안 병마에 시달리며 근근이 목숨을 이어오고 있었습니다. 형 이여광이 피살당하고 …… 며칠 후 갑자기 사라져서 찾아 나섰는데, 동네 뒷산 소나무에 목을 맨 채 죽어 있었습니다. 자신의 병으로 인해 이런 일이 벌어졌다고 자책하여 그런 것인지 자세한 이유는 모르겠습니다. 판용이 역시 나병으로 오늘내일하다가 자신의 집에서 죽었습니다. 사촌·형제간이 모두 의원이 손쓰기 어려울 정도로 병이 중한 데다 참혹한 변고마저 일어났으니 살아서 뭣하겠냐는 생각에 연이어 죽은 것으로 사료됩니다.

이렇게 전라도의 한 마을에서 며칠 사이에 네 사람이 '나병'에 얽힌 죽음을 맞았다. 그러나 이들이 죽은 지 1년이 넘도록 아무도 이 사실을 관에 알리지 않았다. 군수는 그사이 주변 사람들이 무슨 일을 했는지 밝혀야 했다.

없었던 일로 하자

조선시대에는 마을에서 살인사건이 벌어지면 동장이나 이장은 이를 곧바로 관청에 알리는 것이 의무화되어 있었다. 그러나 이들의 주도와 동리인들의 묵인 아래 없었던 일로 처리되는 경우도 많았다. 악행으로 인해 동네가 입을 손해가 만만찮았기 때문이다. 인간으로서 차마 입에 담기도 어려운 범행이 벌어진 곳이라 하여 동리의 명예가 손상되는 것은 물론, 읍호(邑號)가 강등되어 물질적인 손해 또한 막심했다. 게다가 동네 사람들 모두가 관아에 끌려가 심문을 받다 보면 한 해 농사를 망치기 십상이었고, 취조과정에서 혹독한 매질을 당할 수도 있었다.

김판술의 주변 사람들도 그래서 사건을 덮기로 작정했다. 왜춘의 아비

김판술의 진술에 따르면, 이씨 집안에서 먼저 사화를 청했다고 한다.

사사로이 사건을 묻어두려 했다는 이야기는, 이여광의 형과 숙부가 찾
아와서 '네가 이미 아들의 원수를 갚았으니 관에 고할 것이 없다'고 하
여 그리했을 뿐입니다.

그러나 동리의 방장에게는 사적인 화해를 방지하고 마을의 동태를 고
해야 할 임무가 있었다. 군수는 당시 방장이었던 방채규(45세)를 불러 관
청 뜰에 세웠다.

마을을 관할하는 자요 백성의 우두머리로서 관할지역에서 일어나는 일
을 두루 살피는 것이 방장의 임무다. 비록 작은 일이라도 관청에 보고하
고 처리함이 당연한 도리이거늘 하물며 사람이 죽은 중대한 사안을 곧
바로 아뢰지 않고 은폐하려 했다니 어떤 이유가 있는 것이 분명하다. 저
간의 사정에 의혹이 일고 있으니 …… 낱낱이 고하라.

방채규의 대답은 다음과 같았다.

제가 방장으로서 작은 일이라도 관아에 고해야 하거늘 어찌 사건의 진
실을 가리려고 했겠습니까? 사건 발생 당시 관청에 사람이 없어서 즉시
보고하지 못했을 뿐입니다. …… 합의한 일을 말씀드리면, 이씨 집안에
서 김가에게 먼저 청했고 김씨 집안에서 이를 받아들였습니다. 저는 두

집안이 독단으로 처리하기 어렵다면서 합의서에 서명을 부탁하기에 이름을 써주었을 뿐입니다.

여러 명의 죽음이 관련된 살인사건을 사사로이 덮겠다는 데 다른 사람도 아닌 방장이 무슨 생각으로 이를 막기는커녕 오히려 묵인하고 합의서에 서명까지 한 것인지 기가 찰 노릇이었다. 군수가 보기에 방채규는 방장의 임무가 무엇인지 모르는 듯했다. 이는 동임 장성언도 마찬가지였다. 그는 김판술이 "두 집안 사이에 살인이 한 번이요 복수가 한 번이니 서로 합의하고 끝내자"고 제안하여 사화가 이루어졌고, 후환을 없애기 위해 방장과 동임 그리고 두 집안 사람들이 각각의 합의서에 서명한 뒤 시신을 매장할 때 이를 서로 교환했다고 진술했다.

군수 권직상은 이여광의 오촌 당숙 이덕삼을 불러들였다. 저간의 사정을 이실직고하라고 추문하자, 이덕삼은 아는 바를 모두 진술했다. 특히 동네 사람들이 하나같이 이씨 집안의 환자들에게 그런 병을 앓느니 차라리 죽으라며 손가락질했다는 사실이 드러났다.

사건 당일 저는 문중 사람들과 함께 피신했다가 김판술을 불러 '우리 두 집안이 옛날부터 의가 좋았는데 공교롭게도 이런 일이 생겼네. 지금 자네가 죽은 아이의 복수를 했으니 이미 돌이킬 수 없는 일이라면 합의하는 것이 좋지 않겠는가?'라고 말한 후 헤어졌습니다. 당시 이군필과 이판용도 의논에 참여했습니다. …… (두 사람) 모두 문둥병 환자들로 이번 흉변에 겁을 먹었고 게다가 동네 사람들이 모두 '이렇게 사느니 죽는 게

낮겠다'고 떠들자 죽을 마음이 생겼는지 하나는 스스로 목을 맸고 또 하나는 병이 심해져서 죽은 것입니다.

남원군수 권직상은 마지막으로 이웃에 사는 유도국을 심문했다. 조선 시대에는 오가작통(五家作統)의 전통에 따라 시체가 발견된 장소를 중심으로 동서남북 네 곳의 이웃을 심문하도록 되어 있었다. 유도국의 진술에 따르면, 놀랍게도 김판술은 이여광의 식구들을 모두 결박한 뒤 그들이 보는 앞에서 이여광의 배를 갈랐다. 더욱 놀라운 점은, 동네 사람들이 이를 보고 아연실색하여 도망갔다가도 두 집안이 화해를 빌미로 시신의 매장을 부탁하자 그대로 들어주었다는 것이다.

군수는 사건 관련자들을 두 차례 더 심문했다. 이미 1차 심문에서 사건의 진상이 드러났지만 이군필과 이판용을 각각 자살과 병사로 처리하려면 사인에 대한 확신이 필요했기 때문이다. 그러나 계속되는 심문에도 특별한 사항은 발견되지 않았다. 권직상은 조사를 종결하고 보고서를 작성했다.

먼저 김판술은 인정상 참작할 여지는 있지만, 법에 먼저 호소하지 않고 사사로이 살인한 것이므로 처벌받아야 마땅하다고 기록했다. 또한 이여광의 형 이우범은 사화를 주선하여 사건을 은폐하려 했고, 방채규는 방장으로서 관에 고발할 의무가 있음에도 오히려 화의(和議)에 참여하여 사건의 진상을 가렸으니 마찬가지로 법에 따라 처벌해야 한다고 주장했다. 그리고 관련자들을 임시로 옥에 가두고 명단을 기록하여 상부에 보고한 후 처분을 기다리겠다는 것으로 보고서를 마무리 지었다.

사적 복수의 필요충분조건

이후 김판술은 어찌 되었을까? 1901년 5월 법부(法部)는 전라북도 재판소에 김판술을 석방하라는 명을 하달했다. 당시 김판술은 이여광을 살해한 죄로 남원군 옥사에 갇혀 처벌을 기다리고 있었다. 그런데 수개월 만에 그대로 석방되었던 것이다.

조선시대에는 살인에 살인으로 원수를 갚은 경우 사사로이 사람을 죽인 죄, 즉 천살(擅殺)의 죄를 물어 살인자를 장 60대에 처했다. 살인에 장 60대라니 죗값을 치르기에는 턱없이 부족해 보이지만 살인에 이른 정상(情狀)을 참작한 결과였다. 이는 인정과 도리상 복수할 만한 이유가 충분하다면 살인마저 허용해준 것이나 다름없었다. 장 60대의 고통은 의리를 실현하는 데 장애가 되지 않았던 것이다.

살인자가 버젓이 석방된 당시의 판결들을 보면 당혹스러움을 감추기 어렵다. 그러나 당시 사람들이 복수에 대해 지녔던 생각을 고려하면 그리 놀랄 일만은 아니다. 아들의 참혹한 죽음을 목도한 아버지의 심정을 십분 이해한다 하더라도, 복수를 위해 살인한 사람에 대해 사람의 도리를 다했다는 생각을 하지 않았다면 동네 사람들이 사람의 배를 갈라 죽이고 다시 화해를 요청한 김판술에게 고개를 끄덕이지는 못했을 것이다. 직간접적으로 김판술로 인해 세 명의 지친이 사망했음에도 오히려 합의를 청한 이씨 집안, 사화가 문서로 만들어지자 곧바로 서명하여 추인한 동리의 책임자들, 이 모든 정황을 잘 알고 있었지만 사건의 주범들과 함께 침묵함으로써 사건을 영원히 덮어버리려 한 마을 사람들, 천벌이라고 여기던 악질

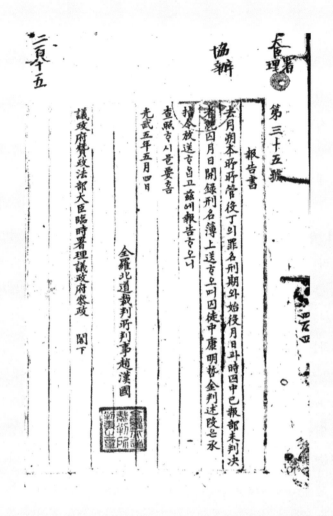

《사법품보(갑)》〈김판술 방송〉. 《사법품보》는 1894년(고종 31)부터 1907년까지 전국 각지의 관아와 재판소에서 법부로 보낸 공문서를 모은 자료이다. 사진의 문서는 1901년 5월 4일 전라북도 재판소 판사가 명에 따라 김판술을 석방했다며 법부에 올린 보고서이다. 서울대학교 규장각한국학연구원 소장.

을 앓는 병자에게 이렇게 사느니 죽는 게 낫겠다는 말을 서슴없이 내뱉는 당시의 세태. 이 모든 것이 김판술로 하여금 복수란 이름 아래 주저 없이 사람을 죽이도록 만든, 사적 복수의 필요충분조건이었다.

오늘날에는 분노에 차서 저지른 살인을 복수라는 이유로 면죄부를 주지 않는다. 그러나 100년 전의 김판술은 너무도 당당했다. 자신의 머릿속에 있던 의혹을 사실로 확인한 순간 조금도 망설이거나 주저하지 않았다. 이후의 처신도 자신의 행위를 정당하다고 확신했을 때만이 할 수 있는 행동이었다. 가해자에서 피해자가 된 이여광의 친족들은 물론이고 마을 사람들의 행동도 마찬가지였다. 왜 그들은 사사로운 합의를 침묵으로 인정해주었을까? 그들의 일관된 진술에 따르면, 김판술의 살인은 '정당한 복수'였기 때문이다.

폭력을 폭력으로 되갚는 사회, 그리고 사람들의 도덕 감정이 그것을 당연하다고 용인하는 사회, 김판술과 이여광은 그런 사회에서 살고 있었다. 100여 년 전 가족 구성원들 간의 사랑을 강조한 유교의 가치가 점점 더 민중의 저변에 파고들면서 복수라는 이름의 폭력은 역설적이게도 인간다움의 표상으로 둔갑했다. 유교의 세속화와 더불어 예교(禮敎)의 어두운 이면이 함께 나타났다. 결국 마을 사람들에게 김판술의 행위는 자식을 잃은 아버지의 사랑이었다. 그리고 살인에 얽힌 두 집안의 합의는 반복될지 모를 복수의 고리를 끊는 일이었다. 그들에게는 그것이면 충분했다. 그래서 사건을 덮는 데 동의할 수 있었고, 덮을 수 있으리라고 확신했다. 실제로 사건은 덮일 수도 있었다. 그 방정맞은 소문만 아니었다면 말이다.

남편을 죽이고 어미의 손에 죽다

강원도 양구군 해안면 김암화 부부 사건

인간의 조건

100여 년 전 유교의 가치와 여성을 둘러싼 감정체제(emotion regime)는 일반 대중의 사고방식 안으로 더욱 깊이 스며들었다.[14] 대중을 훈육한 효과는 생각보다 컸다. 삼강오륜의 가치를 '인간'이 되기 위한 자연스런 조건이자 바탕으로 강조하는 유교의 가르침은 조선의 하층민들에 의해 전폭적으로 수용되었다. 스스로 인간이기를, 그리하여 인간으로 대접받기를 희망한 조선의 상천(常賤, 상민과 천민)들은 누구보다 강렬하게 삼강과 오륜의 이념에 호응했고, 이를 둘러싼 과잉된 감정들이 사회 전반에 휘몰아쳤다.[15]

조선 전기에 사족을 지배하던 유교 이념은 500년이 지난 19세기 말에 이르러 거의 모든 인민의 마음속에 '감정의 체제'로 자리 잡았다. 성리학의 가치관은 개인 내면의 감정을 자극했고 내면의 감정은 지배이념의 가치를 증명해냈다. 수많은 필부필부는 '인간의 조건'에 충실하려고 했다. 그러나 성리학의 군자와는 거리가 멀었던 하층민들, 특히 여성들은 인간

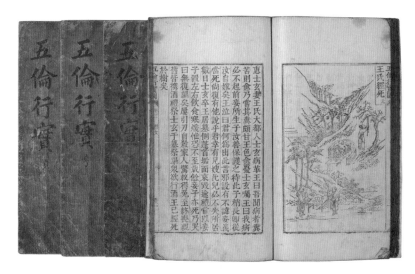

《오륜행실도》는 1797년(정조 21)에 세종 때의《삼강행실도》와 중종 때의《이륜행실도》를 합책, 수정하여 간행한 책이다. 그림 하나에 한문 해설 및 한글 번역이 하나의 이야기를 구성한다. 《맹자》에 따르면, 인간이 짐승과 구별되는 것은 '오륜'이 있기 때문이다. 오륜은 부모와 자식, 임금과 신하, 남편과 아내, 어른과 어린이, 친구 사이에서 마땅히 지켜야 할 도리를 말한다. 국립중앙박물관 소장.

이 되기 위해 더욱 강한 열정을 보여주지 않으면 안 되었다. 그들은 자신들의 의(義)와 열(烈)을 증명하기 위해 과잉 감정을 쏟아냈다. 그리하여 인간으로서 차마 할 수 없는 일의 경계마저 무색해졌다.[16]

지금부터 소개할 김조이의 친정어머니는 남편을 섬기는 여성이어야 비로소 사람답다고 하는 지배이념의 신봉자였다. 남편을 사랑하지 않았던, 그래서 결혼생활을 끝내고 싶었던 딸은 극단적인 방법을 택했고, 그런 딸을 친정어머니는 용서하지 않았다.

부부의 시체를 검시하다

1901년 11월 8일, 강원도 양구군수 김영규(金泳圭)는 양구군 해안면 오류동 동임의 소장을 접수했다. 동임은 소장에서 마을의 김암회가 목 졸려 살해당했으며, 그의 아내 김조이 역시 며칠 후에 죽임을 당했다고 했다. 그런데 소장의 말미에는 시친이 면검(免檢, 검시를 면제함)을 요청한다는 내용이 첨부되어 있었다.[17] 군수 김영규는 면검 요청을 받아들이지 않았다. 살옥사건의 조사는 본래 매우 신중해야 하는데, 특히 본 사건은 부부가 며칠을 사이에 두고 죽음을 맞은 중차대한 사건이었다. 원통함을 이미 씻었다거나 원수를 갚았다면서 시친이 면검을 청원했지만 소홀히 조사할 일이 아니었다. 상부에서도 두 구의 시체를 파내 조사한 후 검안을 보고하라 명할 것이 분명했다. 양구군수 김영규는 검안 머리에 자신이 이러한 뜻으로 현장에 출동했음을 밝혔다.

고발장이 접수된 11월 8일은 날이 이미 어두워 부득이 다음 날인 9일 검험에 참여할 사람들을 인솔하고 관아를 나섰다. 동으로 50리쯤 되는 인제군 신점리에 도착해 점심을 먹고 다시 출발하여 논장리에 도착했다. 그곳에서 여장을 풀고 하룻밤을 숙박했다. 다음 날 채비하여 서쪽으로 20리쯤 가자 인제군 경계의 고개 아래 김조이의 시신이 묻힌 곳이 나타났다. 김영규는 서둘러 검시를 시작했다.

시신의 아래턱에 목 졸린 흔적이 남아 있었다. 길이 2촌으로 검붉은 색이었다. 만져보니 약간 굳은 상태였다. 관자놀이의 태양혈에서 뺨을 지나 턱밑까지 무언가와 마찰하여 살갗이 까진 상처가 있었다. 길이는 8촌

5푼이었고, 만져보니 약간 부은 것이 딱딱했다. 시신을 엎어놓고 오른쪽 다리의 오금 부위를 살펴보다가 상흔 하나를 발견했다. 비스듬하게 상처가 나 있었다. 왼쪽 다리의 오금 부위에도 역시 상처가 보였다. 두 곳 모두 검붉게 변색되어 있었다. 두 눈은 뜬 채였고, 혀는 말려 있었다. 목 졸려 살해당한 것이 확실했다.

검험을 끝낸 군수는 곧바로 김조이의 남편 김암회가 묻힌 양구군 해안면 오류동으로 향했다. 김암회의 무덤은 이미 봉분되어 있다고 했지만, 김영규는 법에 따라 무덤에서 시신을 꺼내 검험할 생각이었다. 본격적인 검시에 앞서 죽은 김암회의 부친 김우여를 불러 시신의 신원을 확인했다. 김우여는 아들의 나이가 열다섯이고, 오른쪽 뺨에 오래전 앓았던 콩잎 모양의 부스럼 흔적이 있다고 짧게 답했다.

다음 날인 11월 10일, 양구군수 김영규는 사건 관련자들을 추문했다. 먼저 집강 김홍석(51세)을 불렀다.

> 네가 이미 김암회와 그의 처 김조이의 비명횡사를 관에 보고했으니, 너
> 는 한 면의 우두머리로서 본 사건에 대해 자세히 들어 정확하게 알고 있
> 을 것이다. 인명의 갑작스러운 죽음보다 중요한 사건은 없다. 아울러
> 시친에 앞서 네가 사건의 연유를 보고한 것은 마땅히 귀로 듣고 눈으로
> 본 바가 있기 때문일 것이다. 어떤 이유로 이들이 목숨을 잃었는지 저간
> 의 사정을 이실직고하라.

김암회의 부모와 김조이의 친모는 자식들의 죽음을 동임과 집강에게

만 알리고 관에는 보고하지 않았다. 만일 동임이 집강에게, 그리고 집강이 향소(鄉所)와 관에 알리지 않았다면 사건 자체가 영원히 묻힐 수도 있었다. 집강 김홍석은 동임의 수본(手本, 보고서)을 정리하여 관에 제출했을 뿐, 사건의 내막은 알지 못한다고 답했다.

> 저는 김우여의 집에서 5리쯤 떨어진 곳에 삽니다. (그래서) 김우여가 알리기 전에는 사건에 대해 전혀 알지 못했습니다. 또한 이웃들의 전문도 듣지 못했는데 지난 10월 22일 오류동 동임의 수본을 받아 보니 '김우여의 며느리 김조이가 남편 김암회를 허리띠로 목 졸라 죽였으며 그 후 김우여가 안사돈을 불러 (며느리를) 친정으로 딸려 보냈는데 (안사돈이) 딸을 데리고 가다가 만대동에서 목을 졸라 살해했다'는 내용이었습니다.

그랬다. 오류동 동임의 수본에 따르면 김암회를 죽인 사람은 그의 처 김조이였고, 김조이를 죽인 사람은 놀랍게도 그녀의 생모였다. 양구군수는 오류동 동임으로서 수본을 작성한 마흔두 살의 유학 김순형을 불러 심문했다.

> 너는 동수(洞首)로서 동네에서 일어난 일은 세세한 내용까지 모두 알 것이다. 하물며 살인 변고보다 막중한 일이 있겠는가? 김암회 부부가 비명에 숙은 이유를 네가 수본으로 집강에게 알리고, 집강이 사유를 갖추어 읍에 보고하여 이렇게 검시가 시행된 것이다. 시친은 아무 일도 없었던 것처럼 편안하게 있는데 동임과 집강이 서로 돌아가며 보고했으니 분명

정확한 사건의 단서를 알고 있는 것이다. 저간에 어떠한 사정이 있었는지 두 사람의 비명횡사에 대해 숨기거나 꾸미지 말고 이실직고하라.

양구군수는 동임에게 김암회 부부의 죽음을 발고하게 된 사정을 캐물었다. 동임 김순형은 김암회의 부친 김우여에게서 들은 것이 전부라고 했다. 지난 9월 18일 김우여가 자신을 찾아와 며느리가 아들을 목 졸라 죽였다고 하므로 너무 놀라 사정을 물었더니 이유를 알 수 없다 했고, 다음 날인 19일에 다시 찾아왔는데 이번에는 안사돈이 며느리를 목 졸라 살해했다고 말하는 등 도무지 납득이 가지 않는 말을 두서없이 늘어놓았다는 것이다. 그래서 주변의 이웃들과 의논했더니 동네에서 사람이 둘이나 비명횡사했다면 관에 보고해야 한다고들 해서 집강소의 집강에게 알리게 되었다는 것이다. 이외에는 아는 바도 들은 바도 없다고 했다.

누구를 원수라 하겠는가?

이제 죽은 김암회와 김조이의 시친들을 심문할 차례였다. 양구군수는 김암회의 부친 김우여를 먼저 조사했다.

네 아들 암회와 며느리가 비명에 죽었으니 원수를 지목하여 법에 신원하는 것이 부자간 인륜의 중한 바요, 정의상으로도 마땅한 일이다. 그런데 갑자기 변고를 당하고도 복수할 생각 없이 안이하게 동임에게만 알리고 관에 고발하지 않았으니 어찌 옳은 성품이며 사람의 마음이라 하겠는가? 아울러 사람이 죽었다면 법에 의거하여 처리해야 하거늘 도리어 면검을 요청하니 이를 어떻게 이해해야 할지 모르겠다. 너보다 마음이 옳지 못한 사람이 있겠는가? 사건을 목격한 자를 알면 고하고 범행에 사용된 흉기를 습득했다면 즉시 내놓아라.

김우여는 저간의 사정을 낱낱이 진술했다.

지난 음력 9월 17일 밤에 저는 바깥사랑채에서 자고 있었습니다. 한밤중에 제 안사람이 안방에서 나오면서 며느리의 방에 큰 변고가 일어났다고 말하기에 놀라 들어가보니 등불은 꺼져 있고 아들의 손과 발은 이미 식어 차가웠습니다. 통곡을 하다가 가슴이 막혀 잠시 혼절했습니다. 잠시 후 정신을 차리고 급히 등불을 밝혀 아들의 시신을 살펴보는데, 허리띠가 아직 목에 감겨 있었습니다. 며느리를 불러서 아들이 어떻게 죽었는지를 물었더니 '시댁에 살기가 싫었는데, 남편을 죽이면 시댁에서 벗어날 수 있을 것 같아 흉악한 일을 저질렀다'고 했습니다. 아들이 비참하게 죽은 모습을 보고 그 자리에서 며느리를 쳐 죽일까도 생각했지만 제가 마음이 잔약한 데다 그동안의 정을 생각하니 바로 죽일 수가 없었습니다. 이에 끈으로 며느리를 결박하고 다음 날인 18일 아침 이웃의 이봉기에게 부탁하여 인제에 있는 며느리의 친정에 이 사실을 알리도록 했습니다.

얼마 후 며느리의 남동생 김두룡이 도착했습니다. 당시 안사돈은 영동에 일이 있어 갔다가 19일 아침에야 비로소 저희 집에 도착하여 자세한 사정을 듣고는 여식을 당장에 쳐 죽이려고 했습니다. 이에 제가 만류하며 '아들이 비명에 죽은 것도 참혹한데 또다시 변고를 당할 수는 없으니 며느리를 친정으로 데리고 가서 죽이든지 살리든지 마음대로 하라'고 말한 후 며느리를 내주었습니다.

사돈이 며느리를 데리고 간 그날 오후에 안사돈이 만대동을 지나다가 길에서 며느리를 때려죽였다는 말을 전해 들었습니다. 저는 해가 저물기를 기다렸다가 매부 염일여와 함께 며느리가 죽었다는 곳에 가보았는데 과연 며느리의 시체가 길가에 놓여 있었습니다. 가슴을 문질러보고 다리를 움직여보았지만 이미 차갑게 굳어 있었고 목을 맸던 끈이 머리맡에 놓여 있었습니다. 그 뒤 곧바로 귀가했고, 법례가 어떤지 자세히 알지 못한 채 동임에게 고했습니다.

잠시 숨을 고른 김우여는 고발하지 않은 이유와 면검을 요청한 이유를 말했다. 아들을 죽인 며느리를 안사돈이 단죄했으니 이미 아들의 복수는 끝난 것이고 아들 부부의 죽음을 동임에게 고하는 것으로 일이 마무리되었다고 생각했기 때문에 관에 고발하지 않은 것이며, 이미 아들을 매장했는데 무덤을 파헤친다고 생각하니 마음이 편치 않아 면검을 요청한 것이라고 했다. 아울러 자신은 며느리가 아들을 살해하는 장면을 목격하지 못했고, 며느리가 아들을 죽일 때 사용한 허리띠도 이미 안사돈에게 내주었다고 했다.

양구군수 김영규는 김암회의 모친 방조이를 심문했다. 그녀의 진술내용도 남편 김우여와 다를 바 없었다. 죽은 아들 앞에서 며느리를 박살내고 싶었지만 마음이 약해 그리하지 못했고, 대신에 친정어머니에게 딸의 처분을 부탁했다는 것이다. 그리고 안사돈이 며느리를 목 졸라 살해하자 남편 김우여처럼 죽은 아들의 신원이 이루어졌다고 생각했다는 것이다.

군수는 며느리 김조이의 친정에 소식을 전한 이봉기를 추궁했다. 이봉기는 김우여가 시킨 대로 따랐을 뿐이라고 답했다.

> 제가 인제 서화면 교동리 김두룡의 집에 가서 김조이가 아프다는 말을 전했습니다. 당시 김조이의 친모는 영동으로 출타 중이어서 (김조이의 남동생) 김두룡이 저와 함께 김우여의 집으로 왔습니다. 그리고 저는 곧 귀가했습니다. 김암회가 죽었다고 하지 않고 김조이가 위독하다고 전한 것은 친모를 데려가려는 계책이었을 뿐 다른 마음이 있어서 그런 것이 아닙니다. 통촉하여 처리해주시기 바랍니다.

딸이 사위를 죽였다고 하면 친정어머니가 오지 않을 듯해 딸이 위독하다고 전했다는 것이다.

"제 딸은 죽어 마땅합니다"

양구군수는 친정어머니 김조이를 불러 심문했다. 아무리 사위를 죽였다지만 자기 손으로 친딸을 살해한 이유가 궁금했다.

무슨 연유로 딸을 무인지경에 끌고 가 사사로이 목숨을 빼앗았는가? 죄가 있다면 법에 의해 처리해야 마땅하거늘 방자하게 독한 짓을 벌여 마침내 잔인한 지경에 이르렀으니 모녀간의 인정이 어찌 이리 흉악할 수 있단 말이냐? 네가 흉참한 일을 저질렀을 때 어떤 흉기로 어떻게 결박했는지, 혹시 누가 도와주지는 않았는지 사실대로 말하라. 약한 여자의 몸으로 건강한 연소자를 혼자 처리할 수 없었을 것이다. 또한 검험을 시행하는 마당에 면검을 요청한 이유는 무엇이냐? 무언가 숨기려던 것은 아닌지, 누군가 사주하여 그리한 것은 아닌지 낱낱이 고하라.

시친 김조이는 담담하게 말을 이어나갔다. 아무리 자신의 딸이라고 해도 남편을 죽여 인간의 도리를 저버렸다면 차라리 죽는 편이 낫다는 답변이었다.

사위가 비명횡사했다는 말을 전해 듣고는 김우여의 집으로 달려갔습니다. 노소의 통곡소리가 방 안을 가득 채우고 있었는데, 딸의 방에 들어가 사위의 시신을 살펴보니 온몸이 검푸른 색으로 변하여 차마 눈 뜨고 볼 수가 없었습니다. 당장에 찢어 죽이고 싶은 마음에 딸을 결박하자 사돈 김우여가 말하기를 '이미 참혹한 광경을 보았는데 어찌 또다시 변고를 보겠는가? 집에 데리고 가서 마음대로 처분하라'며 (딸이) 사위의 목을 맬 때 사용한 허리띠를 내주었습니다.

딸을 데리고 5리쯤 가니 만대동이었습니다. 그곳에서 가지고 있던 끈과 김우여가 준 허리띠로 딸의 목을 매고는 힘껏 잡아당겼습니다. 얼마 지나지 않아 딸은 죽고 말았습니다. 그래서 길에 놓인 딸의 시신을 치마로 덮어두고 곧바로 귀가했고, 머슴 김명동에게 밤에 몰래 시신을 수습하여 그곳에 매장하라고 했습니다. 그러나 만대동 주민들이 사실을 알고 달려와 시체를 옮기라고 질책하므로 머슴 김명동과 함께 여식의 시체를 끌어다가 인제군 경계에 매장했습니다. 모녀간의 인정이 비록 소중하오나 남편을 죽였다면 강상을 범한 죄이니 살아서 무슨 이익이 있겠습니까? 차라리 죽는 편이 나을 듯해 제 스스로 독단한 것이며 도와준 이는 절대 없습니다.

김조이는 사위를 죽인 여식을 자신의 손으로 직접 살해하여 사위의 원수를 갚았으니 모든 문제가 해결되었다고 했다.

사위에 이어 딸도 죽었으니 복수 또한 저절로 이루어졌다고 생각했습니다. 이에 검시가 무슨 소용이 있겠는가 싶어 면검을 요청했던 것입니다. 어찌 사주를 받았거나 꼬임에 넘어가 그리했겠습니까? 통촉하여 처리해주시기 바랍니다.

양구군수는 김조이 살해현장을 누군가 목격했을 수도 있다고 생각했다. 그래서 김조이가 살해된 만대동의 동임을 심문했다. 동임 이영재(48세)는 꿀을 팔러 타지에 나갔다가 돌아와 김조이를 생모가 목 졸라 살해했다는 소식을 들었을 뿐이라고 했다.

저는 9월 19일 아침에 꿀을 팔러 인제에 나갔다가 23일에 집으로 돌아왔습니다. 김조이의 변고는 백주에 일어난 일이지만 (살해 장소가) 집에서 5리 넘게 떨어져 있고 인적이 드문 산길이라 친모의 소행을 전해 들었을 뿐 자세한 사정은 알지 못합니다. 제가 동임의 일을 맡고 있어 검시현장에 대령했을 뿐 달리 드릴 말씀이 없습니다.

친모를 도와 딸의 시신을 매장한 머슴 김명동이라면 혹시 저간의 사정을 달리 아는 바가 있을지도 몰랐다. 양구군수는 김명동에게 이실직고하라고 호령했다.

너는 사망한 김조이의 친정집 머슴이다. 처음에는 주인의 말을 좇아 시신을 죽은 자리에 묻었다가 만대동 주민들이 질타하자 가주(家主)와 함께 시신을 인제군 경계로 옮겨 매장하였다. 그 과정에서 김조이의 목맨 형상과 손상 여부를 상세히 보았을 테니, 너야말로 중요한 목격자가 아니겠는가? 네가 머슴으로 수차례 오가며 일을 수행한 것으로 보아 당초 흉변이 일어났을 때도 주인의 지휘에 따라 동참했을 것이다. 전후 사정을 있는 대로 아뢰어라.

김명동은 머슴의 처지로 주인의 명을 거절할 도리가 없어 따랐을 뿐 김조이의 죽음과는 무관하다고 말했다.

저는 지난 2년여간 김조이의 집에서 머슴살이를 해왔습니다. 지난 음력 9월 18일, 주인 김조이는 소금을 팔러 아침에 영동으로 떠났고 (그 사이에) 저는 소로 짐을 실어 나르고 있었습니다. 오후에 김우여의 집에서 김조이의 시집간 딸이 병으로 목숨이 위태롭다고 알려왔기에 김조이의 시어머니가 손자 김두룡을 김우여의 집으로 보냈습니다. 그리고 저에게 영동으로 떠난 며느리를 데려오라고 했습니다. 저는 고용살이하는 처지에 거역할 수가 없어서 60리가량 떨어진 고성의 굴탄으로 가서 김조이를 찾아 새벽녘에야 함께 귀가했습니다.

해가 뜨자 김조이는 사돈 김우여의 집으로 출발했고 저는 느지막이 뒤따라갔습니다. 그런데 김조이가 자신의 딸을 데리고 만대동으로 올라가 목을 졸라 죽였습니다. 저는 그 광경은 보지 못했습니다. 김조이가 부르는 소리에 달려갔을 때는 이미 딸의 숨이 끊어진 뒤였습니다. 당시 시신은 엎어져 있었습니다. 그리고 김조이가 이를 뒤집어 노변에 눕힌 채 치마로 덮어주려 할 때 시아버지 김우여가 나타나 며느리의 시신을 본 뒤 발길을 돌렸습니다.

저는 곧장 집으로 돌아와 괭이를 들고 다시 만대동으로 향했는데, 그 사이에 해가 저물었습니다. 그리고 그곳에 시신을 묻고 돌아서려 할 때 만대동 주민들이 나타나 저희를 책망하며 시체를 다른 곳으로 옮기라고 해서 다시 김조이와 함께 인제의 경계지로 옮겨 매장한 것입니다.

죽은 김조이의 시신에 별다른 상흔은 없었습니다. 목을 맨 흔적이 있었을 뿐입니다. 그 댁에서 머슴살이를 하는 처지라 수차례 따라가서 일을 도왔을 뿐 어찌 사건에 동참했겠습니까? 통촉하여 처리해주시길 바랄 뿐입니다.

마음이 친정에 있었다

결국 본 사건은 김조이가 남편을 죽였고, 그런 그녀를 친정어머니가 단죄한 사건이었다. 김조이가 남편을 죽인 이유를 알 수 없을 뿐이었다. 하지만 2차 심문에서 어느 정도 이유가 드러났다. 김조이의 시어머니 방조이가 1차 심문 때는 하지 않았던 이야기를 2차 심문에서 털어놓았기 때문이다. 방조이에 따르면, 죽은 며느리의 마음은 시댁이 아닌 친정에 가 있었다.

> 제 소회는 지난번에 말씀드렸습니다. 사건이 한밤중에 며느리의 방에서 일어난지라 저희 부부는 아들이 죽었다는 며느리의 말을 듣고서야 방에 들어가 아들의 주검을 살펴볼 수 있었습니다. 아들의 목에는 무명 허리띠가 열십자로 감겨 있어서[18] 손가락도 들어가지 않았으며 숨이 이미 끊어져 몸이 차가웠습니다.
>
> 죽인 까닭을 며느리에게 묻자 며느리는 '제 마음은 친정에 있지 시가에 있지 않습니다. 그래서 허리띠를 (남편의) 목에 두른 뒤 손으로 힘껏 당기고 발로 세게 밟아 이 지경에 이르렀습니다'라고 답했습니다. 이 말을 듣고 격분하여 때려죽이고 싶었지만 참았습니다. 그리고 그 어미가 왔기에 조용히 며느리를 돌려보냈을 뿐입니다. 명백하게 처결하여주시기 바랍니다.

시어머니 방조이는 누차 아들을 죽인 며느리에게 손도 대지 않은 채

안사돈에게 며느리를 내주었다고 했다. 자신들은 아들을 잃은 비통한 부모일 뿐 며느리를 살해한 사람은 그녀의 친정어머니라는 대답이었다.

양구군수는 죽은 김조이의 친모를 끝으로 조사를 마치기로 했다. 마지막 공초에서도 김조이는 딸의 죽음이 하나도 애석하지 않다고 말했다. 시집을 갔으면 시댁 사람이 되어야지 어찌 친정에 자주 오는지 꾸짖었다는 말도 덧붙였다. 남편을 죽여 인륜을 저버렸다면 마땅히 처벌받아야 한다고도 했다. 아울러 패륜에 대한 처벌은 공과 사를 기다리지 않으며, 패륜을 저질렀다면 친딸이라 해도 응징해야 한다고 항변했다.

> 제 소회는 1, 2차 진술에서 모두 말씀드렸으며, 제 딸의 행동은 죽어 마땅하니 하나도 애석하지 않습니다. 평상시 오갈 때는 남편이 싫다는 말을 하지 않았습니다. 다만 3월에 혼자 왔기에 '시부모가 화를 내도 이처럼 행동해서는 안 된다. 여자가 시집을 가면 부모형제를 멀리하는 법이다'라고 타일러 시댁으로 돌려보낸 적이 있습니다.

조사를 종결한 군수 김영규는 다음과 같은 보고서를 상부에 올렸다.

> 아, 저 김조이는 시집온 지 얼마 안 돼 금슬이 좋을 것인데 시집살이가 심히 고단했는지 마음이 친정에 있고 시댁을 싫어하여 잠자리에서 남편의 목을 조르기로 했습니다. 마침내 (남편이) 잠든 틈을 타 살해하고는 시모에게 남편이 숨을 쉬지 않는다고 말하고 남편의 목을 졸랐다고 자백했으니, 그 죄상을 보면 영원토록 갚을 길이 없고 강상으로 논하자면

천지에 용납될 길이 없습니다. 이에 친모가 그녀를 묶어 끌고 가서는 목 졸라 당겨 천만 번 참륙할 몸을 망령되이 (죽여 그 죄를) 스스로 갚았으니 법에 의거하여 복주(伏誅, 형벌을 순히 받아 죽게 함)하지 않고 사사로이 죽인 것이 한스럽고 애통할 뿐입니다.

친모 김조이가 끈으로 딸의 목을 졸라 숨통을 끊고 사위의 원수를 갚았을 때 그 형세가 거의 돼지가 돌진하는 것과 같았고 그 정은 나방이 불에 뛰어드는 것과 다름없었습니다. 나라 사람들이 모두 죽일 만하다 할 것이요, 길 가는 사람들도 누가 통쾌히 여기지 않겠습니까?

양구군수 김영규는 사위를 죽인 딸을 목 졸라 살해한 김조이의 행동을 나라 사람 모두가 통쾌하게 여길 것이라고 논술했다. 그의 생각에 죽일 만한 자를 죽인 것은 죄가 되지 않았다. 단지 법에 따른 처분을 기다리지 않고 사적으로 단죄한 것이 문제였을 뿐이다.

남편 살해라는 패륜을 범한 딸을 절대로 용납하지 않은 친정어머니, 아들을 잃고 며느리를 친정에 맡겨 복수를 바란 김우여 부부, 이들은 모두 삼강오륜의 성리학적 가치관을 누구보다 강하게 내면화한 사람들이었다.

사위를 죽인 딸을 단죄한 어미는 부부의 도리를 다하지 못한 자신의 딸을 패륜아로 규정했고, 패륜을 단죄하는 데 공과 사를 따질 필요가 없다고 여겼다. 친딸을 죽였다는 죄책감도 잠시, 패륜을 응징하여 얻은 인간다움이 마음속을 채웠다. 과잉된 정의의 감정은 정념의 폭력으로 불타올랐다. 딸을 죽인 김조이는 지배이념의 희생자인 동시에 그 이념을 떠

받치는 기둥이나 다름없었다.

죽은 김암회의 부모는 어떤가? 당시의 가치관에 따르면 이들은 마땅히 며느리를 죽여 아들의 원수를 갚아야 했다. 하지만 차마 하지 못하는 마음으로 며느리를 친정에 돌려보냈다고 했다. 그러면서도 며느리가 살기를 바라지 않았다. 그래서 며느리가 자신의 아들을 죽일 때 사용한 끈을 안사돈에게 건넸다. 이를 받아든 친정어머니의 심정은 또 어떠했을까? 하지만 어미는 자기 손으로 딸을 죽였고, 심문장에서 인간으로서 마땅히 해야 할 바를 했다고 강변했다. 적어도 검안에는 그렇게 적혀 있다.

어머니 김조이의 진심은 무엇이었을까? 과연 딸을 죽이고자 하는 마음이 진심이었던 것인지, 아니면 딸을 죽이는 수밖에 다른 도리가 없다고 생각한 것인지 우리로서는 알 길이 없다. 그렇지만 우리는 이 사건을 통해 자신이 낳고 기른 딸을 죽이는, 인간으로서 차마 할 수 없는 일을 벌이면서 다시 인간이기를 희망한 당대의 감정체제와 그 속의 인간을 마주할 수 있다. 인간으로서 차마 할 수 없는 짓을 저지르고도 그것이 인간의 도리라고 항변하는 역설이야말로 성리학의 세속화에 따른 감정 과잉과 인정 투쟁의 생생한 역사 그 자체이다.

이중의 질곡, 추문에 휩싸인 여성들

충청남도 서산군 동암면 유씨 부인 사건

분노할 권리와 의무

〈은애전(銀愛傳)〉은 조선 후기의 대표적인 의열 사례이다.[19] '의열'이란 정의로운 일[義]에 매섭게 나서는 결기[烈]를 말한다. 성리학은 사람이라면 분노해야 할 일에 반드시 분노해야 한다고 가르쳤다. 사서(四書)의 하나인 《대학》은 '천자로부터 서인에 이르기까지' 명덕을 밝혀야 한다고 했다. '명덕(明德)'이란 태어날 때부터 하늘이 인간에게 부여해준 자연의 도덕심이다. 자연이란 본래 그러한 것이므로 '본성(nature)'을 거스르면 사람이 아니라 금수로 불려야 마땅하다는 것이다. 양반이건 상민이건, 사람이라면 누구나 불의를 응징하고 사람답지 못한 언행에 분노해야 했다.

철저한 성리학자로서 정조는 사람다운 행동을 강조했다. 조선의 전 인민에게 '정당한 분노'와 '분노할 의무'를 가르치고 싶어 했다. 그래서 은애의 의로운 행동을 국민 교화의 표준 사례로 활용할 계획으로, 수빈 박씨의 원자 아기씨 출산을 기념해 살옥 죄인들을 사면하면서 김은애의 전기를 지어 백성들에게 나누어주도록 했다. 왕명을 받든 규장각 검서관 이덕무(李德懋, 1741~1793)는 〈은애전〉에서 그녀의 의분(義憤)과 용기를 칭송해 마지않았다.[20]

강진에 살았던 김은애는 1789년 자신이 음탕하다는 소문을 퍼뜨린 노파를 여러 차례 칼로 찔러 살해한 후 관아에 자수했다. 그리고 이를 본 모든 사람이 그녀의 정렬(貞烈)을 장하게 여겼다. 당시 강진현감 박재순 역시 정상을 참작하여 그녀를 풀어주려고 했다. 다만 인명을 살상한 죄를 처벌하지 않을 수 없다 하여 잠시 옥에 가두었다가 이듬해 6월에 은애를 석방했다. 10여 년 후 강진에 유배된 정약용은 은애 사건에 대해 강진 사람들이 하는 이야기를 듣게 되었다.

> 1801년 겨울, 나는 강진현에 유배된 처지로 민간에서 가난하게 살고 있었다. 읍내 사람들의 말을 들어보니, 은애는 시집가기 전 이미 최정련과 사사로이 간통했는데 노파 안씨가 매파가 되어 매번 안씨의 집에서 간음했다고 한다. 그런데 후일 이로움이 적어져 안씨가 간음 사실을 전파하자 은애가 안씨를 살해했다고 한다. 그러면서 '안방의 이야기를 그 누가 알겠는가'라고들 했다. 대개 간음을 둘러싼 송사에서 한번 (간음자로) 지목되면 많은 사람이 이를 사실로 여긴다. 속담에 '도둑의 누명은 벗을 수 있지만 간음의 무함은 씻기 어렵다'고 했으니 이를 두고 한 말이다. (은애가) 간음한 것이 사실이라면 안씨를 죽일 때 주저하고 머뭇거리는 게 당연한 이치다. 그렇게 통쾌하게 죽일 수는 없었을 것이다.[21]

정약용은 당시 간음의 누명을 벗어나기가 매우 어려웠던 사정과 은애가 노파 안씨를 격하게 살해한 정황을 들어 은애의 간음을 안씨의 무함에서 비롯된 낭설에 불과한 것으로 추론했다. 은애가 무참하게 안씨를 살해한 것도 원통함이 그만큼 가슴에 사무쳤기 때문이라는 주장이다. 과연 사람을 죽이고도 용서받을 수 있을까? '있다'는 것이 조선시대의 법감정이다.[22]

은애의 살인을 정당화하려면 먼저 은애의 간음이 무함임을 증명해야한다. 그런데 집 안에서 일어나는 남녀 간의 일을 다른 사람이 어찌 알겠는가? 간음은 사실 여부를 판단하기 어려운 문제일 수밖에 없다. 이에 정약용은 은애가 안씨를 격하게 죽인 정황에서 오히려 그녀가 느낀 수치심과 분노를 짐작했고, 은애의 수치심과 여기서 비롯된 폭력을 '인간(다움)'의 증거로 인정했다. 인간다움을 지키려는 인간의 의지, 그게 없다면 인간이라고 부를 수 없기 때문이었다.

박지원은 인간이라면 당연히 이러한 기본적인 명예심이 있으며, 있어야 한다고 주장했다.[23] 당시 여성들에게는 간음과 간통이야말로 가장 수치스럽고 불명예스러운 일이었다. 그리고 그것이 무함이라면 인간으로서 응당 복수해야 마땅했다.

문제는 복수의 남용과 빈번한 자살이었다. 정약용은 수치심에 대응한다는 이유로 자살을 포함한 모든 폭력을 인정할 수는 없다고 했다. 수치와 모욕을 복수의 충분조건이라고 믿은 나머지, 사람들이 너무 쉽게 보복살인을 저지른다고 생각했다. 그래서 죽여 마땅한 의분의 조건을 "살인하되 의롭다 함은 죽임을 당한 자가 큰 잘못[大惡]을 저질러 인정과 도리로 따져보았을 때 도저히 용서할 수 없는 까닭에 정의[義]의 이름으로 죽인 경우"로 제한했다. 여기서 큰 잘못이란 '불효(不孝), 불우(不友), 패역(悖逆), 음란(淫亂)'으로, 수치심으로 인해 상대방을 죽일 수 있는 경우를 네 가지로 제한한 것이다. 단지 자신의 부모와 형제를 모욕했다는 것만으로 사사로이 사람을 죽일 수 없다는 논리였다.[24] 정약용은 김은애의 경우 '음란'에 해당하므로 살인이 정당하다고 보았다. 심지어 이렇게 정당한 살인[義殺]에 다시 복수할 경우에는 반드시 살인죄를 적용하여 사죄(死罪)에 처해야 한다고까지 했다.

정약용이 복수 가능한 네 가지 범주에 '음란의 무고'를 집어 넣은 이유는 음란하다는 소문이 여성에게는 사회적 살인에 가까웠기 때문이다. 음란하다는 소문은 사실이건 아니건 한번 퍼지면 피해 여성에게 벗어나기 어려운 질곡으로 작용했다. 무엇보다 상대 여성을 곤란한 상태로 몰아넣기 위한 무고가 넘쳐났다. 소문은 믿기 어려울수록 효과가 배가되었다.

이렇게 음란의 무고와 모욕에 복수하라고 권하는 사회에서 여성들은 '음란하다'는 소문의 사실 여부와 관계없이 살아남기 위해 격분하지 않으면 안 되었다. 하지만 실제 복수 가능한 무고의 정도와 모욕의 기준은 모호했다. 막상 복수하고 나면 복수하라고 권하던 사람들이 복수를 실행에 옮긴 여성에게 모욕의 경중을 가리지 않고 감정적이고 편협하게 행동했다며 비난의 화살을 퍼부었다. 피해자인 척 살인을 저질렀다며 악녀로 낙인찍기까지 했다. '이중 삼중의 질곡' 속에서 여성들에게 주어진 운신의 폭은 너무도 좁았다. 한탄과 억울함은 커져만 갔다.

짐승만도 못하거나 혹은 편협하거나

은애 사건이 일어나고 10년이 지난 1798년, 경기도 부평에서 김조이가 자신을 음란하다고 나무란 정조이를 구타하여 살해한 사건이 발생했다. 초검관 부평부사 윤광석은 김조이를 살해 정범으로 보고했다. 죽은 정조이의 시어머니 안조이는 초검의 공초에서 저간의 사정을 낱낱이 고했다.[25]

사건은 우물가에서 벌어졌다. 정조이가 집 앞 우물가에서 나물을 씻고 있을 때 이웃 염씨의 딸 김조이가 와서 물을 긷고는 정조이에게 물동이를 머리에 얹어달라고 했다. 그러나 정조이는 힘이 없다며 김조이의 청을 거절했다. 화가 난 김조이는 "덩치가 산만 한 여편네가 물동이를 머리에 올려주는 게 뭐 그리 힘든 일이냐?"고 용모를 들먹이며 정조이에게 시비를 걸었다. 정조이도 지지 않았다. 그녀 또한 김조이의 용모를 들먹였다.

허리가 가는 여자는 치맛자락에 내왕하는 남정네들이 많다던데, 나같이 뚱뚱하고 얼굴이 얽은 여자가 어찌 사람 축에 낄 수 있을까?

음란함을 암시하는 말투에 격분한 김조이는 집으로 돌아가 어머니 염씨에게 이 사실을 고했다. 잠시 후 염씨 모녀가 우물가로 달려와 정조이를 구타했다. 이후에도 염씨 모녀는 시간과 장소를 가리지 않고 정조이를 폭행했다. 며느리와 따로 살던 정조이의 시어머니는 며느리가 염씨 모녀에게 폭행당한다는 소문을 들었지만 가보지는 못했다. 그러던 어느 날 며느리 정조이가 죽었다는 소식이 시어머니에게 전해졌다. 놀란 시어머니 안조이가 며느리의 집으로 달려갔지만 며느리는 이미 손발이 식어 몸이 딱딱하게 굳어 있었다. 그런데도 염씨 모녀는 "네가 죽어도 겁날 게 없다. 내 목숨으로 갚으면 그만"이라고 도리어 화를 내며 죽은 며느리의 뺨을 때렸다. 이때 벗겨진 적삼 사이로 며느리의 몸에 똥이 묻은 것이 보였다. 안조이는 염씨 모녀에게 누가 이랬냐고 물었다. 김조이는 자신이 그랬다고 답했다.

이런 년에게는 똥을 먹여야 마땅하다. 그래서 입에다 똥을 처넣었다.

시어머니 안조이는 이날이 장날이라 동네 사람들이 모두 장터에 나갔고 아들 오십돌도 시장에 장사를 나가고 없어서 다른 목격자는 없지만, 자신은 분명히 염씨 모녀가 쇠굽 달린 가죽신으로 며느리를 수차례 구타하는 것을 목격했다고 증언했다. 그러나 염씨 모녀는 이를 부인했다. 음란하다는 욕설을 들은 당일 정조이를 몇 대 때린 것은 사실이지만, 정조이가 죽던 날에는 곡식 빻는 품을 팔러 정조이의 집에 갔을 뿐 구타하여 살해했다는 주장은 천부당만부당하다고 했다. 정조이의 방문을 열었을 때 이미 정조이는 서까래에 목을 맨 채 늘어져 있었다고 했다. 김조이는 당시의 광경을 목격했다며 조차금의 처를 증인으로 끌어들였다. 자신의 주장이 거짓이 아님을 그녀와 동네 사람들이 증명해줄 것이라고 했다. 그날은 애당초 정조이의 몸에 손도 댄 일이 없는데 안조이가 자신을 범인으로 몰고 있다는 주장이었다.

이후의 조사과정에서 염씨 모녀가 동네 사람들에게 정조이의 자살을 증언해달라고 부탁하는 등 사실을 감추려 했음이 밝혀졌다. 복검과 삼검에서는 염씨 모녀가 죽은 정조이의 가슴에 걸터앉아 무릎으로 찧고 손으로 때린 것은 물론 쇠굽 달린 가죽신으로 뺨을 때리고 팔과 장딴지를 물어뜯는 등 온갖 몹쓸 짓을 했다는 증언이 이어졌다. 심지어 목매 자살한 것처럼 위장하려고 죽은 정조이의 목에 줄을 매기까지 했다는 것이다. 삼검을 맡았던 관천현감은 삼검안의 발사에서 극악한 염씨 모녀를 사죄로 다스려야 한다고 했다.

> 여인들은 편벽된 성품을 타고나서인지 보통 음란한 행실을 하고도 감추려 합니다. 치마를 걷어 올렸다는 이야기를 듣자마자 뼈에 사무치는 원한을 품고 모녀가 힘을 합쳐 나쁜 짓을 하여 마침내 아무도 없는 곳에서 살인을 저질렀습니다. 닥치는 대로 주먹과 몽둥이를 휘두르며 가슴을 짓밟고 오물을 입에 집어 넣었습니다. (죽은 정조이는) 급소를 여러 번 가격당해 몸속의 기운이 통하지 않게 되어 마침내 숨이 끊어진 것입니다. 그런데도 죽은 척한다고 생각하여 다시 뺨을 때렸으니 어찌 이렇게 악독하고 잔혹하단 말입니까? 게다가 죽은 뒤 (스스로) 목을 맨 것처럼 가장한 죄상은 흉악한 사내조차 하지 못할 짓입니다. …… 정범 김조이를 형문(刑問)하여 자백을 받아낸 후 사죄로 다스려야 할 것입니다.

1799년 8월 5일, 정조는 판부(判付)를 내렸다. 정범 김조이의 악행은 죽어 마땅한 죄이지만 정조이의 목에 줄을 맨 흔적이 있으니 자살 여부를 확실히 조사하라는 명이었다. 김조이의 사인을 '피타사'로 인정하지만 만에 하나 의옥이 될 가능성을 염두에 둔 것이다. 정조는 음란하다는 소리에 분을 참지 못해 정조이를 무참히 살해한 김조이와 그의 어미 염씨를 책망하면서도 정조이가 자살했을 가능성을 완전히 배제하지 않았다. 정조의 판부는 한편으로 정확한 수사를 요청하는 것이었지만, 다른 한편으로는 음란하다는 소문에 격분할 줄 아는 김조이 모녀를 어떻게든 가볍게 처벌하려던 것이기도 하다. 하지만 정조이는 음란하다는 소문을 낸 것이 아니었다. 김조이와 대화 도중 음란하다는 말을 한 것뿐이었다. 그것이 과연 죽임을 당할 만한 언사였을까?

음란의 모욕을 참지 말라는 가르침을 따르려면 여성들은 자그마한 모욕에도 격분해야 했다. 그러나 어떤 격분은 정당하다고 표창되었고 어떤 격분은 편협하다고 폄하되었다. 김조이 사건 당시 검관들은 물론 형조의 관리들 모두 여성들의 편협한 성격이 문제라고 지적했다. 다음은 당시 형조가 올린 보고서 중 일부이다.

> 대체로 여인네는 편벽된 성품을 타고난지라 남의 음란한 행실을 가지고 추잡한 말을 하는 법입니다. 또한 편벽된 성품을 가졌기에 추잡한 말을 들으면 갑자기 분한 마음이 들어 사람을 죽이려는 생각이 가득해지는 것입니다.

여성들은 음란하다는 소문에 격분하지 않을 수도 그렇다고 무턱대고 격분할 수도 없었다. 격분하지 않으면 짐승만도 못하다고 질타당했고 격분하면 편협하다고 손가락질받았다. 어쩔 수 없이 속으로 울던 여성들은 자살을 택하기도 했다. 사람임을 증명하려고 스스로 목숨을 끊었다. 이 어서 소개할 유씨 부인이 바로 그런 여인이었다.

어찌 슬프지 않으리오

강진의 김은애와 부평의 김조이 사건 후 100년이 지난 1899년, 충청남 도 서산군 동암면에 살던 유씨 부인이 다음과 같은 유서를 남기고 쓰러 졌다.[26]

> 유서를 쓰려고 하니 홍광(紅光)이 취지(聚之)하여 눈물이 솟아 눈동자를 가리니 어찌 슬프지 않으리오. 이 몸이 죽는 것은 슬프지 않으나 악명 (惡名)을 입고 부명(負命, 목숨을 저버리다)에 가오니 어찌 절통하지 않으리 오. 또한 모녀간 상봉할까 했더니 그도 못하고 홍 서방(죽은 유씨의 사위) 도 다시 못 보고 죽으니 어찌 구천지하(九泉地下)에 간들 눈을 감으리오. 남에게 적원(積怨)한 바 없건만 삼년상을 지내지 못하고 애명을 입고 죽 으니 나의 원수 누가 갚아줄까? 살다가 누명을 입고 끝을 여미지 못하 고 이 지경을 당하니 어찌 절도(絶倒)하지 않으리오. 이 일을 이어 나의 원수 갚아주옵소서. 홍 서방 오거든 주려고 술 두어 잔 받아두고 주지도 못하고 세상을 이별하니 절통하지 않으리오.

유씨는 열두 살짜리 양자를 둔 마흔일곱의 양반 부녀로서 남편의 삼

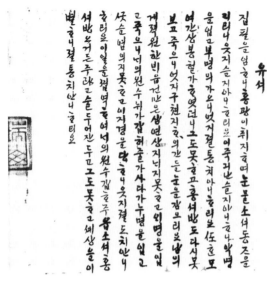

《유씨 옥사 문안》에 첨부된
유씨 부인의 유서.
서울대학교 규장각한국학
연구원 소장.

년상을 치르던 중이었다. 그런데 같은 마을의 임충호란 사내가 유씨의
평소 행실이 음란하다는 소문을 퍼뜨린 후 유씨를 마을에서 내쫓자며 마
을 사람들에게 통문을 돌렸다.

사실을 알게 된 과부 유씨는 분에 겨워 낫을 들고 임충호를 찾아가 따
지려 했다. 그러나 사람들의 만류로 뜻을 이루지 못하자 결국 분을 이기
지 못하고 자신의 손으로 간장을 졸여 마셨다. 복통으로 괴로워하는 유
씨를 발견한 사람은 그녀의 아들 한옥동이었다. 옥동은 인근에 사는 외
숙을 불러 그와 함께 어머니를 살리려 애썼지만 결국 헛일이 되고 말았
다. 사건의 중심에 있었던 임충호는 사건 발생 직후 도주했다.

유씨의 수양아들 한옥동의 소장을 받은 서산군수 김홍규(金鴻圭)는 출
발 준비를 서둘렀다. 그런데 11월 7일, 한옥동의 생부 한사석이 도내 재

판소에 직접 소장을 올려 유씨의 시체를 검시하지 말아줄 것을 요청했다. 처음에는 사건을 고발하더니 이번에는 면검을 요청한 것이다. 이에 충청도 재판소에서는 서산군수에게 즉시 사건현장으로 출동하여 조사할 것을 명했다. 시친의 행동으로 보아 무슨 문제가 있는 것이라 여겼기 때문이다. 군수는 즉시 관아를 나섰고, 서쪽으로 30리를 달려 현장에 도착하자마자 사령들과 군졸들에게 사건 관련자를 모두 잡아오라고 명했다.

군수는 먼저 고발한 한옥동을 심문했다. 본래 열여섯 살 이하는 증언을 할 수 없었지만 유씨 사건의 경우에는 옥동이 유씨의 유일한 아들인데다 유씨의 죽음을 목격한 사람이라 원칙을 고집할 수 없었다. 그런데 본 사건에 대한 서산군수의 검안은 형식의 면에서 파격적이다. 심문현장을 그대로 옮겨놓은 듯 대화체로 적은 것이다. 100년 전의 검안들 중에서도 이런 형식의 검안은 이것이 유일하지 않을까 싶다.

군수 사는 곳이 어디인가?

옥동 서산 동암면 부단리에 삽니다.

군수 올해 나이가 몇인가?

옥동 열두 살입니다.

군수 너의 생부 한사석의 면검 소청이 이미 본도의 재판소에 올라간 바 있다. 그러나 지금 도착한 지령을 보면 시친 한옥동이 처음에는 발고했다가 다시 검시를 꺼려 조용히 덮어두자고 한 것은 말이 안 될뿐더러 인명이 지극히 중하기에 군수가 검시를 하지 않고 중간에 돌아와서는 안 될 것이라 하여 내가 조사하게 된 것이다. 이에 묻노니, 어미가 올해 나이가 몇이며 몇 월 며칠 누구와 어떤 일로 인하여 어떻게 죽었는지, 생전에 숙병이 있었는지, 임종할 때 어떤 유언이 있었는지, 아울러 고발했다가 취소한 이유는 무엇인지 소상히 답하라.

옥동 제[27] 양모(養母)는 올해 마흔일곱이고 살아계실 때 건강하셨습니다. 하지만 같은 동네에 사는 임씨(임충호)가 어떤 글을 퍼뜨린 일로 한을 품으셨습니다. 9월 12일 밤 잠결에 들어보니 어머니께서 배가 아프다면서 괴로워하시기에 (일어나) 이웃에 사는 외숙 유씨에게 사정을 알렸습니다. 외숙과 함께 집에 돌아와 치료를 하려는데 외숙께서 머리맡의 자장 토기(간수나 간장을 졸일 때 사용하는 그릇)를 발견하시고 남은 것을 맛보시더니 간수임을 알아채시고 절미수(折米水, 쌀뜨물)를 입 안에 흘려 넣었습니다. 그러나 효과도 없이 13일 새벽에 돌아가시고 말았습니다. 당시 저는 어머니 옆에서 잠이 들고 말아 임종하실 때 무슨 유언을 하셨는지 알지 못합니다.

서산군수는 곧이어 한옥동의 생부이자 죽은 유씨의 시숙인 한사석 (35세)을 불러 고발을 취하하고 면검을 요청한 이유를 물었다.

재종형수는 청상으로 늙어 마음이 빙설(氷雪)과 같았습니다. 한 마리 풀벌레처럼 고고했으며 생전에 지병은 없었습니다. 지난 음력 9월 13일 이른 아침에 형수가 죽었다는 소식을 듣고 즉시 가보았더니 과연 운명한 뒤였습니다. 아들 한옥동의 양외숙인 유덕수가 말하기를, '옥동이 급히 달려와 누이가 복통으로 괴로워하며 울부짖고 있다기에 즉시 방

《유씨 옥사 문안》에 그려진
간수를 졸인 투구리 도형.
서울대학교 규장각한국학연구원 소장.

으로 가서 등잔을 들고 사방을 살펴보았는데, 그릇 하나가 자리 위 베개 옆에 놓여 있었습니다. 매우 괴이하고 의심쩍어 그릇을 기울여 맛을 보니 간수를 졸이고 남은 찌꺼기였습니다. 간수를 마시고 어찌 목숨이 온전하길 바라겠냐고 생각하며 손발의 맥을 짚어보았는데, 약간 뛰는 듯도 하여 깨어나길 바라면서 쌀뜨물을 여러 차례 입 안에 흘려 넣었지만 몇 숟가락을 넘기지 못하고 숨을 거두었습니다. 저간의 사연을 말씀드리자면, 이 마을에 사는 임충호가 계략을 써서 근거 없는 소문과 애매한 말을 통문으로 발송하여 퍼뜨리니 모욕을 당한 누이가 괴로워하다가 목숨을 버린 것입니다. (그렇지만) 이미 간수를 마시고 숨을 거두었고 임충호는 도주하여 찾을 수가 없으니 출상한 후에 일을 처리하는 것이 좋겠습니다'라고 하여, 그렇게 한 후에 발고한 것입니다. 면검을 요청한

것은 이미 염하여 출빈(出殯)했고 반가의 부녀이므로 특별히 조치해주시
길 바랐던 것입니다.

조선시대의 검시는 한 점의 의혹도 남기지 않기 위해 사건 관련자가
모두 지켜보는 가운데 시행되었고, 검시 입회자들은 검안의 시장에 남은
의혹이 없음을 확인하는 서명을 해야 했다. 그러나 양반들은 사람들 앞
에서 양반 부녀의 나체를 드러내야 하는 상황을 받아들이기 어려웠다.
그래서 사인이 확실하다면 시친들이 면검을 요청할 수 있게 해주었다.
유씨의 시친들도 이를 따랐을 뿐이다.

소문을 낸 임충호 때문이다

과부 유씨가 죽던 날 유씨의 오라비인 유덕수(61세)는 현장에 있었다. 서
산군수는 유덕수에게 유씨가 자살하게 된 이유를 확인하는 한편, 독극물
이 든 그릇을 습득했는지를 물었다.

죽음의 원인을 말씀드리자면, 이 마을의 임충호가 누군가로부터 무언
가 허물을 듣고는 제 누이에게 뒤집어씌워서 만부당하고 애매한 이야
기를 만들어 통문을 돌렸기 때문입니다. 편벽한 여인이 씻기 어려운 치
욕을 당하자 가슴을 치며 분노하다가 자진하려고 누차 낫을 들었지만
(뜻을 이루지 못하다가) 이번에 가슴의 분통을 참지 못하고 비명횡사한 것

입니다. 임가의 모욕이 아니었다면 어찌 누이가 간수를 마시고 죽었겠습니까?

즉시 고발하지 않은 이유는 남매간의 우애가 매우 깊지만 이미 시집을 갔으니 시댁 사람인데 어찌 제가 먼저 발고하겠냐는 생각 때문이었습니다. 동생이 유서 한 장을 남겼지만, 절명한 후에 발견했습니다. (발견 당시) 시신의 형상을 말씀드리면, 머리카락이 어지럽게 흩어져 있었고 몸은 누렇게 떠 있었으며 두 눈은 감고 있었습니다. 이외의 증상은 자세하게 살피지 못했습니다. 목격한 사람은 저와 옥동뿐입니다. 간수가 담긴 종지는 증거로 제출하오니 살펴 원수를 갚아주십시오.

유덕수는 동생 유씨가 음란하다는 소문에 격분하여 자살한 것이라고 진술했다. 소문의 근원은 임충호이니 원수를 갚아달라는 말도 잊지 않았다. 군수는 유학 유기삼과 양인 박춘심을 불렀다. 유기삼과 박춘심은 죽은 유씨의 이웃이자 집강과 동임이었다. 보통 한 마을의 사정은 집강과 동임이 자세하게 알았다. 하지만 그들의 진술은 시친에게 들었던 내용과 별반 차이가 없었다. 임충호가 소문을 퍼뜨렸고 이에 격분한 유씨가 자살했다는 이야기였다.

사람답지 못한 자를 처벌하라

동네의 다른 사람들은 내막을 전혀 알지 못한다고 했다. 사건의 열쇠를 쥐고 있는 임충호도 도주한 상태라 사정을 더 이상 파헤치기 어려웠다. 대신에 서산군수는 임충호가 마을에 돌렸다는 통문을 증거로 확보했다.

부단리 동중 여러분 앞[夫丹里洞中僉座下]
부단리 동중 여러분에게 알린다. 옛사람들은 남녀가 유별하여 비록 남매간이라 해도 칠세부동석이라 했다. 또한 옛날 계강자(季康子)[28]는 종조모를 찾아가 대화를 나눌 때 문을 열어둔 채 문지방을 넘지 않았다고 하니, 공자가 듣고서 참으로 옳다고 했다. 자고로 처를 택할 때는 반드시 타성에서 고르고 첩을 취할 때도 그 성을 물어본 연후에 하는 것이니, 이는 수치스러움을 피하고자 함이다. 오직 대한(大韓)만이 본래 예의지방으로 각자 성인의 가르침을 따라 남자는 하고 싶은 대로 처신하지 아니하고 여자는 사사로이 사람들에게 가지 않는다고 했다. 만일 이를 어긴다면 엄히 벌하는 것이 선왕의 법도이자 법전에 실려 있는 바다. 지금 세상이 복잡하고 사람들이 예절을 모른다 하지만 우리 북당(北黨, 여성을 뜻함)이 근근이 보존하는 것은 오직 선왕의 법을 믿기 때문이다. 그럼에도 본동의 유치극은 족인들이 많은 것을 믿고 선왕의 법을 무시하고 자신의 종고모(아버지의 사촌 누이, 즉 죽은 유씨 부인)와 기탄없는 행동을 하니 이를 어찌 참을 수 있겠는가. 어찌 나라에 법이 있다고 하겠으며 마을에 예절이 있다고 하겠는가. 이를 징계하지 않는다면 지금 한동네가 모두 금수의 지경에 빠지고 말 것이다. 대한인으로서 금수의 땅에 살고 싶은 사람이 있겠는가?
이제 피가 끓어 참을 수 없어 통문을 돌리니 이달 13일 이훈소(里訓所)

에서 동중회의를 열려고 한다. 유치극은 물론 그와 통정해온 과녀 유씨의 집을 부수고 (그들을) 마을에서 쫓아내 정풍(正風)으로 교화한다면 천만다행일 것이다. 그날 만일 핑계를 대고 출석하지 않는다면 이들과 같은 생각을 하는 자로 여기고 함께 처벌할 것이다. 1899년(己亥) 9월 6일.

임충호는 도대체 무슨 혐의를 잡았기에 과부 유씨가 조카 유치극과 해괴망측한 일을 벌였다고 주장한 것일까? 서산군수는 도주한 임충호 대신 한사석을 불러 다시 한번 심문했다. 사실 임충호의 통문으로 인해 이 사달이 난 것이라면 유씨의 시친들은 응당 임충호를 잡아 관에 고발했어야 했다. 그런데 한사석은 고발을 유씨의 장례 후로 미루었을 뿐 아니라 면검을 요청하기까지 했다. 사실을 숨기지 말라는 서산군수의 호령에 한사석은 이전의 진술을 고수했다.

이 몸의 소회는 이전과 같습니다. 사실 형수는 임충호가 통문을 돌린 9월 6일에 생사를 결단하러 낫을 들고 임충호의 집에 갔습니다. 그러나 임씨 가문의 모든 부인이 나와 말리며 위로하고 반복해서 타이르자 (집으로 돌아갔고, 저는) 형수가 스스로 마음을 가라앉히고 자진하려던 뜻을 버린 줄 알았습니다. 그런데 갑자기 12일 밤 간수를 마시고 자살한 것입니다. 사건 당일에는 임충호를 잡아서 관에 고할 겨를이 없었습니다. 게다가 형수의 자살 소식을 들은 흉악한 임씨가 겁이 났는지 도주하는 바람에 체포하여 관에 고발하고 싶어도 할 수가 없었습니다. 또한 조용히 돌이켜보니 비록 임씨로 인해서 생긴 일이지만 이미 (형수는) 간수

를 마시고 숨을 거두었고, (임씨도 사라져) 원수를 갚을 곳도 없고, 간수를
마시고 죽은 것이 확실하니 시체를 검시하지 않아도 된다는 생각이 들었
습니다. 특히 관을 다시 여는 일은 매우 어렵고 신중히 해야 할 일이므로
특별히 면검을 요청한 것입니다. 시골에 사는 어리석은 사람이 일을 마
음에 품기만 할 뿐 당장 임충호를 잡아 원수를 갚지 못한 것이 가장 가슴
아픈 일입니다. 어찌 조금이라도 간사한 마음이 있었겠습니까?

그런데 과부 유씨의 오라비 유덕수는 2차 심문에서 같은 양반이지만
임충호의 가세(家勢)에 비해 형편없는 자신들의 처지를 비관했다. 당장
에 임충호를 잡아다가 억울함을 해결하지 못한 이유가 명백했다. 그의
공초에는 회한이 가득했다.

나이 육십에 병까지 얻은 저는 임충호가 통문을 돌리던 날에도 몸이 좋
지 않아 자리에서 일어나지 못했습니다. 제 누이는 통문 소식을 접한 뒤
분을 이기지 못하고 임가의 집으로 따지러 갔지만 주위의 만류로 다시
집으로 돌아왔습니다. 누이가 극약을 복용하고 사망한 날에는 임가를
잡아야겠다는 생각에 그놈 집에 갔습니다. 그러나 임충호가 사랑에
앉아 있다가 위기를 느꼈는지 방으로 들어가버리기에 다시 안으로 쫓
아 들어가려 하다가 포기하고 말았습니다. 임충호의 집안은 명문대가
라 감히 돌입하기 난처했고 세력을 대적할 수도 없기 때문입니다. 그래
서 생각과는 달리 그를 잡지 못하고 집에 돌아와 머슴에게 사정을 알아
보라고 하던 차에 임충호가 벌써 경성으로 출발하여 온양에 도착했다

고 하므로 추격할 상황이 되지 못했던 것입니다. 죽은 동생을 생각하면 너무나 분통합니다. 임충호를 잡아 원한을 풀어주십시오.

임충호를 처벌하려면 그를 잡아 자백을 받아내야 했다. 그러나 이미 서울로 도주한 임충호가 제 발로 돌아올 리 만무했고, 그를 체포하는 일도 쉽지 않아 보였다. 서산군수 김홍규는 유씨 부인의 절개를 칭송하는 결사(結辭)를 올리는 것으로 사건 조사를 마무리할 수밖에 없었다.

이번 사건은 추문으로 가슴이 핍박되어 차라리 죽음을 택한 것이요, 화근이 타인에게서 비롯한 것이니 남의 일에 간섭한 꼴입니다. …… 애석한 과부 유씨는 일찍이 남편을 잃고 슬픔을 간직한 채 늙어 죽을 때까지 정조를 지킬 것을 맹서했고, 명령(螟蛉, 양자)을 돌보며 그에 대한 의리를 다했으니 빙설에 비할 만합니다. 도대체 어떤 놈이 진실한 이 여인을 예측할 수 없는 구렁으로 몰아넣은 것입니까? 추문을 퍼뜨려 (유씨의) 마음에 분노를 일으켜서 (유씨를) 푸른 물로 뛰어가고 백 개의 칼날 위로 걸어가도록 만든 것입니다. 이에 낫을 들고 결판하러 달려갔지만 여러 부인이 막아서므로 몸을 돌려 집으로 돌아올 수밖에 없었습니다. (하지만 그날은) 말리는 이웃이 없고 추문을 생각하면 할수록 분노가 끓어올라 갑자기 살려는 마음이 없어지고 죽기로 마음먹었던 것입니다. 어린 자식이 이를 어찌 알았겠습니까? (어린 아들은) 옆에서 자고 있고 딸은 이미 시집간 뒤라 붓을 들어 원통함을 적은 후 간수를 마시고 죽은 것입니다. 사정을 말하자면 맑은 물과 같고 행동을 말하자면 송죽의 절개와 같습니다.

임충호는 사족으로서 독서하는 선비입니다. 그런데 무근의 소문을 지어낸 것으로도 모자라 통문까지 돌려 화근을 만들었으니 이른바 식자우환이라는 말이 어찌 이를 두고 하는 말이 아니겠습니까? 그는 하자 없는 부인을 원귀로 만들었으므로 '유아지율(由我之律, 직접 살인하지는 않았지만 죽음의 원인을 제공한 죄를 물어 처벌하는 제도)'에 해당하는 것이요, 피고를 면키 어렵습니다. (게다가) 뚫린 구멍으로 엿보고는 종적을 감추었으니 그 한 짓을 보면 더욱 극악합니다. 따로 군의 순교를 보내 잡아들이도록 처리했습니다.

임충호는 직접 살인을 저지르지는 않았기에 정범이 아닌 피고가 되었다. 책 읽는 선비 임충호는 마을에 통문을 보내는 것으로 타인의 부도덕에 분노하라는 성리학의 가르침을 충실히 따랐다. 군수는 이를 식자우환이요 오지랖이라고 비판했지만, 인간다움을 증명하려는 임충호의 의지가 의로운 행동을 넘어 우환이 되는 것은 종이 한 장 차이에 불과했다.

사람다움을 요청하는 임충호의 통문에 대응하여 사람다움을 증명하려던 유씨 부인은 자살을 택했다. 살기 위해 죽을 수밖에 없었던, 그리고 죽음으로써 살길을 찾았던 유씨 부인을 보면 '예교가 사람을 잡아먹는다'는 말이 떠오른다. 사람을 살리려고 태어난 사상이라도 사람을 잡아먹는 지경에 이르면 없애야 마땅하다. 하지만 그런 '예교'마저 희미해진 오늘날에는 또 어떻게 억울한 사람들이 살아갈 수 있을지 묻지 않을 수 없다.

4

욕망의 분출

뒤엉킨 욕망들, 통간과 겁간 사이

강원도 지평군 하동면 김정선 사건

보부상 동무가 죽었나이다

1895년 5월 12일, 한 사내가 강원도 지평군의 한 고갯길에서 총과 몽둥이에 쓰러졌다. 사내의 이름은 김정선, 지평군 노일리에 사는 40대 중반의 보부상이었다. 그로부터 약 1개월 뒤인 윤5월 22일, 보부상 두 사람이 동료가 억울하게 살해당했다며 사내의 죽음을 관에 알렸다. 그리고 7월 26일, 강원도 횡성군수 구연소(具然韶)에게 법부의 훈령이 날아들었다.

> 지평군의 보고를 접수해보니, 해당 군에서 발생한 김정선 사건의 초검을 이미 실시했으며 귀군(횡성군)이 지평군과 인접하므로 귀군에 복검을 의뢰해줄 것을 요청했다. 이에 (횡성군수를) 복검관으로 임명한다. 훈령이 도착하는 즉시 시신이 있는 곳으로 가서 심문과 검시를 실시하고 조속히 처리하라.

구연소는 복검을 의뢰받은 다음 날인 7월 27일 새벽, 검시에 참여할 사람들을 이끌고 관아를 나섰다. 관문에서 서쪽으로 40리쯤 떨어진 유현(楡峴)에 이르러 점심을 먹은 후 다시 40리를 나아갔지만 살인사건 현장에는 도착하지 못했다. 이에 율목동에서 하룻밤을 잔 뒤 28일에 다시 서쪽으로 20리를 이동하여 지평군 하동면 초천리 김정선의 시신이 놓인 곳에 도착했다.

횡성군수는 보부상 김성진(36세)과 신상휴(58세)를 먼저 문초했다. 이들은 동료 김정선이 살해되었다며 시친을 대신하여 사건을 관에 고발한 자들이었다.

> 저희들과 김정선은 친척은 아니지만 보부상 동무(同務)[1]입니다. 김정선은 나이가 마흔예닐곱쯤 되었고, 왼쪽 눈이 보이지 않았습니다. 몸에 흉터가 있었는지는 알지 못합니다.

군수는 어찌하여 시친이 아닌 동료가 관에 고발하게 되었는지를 물었다. 접장(接長, 보부상의 우두머리)으로서 동무들의 안위를 돌보아야 한다며 김성진이 먼저 입을 열었다.

> 저는 본 읍 현내면 송정촌에 살고 있습니다. 금년에 보부상 접장을 맡게되었는데 지난 윤5월 7일 묵방리에 있는 가게를 보러 갔다가 다른 보부상 동료들에게서 '동무들 가운데 큰일을 당한 사람이 있다'는 말을 들었습니다. 급히 다른 보부상 동료들에게 연락을 취해 노일촌으로 모이라한 뒤 저도 노일촌으로 향했습니다. 다음 날 도착해 보니, 그곳에는 이

미 보부상 30명가량이 모여 있었고, 남계영과 김정선의 아내 홍씨가 끌려와 결박되어 있었습니다. 곡절을 묻자 동료 김정선이 원통한 죽음을 당했으므로 억울함을 풀어주어야 한다고 했습니다.

이어 접장인 김성진이 직접 남계영에게 김정선의 시신이 있는 곳과 저간의 사정을 캐물었다고 한다.

처음에는 '초천리 사는 양반 안치홍[이하 '안반安班']과 김정선의 처가 간통하는 사이인데, 안반이 나에게 총을 포수 고덕인에게 가져다주라고 했다'고만 했습니다. 도대체 무슨 말인지 알 수 없어 계속 추궁했더니, 사건 당일 안치홍이 자신에게 '김정선과 함께 천렵(川獵, 냇가에서 고기 잡는 일)을 갈 계획이니 술병을 지고 먼저 가 있어라'고 했으며, 얼마 후 고덕인, 김정선, 안치홍이 함께 황거현 뒷고개에 도착했다고 했습니다.

당시 남계영의 진술에 따르면, 남계영은 술병을 가져다 놓은 뒤 곧바로 취나물을 캐러 자리를 떴다. 그런데 잠시 후 총소리가 들려서 급히 소리 난 곳으로 가보았더니 김정선이 엎어져 있었다는 것이다. 그리고 안반과 고덕인 두 사람이 시신 매장을 돕지 않으면 자신도 총으로 쏘아 죽이겠다고 위협하는 통에 매장을 도왔다고 했다.

접장 김성진은 곧 보부상 동료 및 동네 사람들과 함께 남계영을 앞세우고 김정선의 시체가 묻힌 곳으로 갔다. 괭이로 흙을 조금 파보니 과연 시신이 있었는데, 이미 뼈가 보일 정도로 부패했고 두개골이 비스듬하게 부서진 상태였다. 김성진은 보부상 동료들과 함께 김정선의 시체를 들것에 실어 노일촌으로 옮겼다. 그리고 노일촌 사람들이 모두 "초천리의 안반에게서 비롯된 일이니 시신을 그의 집에 옮겨놓는 게 좋겠다"고 해서 9일 김정선의 시신을 안씨의 집에 옮겨놓고 윤5월 22일에 관에 고발했다는 것이다. 그러나 자신은 김정선이 몇 월 며칠에 죽었는지 알지 못하며, 범행에 사용된 총은 초검 당시 제출했다고 했다.[2]

김성진과 함께 사건을 고발한 보부상 신상휴의 진술도 다를 바 없었다. 두 사람의 진술내용을 보면, 보부상단이 동료의 일이라며 마음대로 사람들을 잡아다가 심문하고 보란 듯이 관에 이 사실을 알린 것을 알 수 있다. 나라 법이 엄연한데도 이들은 자신들의 행위를 당연시하는 듯했다.

군수는 이어 동임 이재보를 심문했다. 동임은 김정선이 사는 노일촌과 10리나 떨어진 초천리에 살고 있어 자주 왕래할 수 없었고, 농사짓느라 바빠서 내막을 알지 못한다고 답했다. 면임 김원극의 답변도 별반 차이가 없었다. 자신은 노일촌에 살지만 세금을 걷으러 날마다 면 밖으로 돌아다녀 사정을 몰랐다가 보부상들에게 듣고 김정선이 비명에 죽었다는 사실을 알게 되었다고 했다.

사실 동네의 모든 사건은 동임이나 면임이 먼저 알아보고 보고할 일이었다. 그래서 시친이 나서지 않거나 동임이나 면임이 사건을 은폐하려고 한다면 억울하게 죽임을 당해도 관에서는 모르고 지나칠 수 있었다. 더욱이 사망자가 외지에서 흘러들어온 경우라면 상황은 더욱 나쁠 수밖에 없었다. 김정선은 그나마 보부상에 투신하여 죽은 후에라도 동무들의 도움을 받을 수 있었던 것이다.

이웃 간의 정이 돈독하더이다

횡성군수 구연소는 곧바로 남계영(25세)을 불러냈다. 놀랍게도 그는 죽은 김정선의 사위였다. 그는 장인의 죽음을 관에 알리지 않았을 뿐만 아니라 실제 안반과 살인을 공모한 혐의를 받고 있었다. 실로 어리석어 보이는 젊은이였다. 그는 자신이 김정선의 딸과 결혼하게 된 이야기부터 꺼냈다.

> 김정선은 본래 충청도 내포(內浦) 사람이며, 본 읍의 남면 사창촌으로 이주했다가 작년 봄에 저희 동네인 노일촌으로 이사했습니다. 저는 김정선의 의붓딸을 아내로 맞았습니다.

김정선은 충청도 면천의 과부 홍씨와 재혼했는데, 남계영과 혼인한 딸은 바로 그 홍씨가 전남편과의 사이에서 낳은 자식이었다.

> 얼마 지나지 않아 김정선 부부는 초천리로 이사했다가 올봄에 다시 노일촌으로 돌아왔습니다. 초천리에 거주하는 양반 안치홍과는 자주 왕래하던 사이로 이웃 간의 정이 돈독하다고 알려져 있습니다.

그런데 지난 5월 안치홍이 갑자기 자신의 집에 찾아왔다고 한다.

> 지난 5월 6일 안치홍이 제게 말하기를, '내가 총을 한 자루 가지고 있는

데 팔려고 한다. 자네가 내일 (내 집에) 와서 (총을) 가져다가 (자네) 집에 두게. 아마 여주 사람이 사러 올 것이네'라고 했습니다. 다음 날 안치홍의 총을 집에 가져다 두고 살 사람이 오기를 기다렸지만 아무도 오지 않았습니다.

5월 10일에 다시 안치홍이 제 집에 와서는 '내일 친한 사람들과 하루 종일 천렵을 할 생각인데 자네도 함께 가세. 그리고 내가 어제 고덕인한테도 함께 가자고 말해놓기는 했는데 자네가 지금 가서 다시 한번 부탁하게'라고 말하기에 제가 거절하지 못하고 즉시 고덕인의 집으로 가서 안치홍의 말을 전했습니다. 그랬더니 그날 저녁 안치홍이 술을 한 병 사주면서 다음 날 술과 총을 가지고 먼저 황거현 뒷고개에 가 있으라고 했습니다.

다음 날인 11일은 비가 내려 약속을 지키지 못하고 12일에 총과 술동이를 메고 황거현 산속으로 갔습니다. 그곳에는 고덕인이 먼저 와서 기다리고 있었습니다. 술동이를 내려놓고 잠시 기대어 쉬려다가 고덕인이 술 한 잔을 따르라고 해서 그리해주었습니다. 고덕인은 상중(喪中)이었는데 상복을 벗고 주머니 속에서 탄약과 총알을 꺼내 제가 건네준 총을 한번 시험하더니 '내 총만 못하다'고 말했습니다. 저는 아무렇지 않게 흘려듣고는 취나물을 캐러 계곡으로 내려갔습니다.

그런데 갑자기 총소리와 비명이 들려서 급하게 산등성이에 올라갔는데 어느새 달려왔는지 안치홍이 고덕인과 함께 소나무 몽둥이로 어떤 사람을 마구 때리고 있었다는 것이다.

그곳으로 가보니 (매를 맞는 사람이) 바로 김정선이었습니다. 얼굴에서 피가 솟구치고 두개골이 깨져 숨이 이미 끊어진 듯 보였습니다. 나이도 어리고 소견도 어두운 저는 사지가 후들거려 아무 말도 못하고 그저 도망가려고 했습니다. 그러자 안치홍과 고덕인 두 사람이 '너도 시체를 옮기고 흔적을 없애는 데 힘을 보태야 한다. 말을 듣지 않으면 너도 쏘아 죽이겠다'고 위협하여 어쩔 수 없이 그들과 함께 시체를 묻고 산등성이로 향했습니다.

남계영은 당시의 일을 떠올리며 말을 이어갔다.

산등성이에 올랐을 때 안치홍이 갑자기 '시체를 묻었는데 아직 살아 있는 기색이 있다'며 고덕인에게 총을 주고는 다시 가서 쏘라고 했습니다. 고덕인은 시체를 묻은 곳에 가서 한 방을 더 쏜 후 돌아왔습니다. 그 뒤로 셋이 함께 술을 나누어 마셨습니다. 안치홍은 '이번 일은 우리 세 사람이 함께 모의한 것이니 형제의 의를 맺어 발설하지 말라'고 윽박질렀고, 저는 아무 말도 못하고 머뭇거렸습니다. 이후 안치홍과 고덕인은 함께 초천리로 돌아갔고 저는 혼자 귀가했다가 그만 병이 들어 사나흘을 앓아누웠습니다.

남계영은 생각만 해도 두려운 듯 몸을 떨었다. 이후 안치홍이 사람을 시켜 농사일도 돌보지 못한 채 앓아누워 있던 자신을 불러냈다고 했다.

18일인가 안치홍이 사람을 보내 부르기에 바로 가서 만났습니다. 그가 당오전 150냥을 방 한가운데 꺼내놓더니 '고덕인에게 줄 돈이다. 네가 가서 전해주라'고 여러 번 부탁했습니다. 그러고는 '혹시 누가 김정선이 간 곳을 묻거든 안치홍이 마련해준 돈 1천 냥을 가지고 장사하러 남쪽으로 내려갔다고 말하라. 이 일을 다른 사람에게 발설하면 바로 죽이겠다'고 협박했습니다.

살다 보면 있을 수 있는 일이오

횡성군수 구연소는 이번 사건을 안치홍이 포수 고덕인을 사주하여 김정선을 살해한 것으로 판단했다. 그런데 왜 안치홍은 김정선을 살해하려고 한 것일까? 또한 김정선이 살해된 것이 분명한데도 그의 부인 홍씨는 왜 관아에 알리지 않은 것일까? 남계영이 보부상들 앞에서 진술한 것처럼 김정선의 부인 홍씨가 안치홍과 통간하는 사이였을까? 군수는 죽은 김정선의 아내 홍씨를 심문장으로 불러냈다.

횡성군수는 홍씨(33세)를 다그쳤다. 관에 고발하지 않은 것으로 보아 안치홍과 불륜관계에 있었을 뿐만 아니라 살인을 공모했을 가능성이 크다고 생각했다.

이번에 죽은 김정선은 네 지아비다. 피살된 변고가 있었으면 관에 고발하여 복수하는 것이 부부의 정의에 합당한 일이다. 그런데 고발한 이는

(네가 아니라) 김정선의 동료 보부상들이었다. 어찌 이런 일이 있을 수 있는가? 네가 안치홍과 화간하여 남편을 죽일 계책을 꾸몄음은 보지 않아도 알 수 있으니 그간의 사정을 숨김없이 고하라.

홍씨는 자신의 기구한 인생살이를 꺼내놓았다.

저는 본래 경성 사람입니다. 지난 1882년 남편과 함께 떠돌다가 충청도 홍성으로 내려가 1남 1녀를 낳고 의지하며 살았습니다. 그러나 1886년에 불행히도 남편을 잃고 재산마저 탕진했습니다. 어쩔 수 없이 태안에 있는 언니 집으로 가던 길에 어떤 사람의 꼬임에 넘어가 김정선과 함께 살게 되었습니다.

얼마 후 그들은 강원도로 이주하여 처음에는 사창촌에서 살다가 1894년 봄 노일촌으로 거주지를 옮겼다. 그런데 김정선은 이웃 동네의 양반 안치홍이 재산도 넉넉하고 가족들도 많으니 그에게 붙어살아도 나쁘지 않겠다는 말을 자주 했다. 얼마 지나지 않은 5월, 김정선과 홍씨는 안치홍이 사는 초천리로 이사를 했고, 남편의 바람대로 안치홍과 의형제를 맺었다. 홍씨는 자신이 안치홍과 엮이게 된 것도 안반에 빌붙어 살려던 남편 김정선 때문이라고 했다.

김정선의 집에 사달이 난 것은 이해 9월이었다. 안치홍은 김정선에게 여주에 가서 소금을 사오라고 했다. 그리고 한밤중에 홍씨의 방에 침입했다. 홍씨는 지난 일을 상기하며 눈물을 흘렸다.

저는 화를 내며 크게 안치홍을 꾸짖었습니다. 하지만 안치홍은 '너와 내가 명색이 양반으로 남매의 의리까지 맺었는데 뭐가 어떠냐?'며 끝내 제 말을 듣지 않았습니다. 약한 몸으로 건장한 남자를 이길 수 없어 저는 결국 겁탈 당하는 욕을 보게 되었습니다. 다음 날 남편이 돌아왔지만 수치스러워 감히 말을 꺼낼 수 없었습니다. 이후에도 안치홍은 여러 차례 집에 찾아왔습니다.

금년(1895) 2월에는 안치홍이 '우리 집 대문 앞에 집 한 채가 있는데 그리로 이사하면 내가 전답과 먹을 것을 주선하겠다'며 남편을 꾀어 안치홍의 집 앞으로 이사를 하게 되었습니다. 그리고 3월경에 남편 김정선이 소금을 팔러 여주에 간 사이, 안치홍이 또다시 제 방에 들어와서는 '네가 이미 나와 정분을 통했는데 어찌 이리 차갑게 대하는가?'라고 했습니다. 그런데 이때 남편 김정선이 별안간 방으로 들이닥쳐서는 '이런 일이 있을 줄 내가 짐작은 했지만 이제야 보게 되었다'고 했습니다.

김정선이 홍씨와 안치홍의 잠통(潛通, 몰래 간통함)현장을 급습했던 것이다. 조선시대에는 현장에서 간통한 남녀를 죽이는 것이 죄가 되지 않았다. 인륜을 저버린 금수만도 못한 자들을 처단하는, 인간의 도리에 합당한 일일 뿐이었다. 당시 홍씨는 남편 김정선에게 저간의 경위를 낱낱이 밝혔다고 했다.

저는 그동안 겁탈 당했던 일을 처음부터 끝까지 하나도 숨기지 않고 남편에게 실토했고, 안치홍은 '외로움을 달래려고 와서 앉아 있었는데 무안하게 되었네. 일이 이미 이렇게 된 것을 자네와 나 말고 또 누가 아는 사람이 있겠는가?'라며 백번 애걸했습니다.

놀랍게도 김정선은 안치홍을 그 자리에서 때려죽이지도, 아내 홍씨를 쫓아내지도 않고 "살다 보면 이런 일이 있을 수도 있으니 그만두자"라고 말하고는 안치홍과 술잔까지 주고받았다. 이후 안치홍은 보란 듯이 김정선의 집에 드나들었고 때로는 숙식까지 했다. 더욱 기가 막힌 것은 김정선이 술상을 차려놓고 사람을 시켜 안치홍을 부르기도 했다는 것이다. 그러던 어느 날 술에 취한 김정선이 안치홍에게 시비를 걸었다.

지난 4월에도 남편이 술과 안주를 준비해서 안치홍을 초대했습니다. 그런데 그날 밤 술에 취해 제 옷을 붙들고는 '안반과 정을 통했으니 살 가치가 없다'며 칼로 찌르려 했고 안치홍이 옆에서 이를 말렸습니다. 남편은 안치홍에게 '다른 여자를 구해주고 내 처를 데려가든지 돈 1천 냥을 내놓든지 하라'고 소리쳤습니다. 안치홍은 1천 냥을 마련할 테니 걱정 말라고 대답한 뒤 잠을 자러 사랑채로 건너갔고, 남편은 술에 취해 안방에서 잠들었습니다.
다음날 아침 제가 불씨를 얻으려고 사랑방 문을 열었더니 이미 일어나 앉아 있던 안치홍이 제게 '김정선이 일어났는가? 하도(下道)의 점치는 놈 주제에 우리 집안을 능욕했으니 나중에라도 분을 풀고야 말 것이다'라고 했습니다. 이에 저는 '나를 겁탈한 대가로 칼 아래 죽음을 면치 못할 것이다. (죽고 싶지 않으면) 앞으로 우리 집에 발도 들이지 마라'고 했습니다. 그런데도 안치홍은 김정선이 술에 취해 잠들었을 때 바늘을 배꼽에 찔러 넣으면 금방 숨이 끊어질 것이라는 둥, 자기가 비상을 사다 줄 테니 술과 국에 섞어 마시게 하라는 둥 하면서 저에게 남편을 죽이라고 종용했습니다. 저는 '그게 무슨 소리냐? 내가 스스로 목숨을 끊을지언정 그렇게는 못하겠다'고 했습니다.

홍씨는 자신이야말로 안반에게 겁탈을 당했을 뿐인데, 안반에게 빌붙어 살려던 남편 김정선이 사실을 안 뒤에도 안치홍을 집에 불러들이는 바람에 계속해서 겁간을 당할 수밖에 없었다고 주장했다.

5월에도 안치홍은 집에 찾아와 남편에게 '여주 땅에 함께 가서 돈 1천 냥을 실어오자'고 했습니다. 10일에는 비가 많이 내려 12일에야 함께 출발했는데, 5일 뒤 안치홍이 혼자서 집에 찾아왔습니다. 제가 남편이 어디 있는지 물었더니 안치홍은 그간의 일을 말해주겠다면서 주머니에서 문서 한 장을 꺼내 보여주며 남편이 돈 1천 냥에 저를 팔고 그 문서를 써준 뒤 고향으로 돌아갔다고 했습니다. 저는 한편으로 놀랍고 한편으로 이상하여 '내가 종도 아니고 재산과 자식이 있는데 어찌 마음대로 사고파느냐? 남편을 배신하고 너를 따라갈 수는 없다'며 끝내 따르지 않았습니다. 안치홍은 '내가 면장으로 권력이 있으니 네가 그리해도 도망할 수 없다'며 위협했습니다. 제 신세를 돌이켜보니 남편 김정선의 거취도 알 수 없고 안치홍의 위협을 이겨낼 수도 없어 부득이 안치홍의 집에 가서 이틀 밤을 잤습니다. 그런데 갑자기 보부상들이 찾아와 안치홍이 김정선을 죽이고 달아났다며 저를 노일리로 끌고 갔습니다. 이미 남계영도 붙잡혀 있었습니다. 보부상들은 사건의 전말을 물으며 남계영을 고문했고 그의 말을 듣고 난 뒤에야 비로소 저는 남편이 비명에 죽었음을 알게 되었습니다.

김정선의 처 홍씨는 끝까지 자신이 피해자라고 강변했다. 계속되는 안치홍의 요구에 굴복하지 않았을 뿐만 아니라 남편을 배신할 생각은 추호도 없었다고 주장했다. 자신을 탐한 양반 안치홍과 그에게 빌붙어 살려던 남편 김정선의 욕심이 빚어낸 상황에 홍씨 자신은 어쩔 수 없이 끌려다녔다는 논리였다.

시키는 대로 했을 뿐입니다

횡성군수 구연소는 사건 당일 김정선을 총으로 쏜 포수 고덕인을 추궁했다. 도대체 그가 무슨 원한이 있어 김정선을 죽였는지 궁금했다.

제가 사는 본 읍의 구두치(九頭峙)와 안치홍이 사는 초천리는 7리 정도 떨어져 있습니다. 안반은 면장이고 저는 패장(牌將, 관청이나 일터에서 일꾼을 부리는 사람)이라 위아래가 있습니다.
금년 정월에 안반이 와서 말하기를 '나쁜 놈이 하나 있는데 죽여야겠다'고 하기에 제가 누구인지 물었더니 안반이 '노일리의 김정선'이라고 했습니다. 또 그가 어떤 짓을 했는지 물었더니 안반은 '하도의 악당이 남의 처를 꾀어 도망왔다'고 했습니다. 이에 제가 다시 한번 속사정을 안반에게 묻자 '사실은 내가 김가의 처와 정을 통하다가 자취가 발각되었는데 그놈이 나를 죽이려 한다. 그러니 내가 먼저 그놈을 제압할 방도를 찾아야겠다'고 말했습니다. 저는 처자와 사위가 엄연한데 갑자기 그런 흉악한 일을 저질렀다가 하루아침에 탄로가 나면 목숨을 부지하기 어려울 것이라고 했습니다. 그러나 안반은 봄부터 여름까지 끊임없이 저를 달래고 협박했으며, 무식한 이놈이 결국 그의 청을 받아들이기로 약속했던 것입니다.

무엇보다 고덕인은 안치홍에게 돈을 빌려 쓴 채무자 신세였다.

사실 제가 넉넉지 못한 형편 때문에 연전에 안반에게 농사대금을 빌린 적이 있습니다. 게다가 이번 4월에 다시 당오전 100냥을 빌렸습니다.

채무자로서 안치홍의 부탁을 거절하기 어려웠다는 이야기였다. 이어서 그는 사건 당일의 정황을 자세하게 공초했다.

5월 12일 노일리의 남계영이 와서 '면장 안반이 오늘 황거리에 천렵을 가는데 함께 가자더라'고 전했습니다. 저는 곧바로 황거현으로 출발했고 도착하여 쉬고 있을 때 남계영이 총과 술을 메고 왔습니다. 총을 가져온 이유를 묻자 '안반이 메고 가라 했다'고 답했습니다. 제가 이미 김

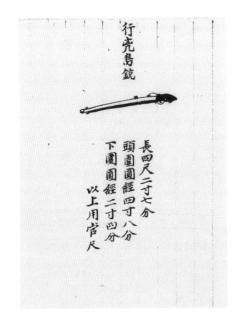

行兇鳥銃

長四尺二寸七分
頭圍圓經四寸八分
下圍圓經二寸四分
以上用官尺

《김정선 옥사 문안》에 그려진 조총.
김정선을 죽이는 데 사용한 것이다.
서울대학교 규장각한국학연구원 소장.

정선을 총으로 쏘아 죽일 것을 안반과 약속한 터라 눈치를 채고 술 한
잔을 청했습니다. 그런 뒤 주머니 속에서 화약을 꺼내 (총신에 넣고) 남계
영이 가져온 세철환(細鐵丸)을 받아 시험 삼아 한 방 쏘고는 다시 화약을
장전해서 나무에 기대어놓았습니다. 잠시 후 김정선이 술에 취해 비틀
거리며 나타났습니다. 안치홍 역시 술에 취해 멀찌감치 따라오고 있었
습니다. (김정선이 먼저) 제가 있는 곳에 도달하자 안치홍이 '빨리 쏘아 죽
여라'고 소리쳤습니다. 저는 김정선의 왼쪽 어깨를 쏘았습니다.

고덕인은 그날 사용한 탄환이 납으로 만든 연환(鉛丸)이 아니라 작디
작은 세철환 서너 알이라 맞아도 곧바로 죽지 않는다며, 총을 맞은 김정

선이 꿇어앉아 비명을 질렀다고 했다.

이때 안치홍이 지팡이로 김정선의 얼굴을 마구 때려 (김정선의 얼굴에서) 피가 흥건하게 흘렀습니다. 안치홍은 제게 '너도 같이 일을 꾸몄으면서 왜 합세하지 않느냐?'고 소리쳤고, 당황한 저는 김정선을 때리는 데 합세했습니다. 남계영은 어디론가 잠시 피해 있었던지 총소리를 듣고서야 달려왔습니다.

소나무 몽둥이로 얼마나 때렸던지 김정선은 얼마 안 가 숨이 끊어졌습니다. 그 후 세 사람이 함께 깊은 구덩이로 시신을 끌고 가서 손으로 흙을 파낸 뒤 밀어 넣었습니다. 안반은 김정선이 살아날까 두려웠는지 또다시 돌로 김정선의 머리를 마구 내리쳤습니다. 그런 뒤 함께 황급히 시신을 (흙으로) 덮고 산으로 올라갔습니다. 그런데도 안반은 아직 살아 있는 것 같은 소리가 들린다며 저에게 내려가서 다시 한번 (총을) 쏘라고 했습니다. 저는 화약만 잰 빈총을 들고 가서 다시 한 방을 쏜 후 산으로 돌아왔습니다. 이후 저희 세 사람은 함께 앉았습니다. 이 자리에서 안반이 '오늘 일에 대해 먼저 입을 여는 자가 있다면 내가 죽일 것이다'라며 저희들을 위협했습니다. 그런 뒤 흩어져 귀가했습니다.

고덕인은 일을 치른 뒤 안치홍에게서 수고비 100냥을 받았다고 실토했다. 그 후 사정은 보부상들의 진술내용과 일치했다. 그는 우매한 자신이 안치홍의 위력에 겁을 먹고 시키는 대로 사람의 목숨을 해쳤으니 처분을 기다릴 뿐이라고 했다. 돈 때문에 사람을 죽인 고덕인도 나쁜 놈이었지만 그를 사주한 안치홍은 더욱 간악한 자임이 분명했다. 이제 초검 당시 서울로 도주했다가 법부에 의해 체포되어 지평으로 압송된 안치홍을 심문할 차례였다.

모두 여인이 시켜서 한 일입니다

안치홍이 군수 앞으로 끌려 나왔다. 안치홍은 아내가 세상을 떠난 뒤 혼자 살아왔다는 말로 진술을 시작했다.

> 저는 본 읍 초천리에 사는데, 작년 10월에 불행하게도 아내를 잃고 지금까지 혼자 살아왔습니다. 김정선은 본래 충청도 면천 사람으로, 처자를 이끌고 본 읍 사창촌에 들어와 살다가 노일촌으로 이사했고, 다시 초천리로 이주하여 술을 팔아 생계를 꾸렸습니다. 옆집에 살다가 정이 깊어져 김정선의 처와 의남매를 맺고 자주 왕래하던 중 작년 7월 무렵에 몰래 통정하게 되었습니다. 당시 홍씨가 제게 말하기를 '김정선은 본래 도둑놈으로 성질이 패악하다. 첫 번째 처는 물에 빠져 자살했고, 두 번째 첩은 목매 자살했다. 정식으로 결혼한 것도 아닌데 내가 왜 지조를 지켜야 하는가? 장차 갈라서고 싶은데 그럴 수가 없다. 당신이 나를 도와 잘 처리해준다면 마땅히 당신을 따를 것이다'라고 했습니다. 저는 홍씨의 말을 듣고 고덕인과 함께 일을 모의했던 것입니다.

안치홍은 사건의 배후에 김정선의 처 홍씨가 있었다고 진술했다. 홍씨가 패악한 김정선으로부터 자신을 구해달라고 해서 일을 도모했다는 것이다. 게다가 사건 당일에는 고덕인 혼자서 김정선을 총으로 쏘고 몽둥이로 때렸으며, 자신은 고덕인과 남계영의 협박이 무서워 김정선의 시신을 묻는 일에 힘을 보탰을 뿐이라고 주장했다. 각서를 위조한 것 역시 홍씨의 제안에 따른 것이었다고 했다. 김정선이 돈을 받고 자신을 안치홍에게 넘긴다는 내용의 수기(手記)를 꾸미자고 홍씨가 먼저 제안했다는 것이다. 안치홍 자신은 홍씨가 시키는 대로 각서를 만들었을 뿐이라는 주장이었다.

안치홍의 진술이 사실인지를 확인할 필요가 있었다. 군수는 먼저 홍씨를 추문했다.

과부와 홀아비라고는 하지만 네가 김가와 더불어 짝을 이루고 산 지 3년이요, 부부의 정분이 있었다. 그런데 도리어 간통한 남자를 사주하고 사위와 부화뇌동하여 남편을 해치고 다른 사람에게 갔으니 네 행동을 보면 어떤 죄로 처벌해야 할지 모르겠다. 그런데도 감히 겁탈을 당했다느니, (안치홍이 남편의) 배꼽에 바늘을 찔러 넣으라고 했다거나 술에 비상을 타도록 사주했다느니 하면서 남에게 죄를 미루었다. 참으로 교활하다. 사람의 목숨이 지중하고 나라의 형벌이 지엄하니 일을 꾸민 경위를 전과 같이 숨기려 하지 말고 사실대로 말하라.

홍씨는 안치홍의 진술이 모두 거짓이라고 항변했다.

김정선은 도둑이 아니라 독경을 직업으로 삼던 자입니다. 첫째 부인은 병으로 죽었고 두 번째 첩은 있지도 않습니다. 짝을 이루어 산 지 이제 3년이 되었고 그 사이에 젖먹이 딸도 하나 있습니다.

안치홍이 저를 겁간한 일을 항상 수치로 여기고 있으니 어찌 잊을 수 있겠습니까? 안치홍은 아주 흉악한 놈입니다. 감히 살인할 마음을 먹고 고덕인과 더불어 제 남편을 살해할 계획을 세웠으며, '돈을 받고 처를 포기한다'는 내용의 각서를 조작하고 사위 남계영의 증인 서명을 위조하기까지 했습니다. 제 사위는 본래 낫 놓고 기역 자도 모르는 무식한 놈인데 어찌 서명을 했겠습니까? 저를 겁탈한 뒤 범행을 계획한 자도, 말을 꾸며내고 일을 저지른 자도 모두 안치홍입니다. 그럼에도 일이 드러나자 몸을 피해 도망쳤다가 이제 복검하는 자리에서 감히 처벌을 피하려고 남에게 죄를 미루고 있는 것입니다. 세상천지에 어찌 이처럼 흉악하고 간사한 놈이 또 있겠습니까? 제가 그놈에게 겁탈을 당한 것만도 분한데 또다시 이런 변고를 당하게 되었으니 더는 살고 싶은 마음이 없습니다.

이어 포수 고덕인을 대령했다. 그는 김정선에게 총을 쏜 것은 자신이지만 김정선이 죽은 것은 총상 때문이 아니라 구타 때문이라며 김정선을 몽둥이로 구타하여 살해한 자는 안치홍이라고 답했다. 그리고 상놈인 자신은 몽둥이를 들라는 양반의 명을 감히 거절하지 못해 구타에 동참한 것이라고 했다.

물론 안치홍은 홍씨와 고덕인이 위증을 한다고 주장했다. 상황이 이러하니 모두 불러다가 대질을 하는 수밖에 없었다. 먼저 홍씨가 안치홍에게 물었다.

> 작년 9월 소금을 운반해 와서 같이 나누어 먹자고 편지를 건네며 김정선을 여주로 보내던 날 밤, 네가 우리 집에 와서 (나를) 강제로 겁간하지 않았느냐?

안치홍은 말도 안 된다는 표정을 지었다.

> 술을 마시고 왕래하다가 자연스럽게 눈이 맞아 통정해놓고 지금 법정에서 강제로 겁탈당한 것처럼 이야기하는구나.

홍씨가 바로 대거리했다.

> 네가 '하도 출신인 김정선이 나의 집안을 욕되게 했으니, 마땅히 그놈을 처치하겠다'고 말하지 않았는가? 이에 내가 '칼 아래 원혼이 되기 싫으면 다시는 우리 집에 발을 들이지 말라'고 하자, 네가 다시 '김정선이 취해 잘 때 바늘을 배꼽에 찔러 넣어라. 아니면 비상을 사줄 테니 술과 국에 섞어 마시게 하면 당장 죽을 것이다'라고 말하지 않았느냐?

안치홍은 처음 듣는 소리라는 듯 황당해하는 표정을 짓고는 머리를 긁적이며 한숨을 내쉬었다.

나는 전혀 모르는 이야기다. 네가 어찌 그런 말들을 꾸며 나를 죽이려 하느냐?

홍씨는 각서 위조에 대해서도 따져 물었다.

5월 12일에 1천 냥을 운반한다면서 김정선과 함께 나갔다가 닷새 만에 혼자 돌아왔을 때 내가 김정선의 거처를 묻자 서류 한 장을 보여주며 '김정선이 1천 냥에 너를 팔고 이 문서를 써준 후 고향으로 돌아갔다'고 하지 않았느냐?

안치홍은 전혀 다른 이야기를 늘어놓았다.

당초에 네가 김정선을 처치해달라고 간청하지 않았느냐? 죽인 후에 마치 돈을 받고 처를 판 것처럼 김정선의 수기를 위조하면 뒷날의 근심을 막을 수 있다고도 하지 않았느냐? 그래서 내가 수기를 만들어 네 사위 남가를 증인 삼아 서명하게 한 것이니, 남가 역시 당시의 상황을 잘 알고 있을 것이다. 이제 와서 범행을 모두 나한테 떠넘기려 하느냐?

고덕인은 안치홍에게 김정선을 때려죽인 일을 따졌다.

그날 네가 김정선과 함께 올라왔을 때 '왜 총을 쏘지 않느냐'며 소리쳐서 내가 한 방을 쏘아 김가를 쓰러뜨렸더니, 네가 짚고 있던 지팡이로 그의 얼굴을 마구 때려 결국 숨이 끊어진 게 아니냐? 매장할 때도 네가 돌로 두 차례 머리를 찍어 묻은 뒤 나에게 다시 총을 쏘라 하여 내가 빈 총을 한 방 쏘았거늘, 이제 와서 너는 때린 적도 없다며 뻔뻔스럽게 모든 잘못을 내게 돌리려 하느냐?

안치홍은 여전히 모르쇠로 일관했다.

내가 언제 몽둥이로 얼굴을 때리고 돌로 찍었느냐? 땅에 묻을 때 나온 돌을 그 위에 얹었을 뿐이다.

안치홍은 모든 잘못을 남에게 돌렸다. 이런 식이라면 대질심문도 소용없을 게 뻔했다. 하지만 결론을 내리기는 어렵지 않았다. 고덕인과 홍씨, 남계영, 그리고 주변 사람들의 진술이 모두 일치했기 때문이다.[3] 안치홍의 주장을 뒷받침할 만한 진술은 나오지 않았다. 횡성군수 구연소는 사건을 안치홍과 고덕인의 모살로 결론짓고 발사를 구상했다. 안치홍이 계획하고 돈을 탐낸 고덕인이 김정선을 살해한 것이라면 직접 총을 쏜 고덕인을 '정범'으로, 사주한 안치홍을 '피고'로 보고해야 했다. 그러나 구연소는 이례적으로 안치홍을 정범으로 보고했다.

발사는 시신의 상태를 묘사하는 것으로 시작했다.

살인사건의 변고가 예부터 한이 없었지만, 범행의 악랄함과 도리의 끊어짐이 이번 사건처럼 심한 적이 있었습니까? 지금 검시한 것을 보면 몸의 앞뒤가 모두 부패하여 형체가 없고, 머리뼈가 반은 부서졌습니다. 그리고 왼쪽 어깨에는 썩은 적삼이 아직도 백골에 붙어 있고, 총알이 뚫고 지나간 부위에는 동그란 구멍이 나 있습니다. 총을 맞은 겨드랑이 아래에도 상처가 있었을 텐데, 사건은 한여름에 발생했고 검시는 초가을에 하게 되어 이미 죽은 지 1개월이 지난 터라 피부와 살이 모두 썩어 상흔을 알 수가 없었습니다.

아, 김정선은 보부상에 투신하여 각지를 돌아다니다가 홀아비가 과부를 만나 짝을 이루고 3년 동안 정을 키워왔습니다. 그러나 부귀한 자에게 빌붙어 살아보려고 이웃과 친하게 지내다 여주로 소금 운반을 떠났으니 이 일이 죽음의 계기가 될 줄 누가 알았겠습니까? 구천의 억울한 영혼이 되었으니 참으로 참혹하고 처연합니다.

다음으로 군수는 안치홍을 정범으로, 고덕인을 간범(干犯)으로 판단하게 된 이유를 설명했다. 먼저 안치홍은 남의 처를 빼앗으려는 마음으로 의남매를 맺는 등 선비의 몸가짐을 잃었으니 대장부의 풍류라고 말하기도 힘들다고 했다.

더욱이 교활한 마음으로 고덕인이 총으로 먼저 쏘고 남계영이 도왔다고 하며 다른 사람에게 죄를 뒤집어씌우려 했습니다. 그러나 스스로 살인할 마음으로 천렵을 가자고 청했던 것이 사실입니다. 주인이 시켜 노비가 몽둥이를 잡았다면 마루에 올라앉아 명령을 내린 자가 수범이 되며, 다른 이가 사람을 찔렀더라도 계획을 세운 자가 주범이 되는 것입니다. 이처럼 흉악한 무리를 어찌 가벼운 형벌로 용서할 수 있겠습니까? 마땅히 안치홍이 정범입니다.

고덕인은 포수로서 양심을 모르고 흉악한 놈과 함께 짐승 같은 짓을 기꺼이 저질렀으니, 비록 남이 시켜서 한 짓이라 해도 책임을 면할 수 없습니다. 이에 100냥이란 돈까지 받았으니 그의 죄상은 실로 안가보다 더합니다. 다만, 일에는 주객이 있고 법에는 수종이 있으므로 간범으로 보고합니다.

횡성군수 구연소는 "주인이 시켜 노비가 몽둥이를 잡았다면 마루에 올라앉아 명령을 내린 자가 수범이 되며, 다른 이가 사람을 찔렀더라도 계획을 세운 자가 주범이 된다"는 논리를 폈다. 이 문구는 정약용의《흠흠신서(欽欽新書)》에서 인용한 것이다. 정약용은 직접 사람을 죽인 자만을 '정범'으로 처벌할 경우 죄질이 더욱 나쁜 '살인교사범'에 대한 처벌이 지나치게 가벼워질 수 있다며, 사건의 종류와 상황, 죄질에 따라 형량을 가중 혹은 감해야 한다고 주장했다. 특히 '악의'에 대한 엄중한 처벌을 강조했다.[4]

본 사건은 1895년 11월 최종적으로 법부에서 판결, 처리되었다. 처벌은 매우 무거웠다. 피살자가 한 명인 경우 정범 한 명을 사형에 처하는 것이 상례였지만 당시에는 세 명을 사형에 처했다. 괘씸죄를 적용하여 가중 처벌했던 것으로 보인다.

《관보(官報)》제210호, 개국(開國) 504년(1895) 11월 11일 목요일

사법(司法)

지평군의 살옥 죄인 안치홍은 살인을 모의한 죄[謀殺人罪]로 교형에 처하고, 고덕인은 살인하고 재물을 취득한 죄[殺人得財罪]로 교형의 처분을 내리며, 홍씨는 간부(姦夫)가 남편을 살해한 것을 알고도 고발하지 않은 죄[不告罪]로 교형에 처한다.

넘치는 무고, 불신사회의 민낯

충청북도 회인군 동면 김학서 사건

속임수, 사회의 신뢰를 무너뜨리다

18세기 후반 이옥(李鈺, 1760~1812)은 세태를 풍자하거나 고발하는 글을 많이 썼다. 이홍과 같은 사기꾼에 관한 글도 그중 하나다. 서울에 거주하던 이홍은 큰돈을 벌게 해주겠다면서 대갓집을 속이고, 군포를 바치러 온 아전의 돈을 갈취하고, 심지어 승려를 속여 가진 돈을 모두 빼앗았다. 이옥은 이홍의 사기 행각을 소개하며 "옛사람들은 순박했는데 지금 사람들은 꾀를 숭상한다. 꾀는 교묘함을 낳고 교묘함은 거짓을 낳고 거짓은 속임수를 낳으니 세상살이가 너무 어려워졌다"고 한탄했다. 점점 더 남을 속여 이익을 보려는 사람들이 많아졌다. 사실 이홍은 비교도 되지 않는 악인들이 넘쳐났다. 이옥은 대명천지에 이런 일마저 생겼다며 성 진사의 경험담을 소개했다. 비렁뱅이를 가장한 누군가가 시체를 성 진사 댁 문 앞에 가져다 놓고 성 진사에게 살인 누명을 씌워 돈을 갈취하려 했다는 내용이었다. 당시에는 〈성진사전(成進士傳)〉에 등장하는 무고 행위, 시신을 이용해 타인의 돈을 갈취하는 범죄를 특별히 '도뢰(圖賴)'라고 불렀다.

　조선 후기 이런 도뢰사건은 상상이나 소설 속 이야기가 아니었다. 1782년 강진의 양반 장영호가 노비 은남을 구타하여 살해하자, 은남의 조카 복만이 이를 고발하지 않고 숙부의 시체를 이용하여 장영호에게서 돈을 뜯어냈다. 황해도 연안에서도 같은 일이 벌어졌다. 정통의라는 사람이 송덕원을 살해했는데, 송덕원의 아들이 아버지의 원수를 갚는 대신 시신을 매장하지 않은 채 수년간 돈을 갈취하다가 발각된 것이다.

　조선 후기에는 무고를 우려하는 목소리가 점점 높아졌다. 정약용은 당시 살인사건 가운데 절반 이상이 무고와 관련되어 있다고 주장했고, 김매순은 심지어 7할에 달한다고 우려했다.

　선의를 가장한 위선이 성리학의 도덕 공동체를 무너뜨리는 만큼, 악의를 은닉한 무고가 사회구성원 간 신뢰를 위태롭게 만들었다. 본성의 선함을 기초로 공동체 구성원들에게 도덕적 자율성[禮義廉恥]을 기대했던 조선의 성리학은, 이렇게 현실에서 위선과 악의 계교를 맞닥뜨리며 좌절해야 했다. 선의를 부추기고 표창할수록 위선이 끼어들 가능성이 높아졌을 뿐만 아니라 악을 벌하고 징계할수록 악의를 은닉하려는 음모 또한 증가했기 때문이다.[5]

내 첩과 간통한 자다

19세기 끄트머리에 충청북도 회인군에서도 인간의 악의가 적나라하게 드러나는 사건이 발생했다. 1899년 5월, 회인군 동면 지경리에서 김학서가 동네 사람 최이복에게 맞아 죽었다. 최이복은 자신의 첩 황씨를 김학서가 꾀어 간통했다고 주장하면서 김학서를 마구 때려 하루 만에 숨지게 했다.

김와복은 눈물을 흘리며 아버지 김학서의 죽음을 관아에 고발했다.

> 부친(김학서)이 한동네 사는 최이복에게 구타당하여 죽음에 이르렀으니,
> 조사하여 원수를 갚아주십시오.

회인군수 허국(許國)은 검시도구를 챙긴 후 사령들과 함께 김학서의 집으로 향했다. 30리를 걸어 동면 지경리의 사건현장에 도착한 허국은 검시에 앞서 관련자들을 심문했다.[6] 시친 김와복은 열다섯 살의 어린 서생이었다. 김와복의 진술에 따르면, 죽은 김학서는 최이복과 울타리를 사이에 두고 지내는 이웃으로 평소 원한 같은 것은 없는 사이였다. 그런데 어느 날 최이복이 찾아와 김학서가 자신의 첩을 꾀어 통간했다며 다짜고짜 폭력을 휘둘렀다.

> 이달(5월) 26일 부친이 모내기를 하러 들에 나갔을 때 최이복이 와서는
> '누가 찾아왔다'며 함께 가기를 청했습니다. 그래서 아버지께서 도롱이
> (어깨에 두르는 비옷)를 걸치고 따라가셨습니다. 그런데 갑자기 최가가 아
> 버지의 도롱이를 뒤에서 잡아당겼습니다. 그 힘을 이기지 못한 부친이
> 땅에 엎어진 채 숨이 막혀 침을 흘리는 사이, 최이복이 허리춤에서 식도

를 뽑아들고 아버지를 찌르려 했습니다. 제가 온 힘을 다해 저지하고 마침 동장 허성범이 쫓아와 뜯어말린 덕에 겨우 집으로 돌아올 수 있었습니다.

다음 날인 27일 부친이 최이복의 형 최국보를 집으로 불러 동생의 첩과 통정한 일이 없다고 말하자 최국보가 알았다고 하고는 돌아갔습니다. 그런데 잠시 후 최이복이 달려와 화를 내며 부친을 방 안으로 밀치고는 옆에 있던 목침으로 마구 때렸습니다. 어느 부위에 깊은 상처가 생겼는지는 알지 못하지만 귀 옆에 칼자국이 있었던 것만은 분명합니다.

부친은 생전에 다른 질병이나 상처가 없었고, 금년에 쉰셋이 되셨습니다. 27일 구타당한 이후로 움직이지 못하시다가 당일 밤 자시 무렵 숨을 거두셨습니다. 이날 구타당할 당시 제 조부가 옆에 계셨지만 늙어서 정신이 없으십니다. 하지만 제 모친 임씨가 본 사건의 전말을 상세히 알고 있으니, 자세히 조사하여 억울함을 풀어주십시오.

시친 김와복의 진술은 명료했다. 최이복이 자신의 첩과 통간했다며 아버지를 때려 돌아가시게 했다는 내용이었다. 회인군수 허국은 죽은 김학서의 부인 임씨(47세)를 부르라 명했다. 그녀는 침착했고, 모두(冒頭)에 본 사건이 '돈을 노린 무고'에서 비롯된 것임을 강하게 피력했다. 임씨는 사건 발생 10여 일 전에 최이복으로부터 이상한 말을 들었다고 했다.

이달 보름께 이웃인 최이복이 저를 찾아와 '내가 옥천 양반 염덕문의 집에 갔었는데 염덕문이 바깥양반(김학서)의 재산이 몇천 냥 되지 않냐고 묻기에 기껏해야 1천 냥 정도라고 답했소. 그러자 염덕문이 바깥양반을 불효죄로 고발하면 좋겠지만 부모를 모시는지라 그럴 수 없고 양반을 능욕했다고 무고하려 해도 행실이 그렇지 않은지라 그리할 수도 없겠다고 말하기에 아무 말 하지 않고 그냥 돌아왔소'라고 했습니다.

임씨는 뒤이어 최이복이 술자리에서 염덕문으로부터 일단 자신의 첩이 김학서와 화간하는 사이라고 말하기만 한다면 뒷일은 알아서 하겠다는 제안을 받았다며 말끝을 흐렸다고 했다.

아마 최이복과 그의 첩이 염가의 꼬임을 달게 듣고 돈에 욕심이 생겼던 듯합니다.

김학서의 처 임씨의 진술 속에는 최이복과 염덕문이 오래전부터 사건을 공모해온 것으로 의심할 만한 정황이 있었다. 임씨는 5월 26일 오시 무렵에 최이복이 급히 가볼 데가 있다며 자신의 남편을 불렀을 때도 들은 말이 있는지라 의심을 거둘 수 없어 아들 김와복에게 아버지를 따라 나서라 했고 자신도 곧 뒤쫓았다고 했다. 그런데 갑자기 최이복이 "죄인 주제에 도롱이를 입고 오느냐"며 도롱이의 끈을 당겨 남편의 목을 졸랐다는 것이다.

최이복이 잠시 후 첩을 부르더니 (그녀를) 제 남편 옆에 앉히고는 '사실대로 말하라'고 다그쳤습니다. 이에 최가의 첩은 '당신이 아무 날 밤 당신

집 사랑방에서 나를 꾀어 함께 즐기지 않았느냐?'고 했고, 겨우 정신이 든 남편은 '내가 언제 (너와) 정을 통했더냐, 왜 모함을 하느냐?'고 힐책했습니다.

임씨가 목도한 바에 의하면, 남편 김학서의 말이 끝나기 무섭게 최이복은 김학서에게 달려들어 행패를 부렸고 최이복의 첩은 겁을 먹은 듯 그대로 도망쳤다. 그러자 최이복은 자신의 첩을 빼돌렸다며 소동을 피웠고, 임씨는 아들 김와복을 데리고 마을 사람들과 함께 최이복의 첩을 찾아 나섰다. 그런데 저녁 무렵 최이복이 수풀 속에 숨어 있던 첩을 찾아내 남편에게 데리고 와서는 이미 간통한 사이니 자신의 첩을 맡으라고 했다는 것이다. 임씨는 최가의 첩을 곧장 돌려보내고 싶었지만 최이복이 죽일지도 몰라 함께 데리고 있었다고도 했다. 그런데 사건은 다음 날까지 이어졌다.

다음 날인 27일 아침, 남편은 아들 와복에게 최이복의 형 최국보를 불러오라고 했습니다. 그리고 함께 밥과 술을 먹으며 정을 통한 사실이 없음을 자세히 말해주었습니다. 최국보는 '걱정하지 마시오. 내가 동생을 잘 타일러 아무 일 없도록 하겠소'라고 말한 후 나갔습니다. 그런데 잠시 후 최이복이 남편이 누워 있던 사랑으로 갑자기 뛰어 들어와서는 '네가 사방으로 부탁하다 못해 내 형까지 끌어들이는구나'라면서 옆에 있던 목침으로 온몸을 마구 때리고 입으로 깨물고 손으로 신낭(腎囊)을 잡고 발로 차는 등 사정없이 팼습니다.

저의 시부께서 남편을 끌어안고 애걸했지만 최이복은 '이 늙은이도 함께 죽이겠다'며 칼로 남편의 오른쪽 어깨를 찔렀습니다. 마을 사람 정문삼, 동장 허성범, 김치원, 김윤경 등이 와서 뜯어말렸지만 불가항력이었고, 모두 '염 생원이 아니면 말리기 어렵겠다'고 하여 겨우 염덕문을 불러와 최이복을 구슬릴 수 있었습니다.

임씨는 관아에 끌려와 진술하는 중에도 여전히 현실이 믿기지 않는 듯, 어떻게 이런 일이 자신에게 벌어졌는지 모르겠다며 억울해했다.

당일 구타당한 남편은 물과 약을 입에 넣어주어도 삼키지 못하고 앓다가 그만 밤이 되어 숨을 거두고 말았습니다. 법에 따라 원통함을 풀어주시기 바랍니다.

술과 여색을 멀리하던 사람이오

임씨의 진술로 저간의 사정을 대략은 알 수 있었다. 그러나 증언의 객관성을 확보해야 했다. 군수는 당시 현장에서 싸움을 뜯어말렸다는 동임 허성범을 심문했다.

5월 26일 담배밭에서 일을 하던 중 마을 쪽에서 살려달라는 소리가 들리기에 급히 최이복의 집으로 갔습니다. 이미 김학서는 마당에 쓰러져 있었고, 최이복은 왼손으로 (김학서의) 옷고름을 잡고 오른손으로 칼을 쥐고 휘두르며 '말리는 놈도 모두 찔러버리겠다'고 소리치고 있었습니다. 주위 사람들이 떼어놓지 못하기에 제가 뒤로 돌아가 (최이복의) 허리춤을 끌어안고 칼을 빼앗자 최이복이 '네가 어찌 싸움을 말리느냐?'고 소리쳤습니다. 그러고는 왼손으로 김학서의 신낭을 잡으려 하기에 제가 손을 잡아 말렸고, 이어 입으로 오른쪽 어깨를 물어뜯으려 하여 제가 다시 그를 막았습니다.

최가의 첩이 도망한 것이 바로 이때였다. 최이복이 첩을 찾아내라고 김학서를 협박하자 허성범은 마을 사람들과 함께 사방으로 흩어져 첩을 찾았지만 찾지 못했다고 했다. 대신에 최가가 김학서를 앞세워 수풀 속에서 첩을 찾은 후 김학서에게 첩을 데려가라고 했다는 것이다.

김학서는 '내가 무슨 상관이 있는데 이 여자를 집으로 데려가느냐? 내가 지금 몸이 편치 않아 집에 가야겠다'고 했습니다. 그러자 최가가 첩에게 '김가를 따라가라. 그리하지 않으면 칼로 찔러 죽이겠다'고 해서 최가의 첩이 김학서를 따라갔습니다. 그날 밤 김학서의 집에 가보았더니 몸져누워 있었습니다. 상처를 물어보니 김학서는 '상처도 상처지만 이런 수모가 어디 있는가?'라고 했습니다. 그런 뒤 밤이 깊어 저는 귀가하여 잠을 청했습니다.

동임 허성범은 김학서가 몸에 입은 상처보다 수모를 당했다는 사실에 더욱 고통스러워했다고 진술했다. 회인군수 허국은 김학서의 집에서 김와복을 가르치던 훈학(訓學) 박원규를 불렀다. 스물다섯 살의 젊은 박원규는 옥천 사람으로 1898년 12월부터 김학서의 집에서 기식하며 김학서의 아들을 훈육해왔다. 그는 김학서가 평생에 이런 치욕은 처음이라며 너무 억울하다고 울었다면서 다음과 같이 진술했다.

지난 음력 5월 26일, 최이복이 무슨 일인지 김학서를 자기 집으로 불렀는데 저는 심상한 일로 여기고 그냥 지나쳤습니다. 잠시 후 김학서의 가족들이 모두 울면서 최이복의 집으로 뛰어갔지만, 남녀가 유별한지라 무슨 일인지 물어보지 못했습니다. 그렇다고 명색이 양반 된 자가 남들이 시비하는 자리에 망령되이 가보는 것도 온당치 못한 일이라 여겨 그저 마음만 졸였습니다.

해질녘에 물어보았더니 학서가 말하기를, '내 나이 환갑이 다 되도록 주색을 가까이한 적 없는데, 최이복이 자신의 첩과 몰래 정을 통했다고 말을 꾸며내고 이유 없이 시비를 만들어 나를 이렇게 괴롭히니 어찌 치욕이 아니겠는가?'라고 하여 더 이상 물어보지 못했습니다.

다음 날인 27일에도 최이복이 찾아와 사랑방으로 뛰어 들어가서는 학서의 상투를 붙잡고 한바탕 소란을 일으켰습니다. 가족들이 울며 말리고 이웃들도 만류했습니다. 백면서생인 저로서는 그런 행패는 처음 보았습니다. 최이복은 저에게도 '너 같은 서생이 남의 시비에 왜 상관하느냐?'고 소리를 치기에 옆집으로 몸을 피했다가 싸움이 그친 뒤에 돌아왔습니다.

돌아와보니 김학서는 정신을 잃은 채 방에 누워 있었고 아무 말도 하지 못하다가 밤이 깊어 숨을 거두었습니다. 비록 무식한 촌사람이지만 김학서는 술과 여색을 삼가서 마을 사람들이 그의 평소 행동을 칭찬했습니다. 그런데 지금 이렇게 비명횡사했으니 모든 것이 그의 팔자인 듯싶습니다.[7]

그는 김학서의 불운을 안타까워했다. 하지만 타인의 싸움에 휘말리고 싶지 않아 아무런 조치도 취하지 않았다고 했다. 그의 진술에 의하면, 김학서는 평생 술과 여색을 가까이한 적 없고, 평소 행실도 마을 사람들 모두의 칭찬을 받을 정도로 모범적이었다. 그런 김학서가 어째서 이처럼 치욕스러운 무고를 당하고 또 목숨마저 잃게 되었을까? 과연 팔자와 운명으로 치부하고 말 일인가?

정을 통했다고 하라

군수 허국은 최이복의 첩 황씨를 심문했다. 이번 사건에서 그녀의 진술은 매우 중요했다. 무엇보다 통간 여부를 밝혀 무고의 정황을 확증하는 데 반드시 필요했다. 군수는 저간의 사정에 대해 그녀가 무슨 말을 할지 궁금했다.

황씨는 모든 것을 체념한 듯 보였다. 그녀는 자신이 늘 최이복의 폭력에 시달렸으며, 김학서와 통간했다고 말한 것도 최가의 구타가 두려웠기 때문이라고 증언했다. 그녀의 진술에도 앞서 김학서의 처가 언급한 염덕문이란 자가 등장했다.

제 남편과 염덕문은 호형호제하며 매일 만나 술을 마셨습니다. 그런데 갑자기 둘이서 무슨 간교한 계획을 꾸몄는지 하루는 남편이 저를 결박하고 칼로 가슴에 상처를 낸 후 몽둥이로 고문하면서 '염덕문이 시키는 대로 해라. 그러면 내가 더 이상 너를 때리지 않고도 100냥을 벌 방법이 있다'고 했습니다. 남편의 성격이 악독하여 평소에도 감히 거절하지 못했는데 이런 일인 줄은 생각지도 못했습니다.

시친의 말처럼 최이복은 평소 형이라 부르던 염덕문과 무언가 계책을 꾸몄던 것이다.

감히 물어볼 수도 없어 잠자코 앉아만 있었는데, 남편이 다시 '네가 전에 김학서에게 쌀 한 말을 꾸어다가 술을 빚었다. 서로 통정하는 사이가 아니라면 쌀을 빌려주었겠느냐? 반드시 정을 통했을 테니 숨김없이 말하라'고 했습니다. 제가 최이복과 살아온 지 수년이라 그의 마음 씀씀이가 착하지 않음을 아는 데다 칼날을 만지작거리는 모습을 보니 마음이 오그라들고 떨렸습니다. 그래서 결국 김학서와 통간했다고 말한 것입니다.

과연 며칠 후 최이복은 김학서를 집으로 끌고 왔다. 그리고 도롱이 끈을 잡아당겨 김학서를 땅에 쓰러뜨린 뒤, 왼손으로 상투를 잡고서는 오른손으로 칼을 휘두르고 입으로 어깨를 물어뜯었다는 것이다.

> 계속해서 남편은 (김학서의) 얼굴을 물어뜯고 발로 신낭을 걷어차는 등 구타했습니다. 옆에 있던 허성범과 김사성, 그리고 김학서의 처첩과 아들은 휘두르는 칼에 겁을 먹었던지 말리지 못하다가 남편이 조금 물러난 틈을 타 뜯어말렸습니다. (그러나) 당시 옆에 있던 염덕문은 조금도 괘념치 않고 태연히 앉아만 있었습니다. 김학서가 겨우 숨이 돌아와 '내 몸이 불편하니 집에 가야겠다'고 하자 남편이 저에게 '너도 따라가라'고 윽박질렀고 겁을 먹은 저는 김학서의 집에 따라갈 수밖에 없었습니다.

황씨는 남편 최이복이 너무 무서워서 시키는 대로 했을 뿐이라고 답했다. 남편에게 매를 맞지 않으려면 김학서와 간통했다고 말할 수밖에 없었다는 것이다. 특히 염덕문이 한 번만 김학서와 통간했다고 말해주면 남편을 타일러 다시는 때리지 못하게 하겠노라 약조하여 이를 굳게 믿었다고 했다. 회인군수 허국은 처음부터 사건을 계획하고 최이복을 사주한 것으로 보이는 염덕문을 추궁했다.

> 저는 김학서의 집과 개울을 사이에 두고 조금 떨어진 곳에 살고 있습니다. 그리고 김학서와 한마을에 사는 최이복과는 호형호제하는 사이입니다. 평소 최이복의 첩이 자주 도망쳐 부부 싸움이 잦았는데, 이달 26일에 최이복이 부르기에 집에 가보았더니 첩과 또 싸운 듯 보여 이치

를 들어 꾸짖었습니다. 그런데 최이복이 갑자기 마을 사람들을 좀 불러 달라고 청하기에 제가 박치수와 김사성 두 사람을 오라 했고, 동장 허성범과 다른 사람들도 최이복의 고함소리를 듣고 모여들었습니다.

염덕문은 사건 당일 최이복이 자신을 집으로 초대하여 갔을 뿐이고, 그가 청하여 마을 사람들을 불러주었을 뿐이라고 했다.

당시 최이복은 '내가 김학서를 끌고 올 테니 첩을 잠시 지키고 있어주시오' 하고는 새끼줄로 첩을 결박한 후 나갔습니다. 얼마 후 머리에 아무것도 쓰지 못한 김학서를 끌고 왔습니다. 김학서는 '왜 이러느냐?'고 물었고 최이복은 첩을 가리키며 '이년이 매번 도망을 가려 한다. 네가 이년과 통정하고 도망을 사주했느냐?'고 물었습니다. 김학서는 전혀 모르는 일이라고 답했습니다. 최이복은 모든 일을 김학서가 꾸민 것이라면서 '무슨 마음으로 내 첩에게 돈과 곡식을 빌려주었느냐?'며 입에 담지 못할 욕설을 퍼부었습니다. 그러고는 김학서의 옷깃을 잡고 어깨를 한 차례 물어뜯은 후 오른손으로 칼을 집어 들었습니다. 이때 김사성과 허성범이 붙잡아 말렸습니다.

그러고는 난리 통에 자신은 곧장 집으로 돌아가서 술을 마셨기 때문에 이후의 일은 알지 못한다고 했다. 더불어 자신이 최이복과 사이가 좋았던 것은 사실이지만, 김학서를 무고하라고 최이복과 첩 황씨를 사주했다는 말은 허망한 소리라며 혐의를 부인했다.

재물에 눈이 멀어 꼬임에 넘어가다

이제 직접 김학서에게 폭력을 휘두른 최이복의 이야기를 들어볼 차례였다. 그는 모든 일이 염덕문의 계획이었다고 했다.

> 어느 날 염덕문이 제게 '네 첩의 성품이 유순하니 잘 꾀면 말을 들을 것이다. 네 첩과 김학서가 정을 통한 일이 없지만 서로 정을 통했다는 말을 퍼뜨리면 김학서가 본래 돈이 많은 자라 스스로 알아서 처리할 것이다. 자네 일이 곧 내 일이다. 김학서 그놈의 돈을 가져다가 부자로 만들어주겠다'고 했습니다.

최이복은 재물에 눈이 멀어 염덕문의 말을 철석같이 믿고 곧바로 첩 황씨를 협박했다고 했다.

> 제가 환장을 했던지 음력 5월 26일 첩을 묶어놓고 김학서를 오게 하여 첩과 대면시켰더니, 김학서는 그런 일이 없었다고 하고 첩은 그런 일이 있었다고 말했습니다. 어리석은 생각에 범상하게 행동하면 일을 망칠까 우려하여 학서의 왼쪽 어깨를 물어뜯고 칼로 오른쪽 귀밑을 찔렀습니다. 이어 머리로 이마를 들이받고 발로 왼쪽 겨드랑이를 차고 손으로 신낭을 잡았더니 학서가 쓰러졌다가 한참 뒤에 일어났습니다.

하지만 다음 날에도 김학서 쪽에서 아무런 움직임을 보이지 않자 학서의 집으로 찾아가 또 한 번 난동을 부렸다는 이야기였다. 최이복이 염덕문의 꼬임에 넘어가 일을 저지른 것이 분명했다. 염덕문을 재차 심문하여 자백을 받아낼 필요가 있었다.

이번 사건은 호형호제하며 지내던 염덕문과 최이복이 5월 보름께 옥천 가산사에 놀러 갔다가 시작되었다. 염덕문은 옥천에서 살다가 회인으로 이사한 후 별다른 직업 없이 술을 팔아 생활하던 잔반(殘班)이었다. 항상 가난에 시달려 끼니 걱정을 할 때도 많았다. 그런데 그때마다 곡식이나 돈을 빌려준 사람이 바로 김학서였다. 자신에게 은혜를 베푼 사람의 등에 칼을 꽂은 셈이었다. 가산사에서 염덕문은 김학서를 모함하여 돈을 뜯어낼 계획을 세우고 최이복에게 김학서의 재산 규모를 물었고, 최이복이 기껏해야 1천 냥이라고 답했지만 1천 냥은 적은 돈이 아니었다. 염덕문은 김학서를 먼저 불효죄로 무고할 생각이었다. 하지만 김학서는 홀아버지를 모시고 사는 효자였다. 이어 양반을 능욕한 죄로 무고할 방법을 생각했다. 생원인 자신을 능욕했다며 김학서를 몰아세울 작정이었다. 하지만 김학서는 평생 술집에도 한번 가본 적 없는 착실한 사람이었다. 평소 행실을 보면 범분(犯分)의 무고가 먹히지 않을 게 확실했다. 염덕문이 마지막으로 생각해낸 방법이 바로 김학서를 최이복의 첩 황씨와 간통한 혐의로 무고하는 것이었다. 문제는 최이복의 첩 황씨를 끌어들이는 일이었다. 평소 황씨가 최이복의 폭력에 시달리는 사실을 잘 알고 있었던 염덕문은 최이복에게 아무 날 황씨를 무조건 폭행하고 칼로 위협하라고 주문했다.

사건의 정황이 이러한데도 염덕문은 여전히 최이복이 김학서를 죽일 줄은 몰랐다고 발뺌했다. 그저 협박하여 돈을 갈취하려 했을 뿐이라는 것이다. 자신은 죽이라고 한 적 없을뿐더러 김학서에게 손끝 하나 대지 않았다며 변명을 늘어놓았다.

조사를 마친 회인군수는 최이복과 염덕문, 최이복의 첩 황씨를 옥에 가두었다. 그리고 충청도 재판소에 올릴 보고서를 작성했다. 당시에는 충청감사가 충청도 재판소 판사를 겸직했다. 보고서는 충청감사 김석규에게 직보되었다.

> 김학서의 시신을 밝은 곳에 꺼내놓고 먼저 건검(乾檢, 시신을 세척하지 않고 일단 외상을 위주로 살펴보는 검사)을 실시했고, 이후 세척하고 다시 검사했습니다. 시신의 앞면에는 오른쪽 태양혈과 왼쪽 어깨, 오른쪽 팔과 오른쪽 엉덩이에 잇자국이 어지럽게 나 있었습니다. 눌러보니 조금 딱딱했지만 상처가 깊지 않아 치명상이라 할 정도는 아니었습니다. 왼쪽 넓적다리에 있는 피맺힌 자국 역시 발로 채인 상처지만 급소가 아니라 치명상이라 할 수 없습니다. 턱 아래 목 부위에 끈 자국 하나가 있는데 턱과 인후는 위험한 곳이라 법물로 여러 차례 시험해보고 손으로 눌러보았더니 백황색으로 부드러웠습니다. 이는 도롱이 끈을 뒤에서 잡아당겨 생긴 상처입니다. 그리고 오른쪽 늑골 부위에 있는 상처 세 곳은 크기도 크고 색도 검붉었고 눌러보니 딱딱했습니다. 늑골과 허리 부위는 본래 급소인 데다 상처의 색이 검은 것으로 보아 치명상이었습니다.

회인군수의 보고서는 오른쪽 늑골 부위의 상처들이 바로 사망의 직접

적인 원인이라고 말하고 있다. 발로 겨드랑이를 찼다는 최이복의 자백과도 일맥상통한다. 군수의 보고서는 이어 최이복을 정범으로 확정한다.

> 최이복은 성품이 본래 불량한 자로, 몇 년 동안 먹을 것을 탐내다가 '부자로 살게 해주겠다'는 말을 듣고는 첩을 위협하여 정을 통했다는 거짓을 꾸며내서는 김가를 재촉하다가 결국 발로 차는 행패를 저질렀으니, 비록 고의로 죽이려 한 것은 아니었지만 그 죄는 벌을 피할 길이 없습니다. 최이복을 정범으로 보고합니다.
> 한편 염덕문이 첩을 두고 술을 판매한 일은 이미 선비의 몸가짐을 잃은 것이며, 남을 시켜 간계를 꾸민 것은 대낮에 재물을 편취하려는 탐욕이었습니다. 계책은 어두운 가운데 이루어지지 못하고 사건은 환한 가운데 드러나게 되었으니, 그의 마음을 엿보면 수범이지만 끝내 범행을 하지는 않았으니 사건의 간련(干連, 사건 연루자)으로 기록합니다.
> 여인 황씨가 처음에 덕문의 달콤한 꼬임을 받았지만 대답하지 않은 것은 양심이 아직 남아 있었기 때문입니다. 그러나 결국 남편의 위협에 저항하지 못했습니다. 이는 연약한 몸으로 감당할 수 없었기 때문입니다. 결박당한 채 목숨을 구하여 아무 말도 하지 못하다가 칼날을 어루만지자 더욱 겁에 질렸으니 사정을 생각하면 불쌍합니다. 그러나 사건이 모두 자신에게서 비롯되었다고 말하고 있으므로 간련으로 기록합니다.

보고서는 정범 최이복은 형구를, 간련 염덕문은 칼을 씌워 옥에 가두었으며, 이외 다른 사람들도 모두 잡아 옥에 가두었다는 내용과 청산군수에게 공문을 보내 복검을 요청할 예정이라는 내용으로 마무리된다.

1899년 8월 충청감사 김석규가 법부에 올린 보고서에는 최이복, 염덕문 그리고 최이복의 첩 황씨를 옥에 가두고 법부의 처분을 기다린다는 내용이 수록되어 있다. 나머지 사람들은 모두 방송(放送)했고 시신은 여름철이라 시친에게 내주어 장사를 지내도록 했다는 내용도 있다.[8] 이듬해 드디어 법부의 판결이 내려졌다. 최이복은 《대명률》의 모살(謀殺)조에 의거하여 사형에 처하고, 염덕문은 직접 살인하지 않았으므로 노동형[就役]에 처했다. 특별한 언급이 없는 것으로 보아 첩 황씨는 석방된 것으로 보인다.

무고, '도덕적 진보'의 난적

돈은 인간의 삶에 언제나 중요했다. 조선 후기에 '돈'의 중요성이 한층 강조되자, 돈의 위력을 실감하는 동시에 돈이 투쟁의 근원임을 비판하는 자조 섞인 한숨도 나왔다. 《규합총서(閨閤叢書)》의 저자로 알려진 빙허각 이씨(1759~1824)는 "돈 전(錢) 자를 보면 두 개의 창이 금을 다툰다[兩戈爭一金]"는 말로 돈의 위력을 새삼 강조했다.

> 돈이 있으면 위태로운 것도 편안케 할 수 있고 죽을 사람도 살릴 수 있
> 다. 반면 돈이 없으면 귀한 사람도 천해지고 산 사람도 죽게 된다. 분쟁
> 은 돈이 없으면 이길 수 없으며 원한은 돈이 아니면 풀리지 않는다. 그

러므로 돈이 있으면 귀신도 부릴 수 있다고 한다. 하물며 사람이랴!

그리하여 돈에 눈이 멀어 못할 짓이 없는 사람들이 생겨났다. 어떤 이는 시체를 이용하여 돈을 뜯어냈고, 어떤 이는 간통의 덫을 놓아 돈을 갈취했다.

조선사회가 성리학에 토대한 자율적 도덕 공동체를 목표로 삼았던 것은 주지의 사실이다. 한편으로는 인간의 본래적 선함을 증명하는 자료들을 수집하여 격려하고, 다른 한편으로는 이에 반대되는 인간의 악행을 무지와 예외로 규정하거나 응징하면서 사회질서를 유지해왔다. 그러나 충과 효에 명예와 보상이 따르자 위선이 끼어들었고, 악행을 엄벌에 처하자 악의를 숨기려는 계략도 점점 교묘해졌다.

악의를 숨긴 '무고'는 문제적 범죄였다. 조선 후기 이래 무고의 증가는 인간 본성의 선함을 부정하는 증거로 충분했다. 악의를 숨긴 간계는 '본성의 선함을 토대로 구축된 성리학 사회'를 근저에서부터 파괴해나갔다. 그렇다고 본성의 선함을 부정할 수는 없었지만 반대로 악의를 더 이상 예외나 무지의 결과로 치부할 수만도 없게 되었다. 선의에 호소하면서도 더 이상 선의에만 의존하기 어려웠고, 엄형을 일삼으며 성선의 근거를 부정하기는 더욱 어려웠다. 100년 전 장삼이사들의 크고 작은 무고 범죄들은 도덕적 진보 대신에 깊은 불신의 골을 만들었다. 신뢰를 바탕으로 한 조선사회의 토대가 흔들릴 수밖에 없었고, 사회의 어두운 이면은 그 민낯을 적나라하게 드러내고 있었다.

돈 앞에 상전 없다

경기도 여주군 개군산면 김인규 사건

양반집 마름들

조선시대의 토지매매문서에는 '돌쇠'나 '애남' 같은 노비의 이름이 적혀 있다. 물론 조선시대에 노비는 재산을 소유할 수 있었고, 그 재산을 매매할 수도 있었다. 그러나 상당수의 토지 혹은 가옥을 매매하는 문서상의 노비는 주인을 대신해 매매에 나선 심부름꾼에 불과했다. 이익을 취하는 행위에 나서기를 꺼려한 양반들은 매매 대부분을 자신들의 노비를 통해 성사시켰다. 대신에 '배자'라는 문서를 첨부했는데, 배자는 원래 중국에서 상급 관리가 아랫사람을 부릴 때 첨부하는 일종의 공문서였다. 하지만 조선에서는 양반이 사적으로 하인에게 토지나 노비의 매매 혹은 집안의 잡사를 처리하도록 명할 때 주로 사용했다. 배자는 그 내용으로 인해 문서상에 명명된 노(奴)나 비(婢)가 주인의 위임을 받아 해당 거래에 나선 것임을 증명하는 역할도 했다. 일종의 위임장 역할을 한 것이다.

다음은 1875년 어느 양반이 자신의 노에게 내린 배자의 내용이다.[9]

납돌에게

다름이 아니라 흉년을 당하여 살아가기가 어려울뿐더러 교전비(轎前婢,
혼례 때 신부가 데려가는 계집종) 초정이 소생의 비(婢) 명첩(이는) 무오생(으
로) 내 몸으로 부릴 길 없으니 사고자 하는 사람에게 헐한 값으로 방매
(放賣)하여 받은 돈은 집에 바친 후에 배자에 의거하여 명문을 만들어드
리는 것이 마땅한 일이라. 을해년(1875) 5월 15일.

　흉년을 당해 생계가 어려워진 상전이 데리고 있던 여종을 부릴 길이
없자 헐값에 방매하여 그 값을 바치라고 자신의 노 납돌에게 명하는 내
용이다. 당시 매매의 대상인 비 명첩은 무오생으로 열일곱 살의 처녀였
다. 납돌의 주인은 납돌에게 '배자에 의거하여 명문을 만들라'고 명했고,
납돌은 오른 손바닥을 찍어 주인의 명을 확증해 보였다. 이를 통해 상대
방은 납돌의 주인이 납돌에게 매매의 명을 내렸음을 확인할 수 있었다.
　조선시대 이래 수많은 노비가 이렇게 납돌처럼 상전을 대신하여 다양
한 식리(殖利) 행위에 나섰다. 그런 만큼 이들은 주인댁의 재산 규모를 잘
알고 있었고, 문서를 훔쳐다가 주인 몰래 거래할 가능성이 있었다. 배자
는 이를 차단하기 위한 조치이기도 했다. 글을 알든 모르든 간에 노비가
상전의 재산을 매매하려면 반드시 상전의 위임장(배자)을 첨부해야 했으
므로 집문서나 땅문서를 훔쳐다 팔거나 주인을 속여서 이득을 취하기는
쉽지 않았다. 그럼에도 주인의 재산을 탐하는 자들이 있었다. 100여 년
전 경기도 여주군 개군산면(현재 경기도 양평군 개군면)에도 그렇게 주인에
게 역심을 품은 하인들이 있었다.

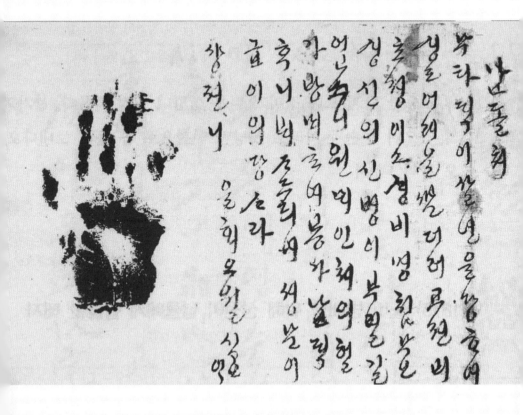

상전이 아랫사람에게 재산의 매매를 지시하거나 벼슬자리 이동 시에 뒤처리를 명하는 등의 내용을 담은 문서를 '배자'라고 한다. 이 〈납돌처〉도 그중 하나로, 1875년 어느 양반이 자신의 계집종 명첩을 싼 값에 방매하라고 사내종 납돌에게 명하는 내용이다. 영남대학교 소장.

1904년 4월 어느 날, 경기도 여주의 양반 김인규가 자신의 방에서 칼에 찔려 절명한 채로 발견되었다.[10] 저간의 사정을 파헤치기에 앞서 김인규의 가계를 살펴볼 필요가 있다. 죽은 김인규는 고종 연간에 판서를 역임한 김병주(1827~1887)의 아들이다. 그리고 김병주는 원래 좌의정을 지낸 김흥근의 아들이지만, 이조판서 김유근에게 입양되어 생부 김흥근이 아닌 양부 김유근의 가계를 이었다. 이 김유근의 부친이 바로 안동 김씨 세도가의 시조 격인 김조순(金祖淳, 1765~1832)이다. 김병주가 김유근의 수양아들로서 세도가인 안동 김씨 가문의 직계 후손이 된 것이다.

김병주에게는 아들이 셋 있었다. 김정규와 앞서 언급한 김인규, 김완규가 그들이다. 그런데 서울 용산에 살던 첫째 김정규가 한 해 전인 1903년에 급사한 데 이어 이번에는 둘째 김인규가 비명횡사하고 만 것이다. 막내 김완규는 물론 안동 김문 전체가 슬픔에 잠겼다.

형님의 억울함을 풀어주십시오

사또 나리, 제 형님 김인규의 억울한 죽음을 밝혀주십시오!

1904년 음력 2월, 삼형제 중 막내 김완규는 처절한 심정으로 고발장을 써 내려갔다.

2월 21일(양력 4월 6일) 밤, 둘째 형님이 술에 취한 채 홀로 건넌방에서 주무시고 계셨습니다. 그런데 한밤중에 건넌방에서 '사람 살려!' 하는 비명소리가 나서 형수가 놀라 건너가보았는데, 상투머리를 한 괴한이 지게문을 발로 차고 달려 나가더랍니다. 놀란 형수가 초를 밝혀 형님을 살폈지만, 형님은 이미 칼에 찔려 돌아가신 후였습니다. 당시 형님의 정수리 부근과 귀 뒤에 칼에 찔린 자국이 있었고 턱 아래 인후부에서 피가 흐르고 있었다고 합니다. 형님의 양 손에도 혈흔이 낭자했는데 칼날을 잡았던지 칼자국이 있었습니다.

김완규는 형이 변고를 당한 날의 정황을 자세히 설명한 뒤 범인으로 의심되는 사람을 지목했다.

형님이 돌아가시는 변고를 당해 경황이 없었으나 정신을 차리고 곰곰이 생각해보니 과연 의심 가는 사람이 하나 있었습니다. 바로 홍곡면 군옥동에 사는 주사 이춘경입니다.

또한 이춘경은 안동 김문의 학방(學房)에서 공부하던 차에 신임을 얻어 큰형인 김정규의 집안일을 관리하는 주사(主事)가 되었고, 다년간 김정규를 위해 일해왔다고 했다.

작년에 큰형님이 돌아가신 후 저희 형제가 형님의 용산 집을 처분할 때 그가 집문서를 훔쳐다가 전당 잡힌 후 자신의 빚을 갚았다는 사실을 알게 되었습니다. 이에 돌아가신 둘째 형님이 함께 상경하여 전당 잡힌 집문서를 찾으러 가자고 이춘경을 몇 번이나 채근했습니다. 그러나 이춘경은 몸이 아프다는 둥, 장사하러 급히 나가야 한다는 둥 변명을 늘어놓으며 차일피일 약속을 미루었습니다. 그런데 그사이 이런 변고가 일어났으니 어찌 그를 의심하지 않을 수 있겠습니까?

제가 하인 김경학을 시켜 몰래 이춘경의 며칠간 행적을 조사하도록 했더니 과연 의심스러운 점이 한두 가지가 아니었습니다. 이춘경과 그의 친인척을 잡아다 심문하시면 형님 죽음의 원인이 밝혀질 듯합니다. 그러나 이미 둘째 형님의 시신은 관에 넣고 빈소에 모셨으므로 검시는 면해주시기 바랍니다. 칼에 찔린 부위는 급소였음을 말씀드린바, 피자치사(被刺致死, 칼에 찔려 죽음)를 사인으로 결정하셔도 무방할 듯합니다. 억울한 죽음을 꼭 복수해주십시오.

김완규는 자신의 집안에서 일을 보던 주사 이춘경을 범인으로 지목했다. 그는 서울의 집문서를 이춘경이 훔쳐다가 전당 잡힌 일과 이를 알게 된 둘째 형 인규가 이춘경을 추궁한 일이 둘째 형의 죽음과 관련이 있다고 주장했다. 형은 칼에 찔려 절명한 것이 분명하므로 면검을 요청한다는 말도 덧붙였다. 형을 두 번 죽이는 일로 여겼기 때문이다.

소장을 접수한 여주군수 이준규(李峻奎)는 곧바로 사건현장으로 달려가 이웃들을 심문했다. 하지만 사건 당시 외출 중이었다며 모두 모르쇠로 일관했다. 군수는 일단 시친인 김완규의 이야기를 자세하게 듣기로 했다.

김완규는 가문에 닥친 불운과 이춘경을 의심하게 된 이유를 조리 있게 설명했다. 모두 이춘경이 집문서를 저당 잡힌 일에서 비롯된 것이라는 주장이었다.

> 제 소회는 이미 소장에 다 밝혔습니다. 제가 사는 제전(祭田)은 둘째 형님이 살고 계시던 향곡과는 몇 리쯤 떨어져 있지만 아침저녁으로 왕래가 가능합니다. 맏형 참판공의 집 역시 향곡에 있었습니다. 이춘경은 몇 년 전부터 군옥동에 거주하며 큰형님 댁 학방에서 아이들과 함께 글을 배우던 자인데, 신축년(1901)에 큰형이 서울 용산으로 이사할 즈음에 큰형님을 따라 용산으로 이주하여 주사 일을 맡아보는 등 모든 가산을 관리했습니다.
> 근래 저희 집안 형편이 궁색해져서 양근의 전장(田庄)을 팔아 쓰고 석장(石墻)에 있는 땅 역시 팔게 되었습니다. 그 값이 8만~9만 냥 정도였는데, 약간의 빚을 갚은 후 모두 집안일에 사용했습니다. 그런데 작년(1903) 7월 졸지에 큰형님 상을 당해 향곡 묘 아래 운구하면서 빚을 갚기 위해 불가불 용산의 옛집마저 팔아야 할 형편에 이르렀습니다. 이에 용산의 집문서를 찾았더니 주사 이춘경이 집문서를 훔쳐다가 일본 사람에게 전당을 잡혔다는 것이 아닙니까?

이에 둘째 형 김인규가 서울에 같이 가서 집문서를 찾자며 이춘경을 재촉하자 이춘경은 "당연히 함께 올라가서 문서를 돌려드리겠다"고 했지만, 지난겨울과 올봄 사이에 약속을 미루기만 할 뿐, 한번도 기일을 지키지 않았다고 했다.

이 일을 통한으로 여기고 있었는데, 지난달 13일 춘경이 작은형 댁에 와서 16일에 함께 서울로 가자고 단단히 약속을 했습니다. 그런데 16일에도 그 다음 날에도 오지 않았습니다. 이에 둘째 형님께서 하인 박창복을 불러 '이춘경 자네가 여러 번 약속을 지키지 않아 22일에 나 혼자서라도 서울에 갈 것이네. 같이 갈 수 없다면 서울에서 만나세'라고 전하라고 하셨습니다.

21일은 한식이라 큰형님의 궤연(几筵)에 차례를 지낸 후 산소에 성묘했습니다. 집에 돌아온 뒤 둘째 형님은 술에 취해 건넌방에 주무시러 들어가셨습니다. 그리고 그날 밤 칼에 찔리는 변을 당하신 것입니다. 둘째 형님은 살아생전에 누구도 미워한 적 없고 누구와 원수를 진 일도 없습니다. 집문서를 돌려주는 일로 이춘경에게 화를 낸 적이 있었을 뿐입니다. 이춘경과 같이 서울에 가기로 약속했다가 졸지에 이런 변을 당하셨으므로 의심이 가는 자는 바로 춘경입니다.

김완규는 이춘경의 범행을 확신하는 듯했다. 이춘경이 용산의 집문서를 전당 잡힌 차에 이를 추궁하던 둘째 형 김인규를 살해하기로 마음먹은 게 분명하다는 주장이었다. 김완규는 둘째 형이 피살된 후 하인 김경학을 통해 이춘경을 염탐했다.

제가 22일 이춘경의 행적을 염탐하고자 김경학을 이춘경의 집에 보냈습니다. 김경학이 전한 바에 따르면, 가는 도중에 이춘경과 한동네에 사는 정경삼과 마주쳤다 합니다. 그래서 그에게 이춘경이 집에 있는지 물었더니 '어제 이수천과 함께 이춘경의 집에 가서 그의 아버지와 술을 마셨는데, 아들이 서울에 갔다는 말을 들었다. 그런데 오늘 아침 이수천이 이춘경을 길에서 만났다 하니, 아마 집에 있을 것'이라고 했답니다. 가보니 과연 이춘경이 집에 있어서 서울에 가지 않은 이유를 물었는데, 이춘경은 이러저러한 핑계만 늘어놓았다고 합니다.

김완규는 사건 당일 이춘경이 서울이 아니라 이곳 여주의 집에 있었으니 살인을 저질렀을 가능성이 크다며 조사해달라고 했다. 또한 사건 당일 밤 형수가 범인의 형체는 보았으나 얼굴은 보지 못했으며 범행에 쓰인 흉기도 찾지 못했다고 했다. 그리고 다음과 같이 말을 맺었다.

둘째 형님의 시신은 범인을 잡지도 못하고 조사도 기약이 없어서 법이 무거운 것을 생각지 아니하고 이미 염을 하여 입관했는바, 감히 검시를 청하지는 못하겠으나 칼에 찔린 부위가 급소이고 상처와 혈흔이 낭자한 것은 여러 사람이 목도했습니다. 의심되는 사람이 이제 잡혔으니 오직 명확히 조사하여 원수를 갚아주시기 바랍니다. 형은 올해 서른아홉입니다.

안동 김문의 일이라서 그랬는지 사건 조사가 완료되지도 않았는데 신문에 이에 관한 추측성 기사가 실렸다. 1904년 4월 19일 자 《황성신문》은 김인규의 죽음을 흥미롭게도 '치정'에 의한 살인으로 보도했다.

승취자인(乘醉刺人, 술에 취한 틈에 칼로 찌르다)

여주에 왕래하는 사람들이 전하는 말을 들으니 여주군 향동에 거주하는 학관(學官) 김인규 씨는 돌아가신 판서 김병주의 아들인데 시골에 근신하여 다른 이들과 원한을 쌓은 바가 전연 없었다. 지난 한식날 밤에 술에 취해 잠들었는데 홀연히 어떤 놈이 방 안으로 돌입하여 칼로 난자하여 즉시 절명했다고 한다. 해당 범인은 그대로 도주하여 형체를 알 수 없는데, 혹 여색으로 인한 살인이 아닌가 하더라.

사정은 이러했다. 사망한 김인규의 집에는 이호철이라는 하인이 있었는데, 그에게는 청순과 옥순이라는 두 딸이 있었다. 첫째 청순은 김인규의 형 정규의 집에서 일했고, 둘째 옥순은 아비와 함께 김인규의 집안일을 거들었다. 그런데 김인규와 청순이 서로 사통하는 사이였고, 이춘경 역시 청순을 좋아하고 있었다는 것이다. 앞서 언급한 대로 김정규는 식솔을 이끌고 1901년 용산으로 이주하면서 이춘경을 데리고 갔다. 따라서 김인규와 떨어져 지내게 된 청순이 이춘경과 용산에서 함께 지내며 가까워지게 되었다는 것이다. 그러나 김정규의 갑작스러운 죽음으로 식솔이 모두 여주로 돌아오게 되면서 원래 사통하는 사이였던 김인규와 청순, 그 사이에 청순과 가까워진 이춘경 세 사람 간에 치정문제가 불거졌다. 이에 김인규의 사망이 사랑에 눈이 먼 이춘경의 짓이라는 소문이 돌기 시작했고, 신문은 여주군에 떠도는 이 소문을 근거로 김인규의 죽음이 치정으로 인한 살인이 아니냐는 의문을 제기했던 것이다.

제가 죽였습니다. 그러나…

사건 해결의 열쇠를 쥔 사람은 이춘경이었다. 그는 김씨 집안의 집문서를 훔쳤을 뿐 아니라, 김인규의 애비(愛婢) 청순과 통간했다는 혐의를 받고 있었다. 돈문제이건 치정문제이건 이춘경에게는 살해 동기가 충분해 보였다.

여주군수의 추궁에도 이춘경은 단호했다. 자신은 사건 당일인 21일 종조부 집에 갔다가 저녁 무렵 귀가하여 잠자리에 들었으며, 22일 오후에야 비로소 변고가 났다는 소식을 듣고 김인규의 집으로 달려갔다고 했다. 22일 아침에 자신을 보았다는 동네 사람의 증언에는 다음과 같이 항변했다.

> 22일 이수천이 길에서 저를 만났고 이를 정경삼이 들었다고 하는데, 이수천은 저와 친척이고 정경삼은 제 집에 기식하는 자로서 무슨 원한이 있어 이처럼 무함하는지 모르겠습니다. 제가 살인죄에 대한 처벌을 잘 알고 있는바, 하지도 않은 일을 어찌 지어서 아뢸 수 있겠습니까? 또한 김 참판 댁의 계집종 청순과는 제가 그 댁에 있을 때 상당히 친하기는 했지만 동성(同姓)으로 어찌 사통하는 일이 있었겠습니까?

동네 사람 이수천의 주장은 무함이며 청순과 자신은 이씨로 성이 같아 사통할 수 없는 사이라는 주장이었다. 그는 김인규의 죽음도 청순의 집에서 알게 된 것이라고 했다.

저는 별일 없이 청순의 집에 갔다가 김 사과(司果, 정6품직, 김인규의 벼슬)의 참혹한 죽음을 알게 되었습니다. 그리고 청순의 아비 이호철이 '지금 동네가 혼란스러운데 우리 집에 오는 것이 좋지 않다'며 즉시 저를 내쫓았습니다. 이외에 달리 드릴 말씀이 없습니다.

이상은 이춘경의 일방적인 주장일 뿐, 여러 정황은 그가 살해범임을 말해주고 있었다. 하지만 확실한 증거가 없었다. 결정을 망설이던 여주 군수 이준규에게 희소식이 날아들었다. 기찰포교가 이춘경의 버선과 평소 차고 다니던 칼을 발견했다는 것이다. 버선의 혈흔은 아주 미미하여 살인의 증거물로 삼기 어려웠지만 칼은 달랐다. 혈흔을 찾아내기만 한다면 증거물로 삼을 수 있었다.

이준규는 서리들에게 숯불을 가져다가 칼을 달구라고 했다. 이내 칼이 벌겋게 달아오르자 준비해두었던 고농도의 식초를 그 위에 들이부었다. 예상대로 '지지직' 하는 소리와 함께 칼의 표면에 선명하게 혈흔이 나타났다.

이 광경을 본 이춘경은 고개를 떨구었다. 그리고 뜻밖의 사실을 자백했다. 모든 것이 다른 사람이 시켜서 한 일이라는 이야기였다. 다른 사람이란 놀랍게도 40년이 넘게 김인규 집에서 일해온 하인이었다.

버선과 칼에서 혈흔이 드러났으니 어찌 변명하겠습니까? 김인규를 칼로 찔러 죽인 것은 이 몸이 맞습니다. 그러나 이는 제 본심이 아니라 다른 사람이 시켜서 한 짓입니다. 지난달 13일 김인규 나리 댁에 갔을 때

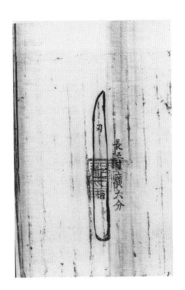

《김인규 옥사 사보문안》에 그려진 칼. 이춘경이 범행에 사용한 것으로
길이[長] 5촌, 너비[廣] 6푼이라 쓰여 있다. 서울대학교 규장각한국학연구원 소장.

하인 김인길이 제게 '안동 김문의 일을 맡아 본 지 삼사 년이 되었으니
잘 알고 계실 것입니다. 사실 저는 수십 년 동안 이 집안의 일을 돌보아
왔습니다. 하지만 진사 김인규는 저를 믿지 못하고 꺼려합니다. 만일
당신이 김인규를 죽인다면 저는 주사가 될 수 있고 당신은 부채와 집문
서 문제를 말끔히 해결할 수 있을 것입니다. 제가 시키는 대로 김 진사
를 살해한다면 그것이 만전의 계책 아니겠습니까?'라고 했습니다.

이춘경은 자신이 심한 빚 독촉에 시달리는 것을 안 김인길이 살해를
사주했다고 밝혔다.

제(이춘경)가 감언이설에 넘어가 김인규 나리를 죽이기로 약속했습니다. 그리고 21일 저녁 김인길을 만났는데, '오늘 김 진사가 엄청나게 취했으니 죽이기 딱 좋은 날'이라고 했습니다. 그래서 함께 김 진사 댁 근처 산기슭에 숨었습니다. 이내 김인길은 내려가고 저는 계속 숨어 있었습니다. 한밤중이 되자 김인길이 제게 먹을 것을 가져다주면서 진사 나리가 자고 있는 방을 알려주었습니다. 몰래 방에 들어갔더니 과연 취해서 졸고 계셨습니다. 저는 가지고 간 칼을 꺼내 여러 차례 찌른 후 너무도 무서워 이리 자빠지고 저리 넘어지면서 겨우 포구로 도망쳤습니다. 거기서 기다리고 있던 김인길과 함께 배를 타고 강을 건넜습니다. 그런 뒤 김인길은 다시 강을 건너 귀가했고 저는 다부리의 종조할아버지 댁에 갔다가 귀가했던 것입니다. 이외 달리 드릴 말씀이 없나이다.

호랑이를 길러 재앙을 만들다

사실 동네 사람들에게 범인이 이춘경인 듯싶다는 말을 흘린 사람이 있었다. 바로 김인길이었다. 그러나 1차 심문 당시 그는 이춘경의 범행을 목격했거나 이춘경과 원한이 있는지를 묻는 말에 보지 못했다거나 없다고만 했고, 무슨 이유로 이춘경을 의심하는지를 물었을 때도 자신은 주인이 변고를 당한 후 장례 치르는 일에 몰두하느라 사람을 만난 적도, 이춘경이 의심스럽다고 말한 적도 없다고 둘러댔었다. 그러면서도 슬쩍 과거에 이춘경이 집문서를 훔쳐다 전당 잡힌 일을 언급하며 세상에 믿을 놈이 없다고 혀를 찼었다. 그런데 이춘경은 자신에게 김인규 살해를 사주한 자가 바로 이 김인길이라고 진술하고 있는 것이다. 여주군수 이준규는 김인길이 무어라 답할지 궁금했다. 김인길은 이춘경의 자백을 들어 혐의를 추궁하자 자신은 꿈에도 그런 일을 계획한 적 없다며 펄쩍 뛰었다. 그러면서 다음과 같은 알리바이를 댔다.

> 지난달 초이틀 항곡으로 가는 도중에 우연히 이춘경을 만났습니다. 그가 제게 빚을 갚으라고 다그치기에 딸을 팔아서라도 갚겠다고 했습니다. 그 후로는 춘경을 만나지 못했습니다.
> 21일에는 하루 종일 집 지을 목재를 다듬는 일을 감독했고, 저녁에 김 사과 댁 사랑에서 밥을 먹은 후 집으로 돌아와 잠자리에 들었습니다. 그런데 무언가 큰 소리가 나기에 나가보니 (사람들이) 진사 나리가 어떤 놈에게 피살되었다고 했습니다. 경황이 없는 채로 즉시 가보았는데, 진사 나리는 이미 운명하신 뒤였습니다. 이 몸은 그날 밤 시신을 수습하는 일을 지휘하느라 상가를 떠나지 않았고, 다음 날에도 집 안팎의 제반 일을 돌보았습니다. 제가 주인 나리의 은택을 입은 몸으로 어찌 살해할 마음을 먹었겠습니까? 정말로 애매한 일이오니 이춘경과 대질해주십시오. 21일 종일토록 치목소를 떠나지 않은 일은 목수들을 취조해보시면 분명해질 것입니다.

김인길은 사건이 벌어지던 날 하루 종일 치목소에 있었다고 주장했다. 군수는 김인길이 함께 있었다고 주장한 목수 이경신과 김복준을 불렀다.

저희들은 목수입니다. 향곡의 김 사과 댁을 새로 고치는 일을 하고 있습니다. 지난달 21일에 대해 말씀드리자면, 김인길은 공사를 감독하는 자로서 아침 일찍 일하는 곳에 왔다가 지시를 한 후 나갔으며, 아침을 먹은 후에도 잠시 들렀다 갔습니다. 그리고는 (저희들이) 늦은 점심을 먹은 후에야 다시 와서 공사를 감독했을 뿐입니다. 조반 후 늦은 점심 때까지 반나절은 공사하는 곳에 없었습니다. 이외 달리 말씀드릴 것이 없습니다.

김인길은 하루 종일 치목소에 있었다고 했지만, 목수들은 반나절 동안 김인길을 보지 못했노라고 진술한 것이다. 김인길은 상전을 죽일 계획이 없었다며 천부당만부당한 일이라고 부인하다가 계속되는 추궁에 결국 진실을 털어놓았다.

40여 년을 종노릇하면서 어찌 감히 불충한 마음을 먹고 이춘경을 사주하여 주인 나리를 살해했겠습니까? 다만 2월 21일 제전 고갯길을 지나다가 이춘경을 만나 인사한 후 어디 가는지를 물었더니 주인 나리 댁에 갔다가 서울로 올라갈 것이라고 했습니다. 해서 제가 '전당 잡힌 집문서를 되찾을 수 있겠습니까?'라고 다시 물었더니 이춘경이 '자네도 내게 빌려간 돈을 갚아야 할 것이네'라며 빚 독촉을 했습니다. 어떻게 해서든 돈을 마련하겠노라고 했지만 이춘경은 더 이상 기다려줄 수 없다는 말만 되풀이했습니다. 이에 제가 이춘경에게 '전당 잡힌 문서를 찾기도 어려울 테고 나 역시 가난하여 인생이 불행한데, 김 진사 나리만 사라진다면 모두 좋지 않겠소?'라고 넌지시 말했더니 과연 이춘경이 정색을 하면서 나중에는 어떻게 하면 그를 제거할 수 있는지 물었습니다. 그래서 제가 한식날 분명 나리가 형님의 무덤에 다녀와 취해서 곯아떨어질 테니 행동하기 제일 좋은 때라 나리를 죽이고 전당 잡힌 집을 팔아 돈을 반씩 나누어 갖자고 제의했던 것입니다.

이후에는 이춘경이 진술한 대로 김인규의 첩 집에서 밥을 한 그릇 얻어 근처 산기슭에 숨어 있던 춘경에게 가져다주었고, 그 자리에서 진사가 방금 취해서 건넌방에 들어갔다고 말해주었다는 것이다.

그리고 저는 먼저 포구에 가서 춘경을 기다리고 있다가 강을 건너 도망했던 것입니다. 이 몸이 종놈 주제에 감히 끝없는 욕심을 부려 상전 살해를 모의했으니 어찌 법을 피하겠습니까?

여주군수 이준규는 할 말을 잃었다. 모든 것이 돈 때문이었다. 돈 때문에 인륜을 저버린 자들을 보고 있자니 마음이 한없이 무거웠다. 남은 일은 보고서를 작성하는 것뿐이었다. 그는 먼저 김인규를 살해한 이춘경에 대해 써나갔다.

흉악한 이춘경은 향곡의 잔반으로 (김정규와) 처음에는 학방에서 알게 되었으나 한방에 같이 거하면서 뜻이 서로 통하게 되었습니다. (이후 김정규가) 사람의 진실됨을 믿고 (이춘경에게) 집안의 재산을 맡겨 출입을 수중에 있게 하니 주인과 객이 서로 뜻이 맞았음은 말할 필요도 없습니다. 그러나 이춘경은 간사하게도 김인길의 감언이설을 듣고는 갑자기 터무니없는 욕심을 품고 그 재산을 수중에 넣으려고 엄청난 일을 벌였습니다. (김인길과) 공모하여 함께 향곡에 이르러 산기슭에 몸을 숨겼다가 김인길의 전갈을 듣고는 달음질하여 곧바로 담을 넘어 김인규의 침방에 들어가니 과연 (김인규는 술에) 취해 곯아떨어져 있었습니다. 이내 차고 있던 칼을 빼 한 번 찔렀으나 부족하여 두 번 찌르고, 두 번 찌르는 것도 부족하여 세 번 찌르게 되었습니다.

이처럼 사람 죽이는 걸 예사로 알았으니 인간의 흉악함이 어찌 이와 같이 극심하겠습니까? 정말 상상 속에서나 볼 지경입니다. 슬프고 참혹하고 흉악하고 독살스럽습니다. 비록 김인길이 시킨 것이지만 찔러 죽인 것은 춘경입니다. 이번 사건의 정범이 춘경임은 의심할 여지가 없는 고로 이춘경을 정범으로 기록합니다. 김정규의 문객으로 뜻밖의 욕심이 생겨 이처럼 흉한 일을 행하니 세상천지에 어찌 이와 같은 변괴가 있겠습니까? 그 죄상을 밝히면 어떤 법을 적용한다 할지라도 죽음을 면치 못할 것입니다.

이제 이춘경에게 살인을 사주한 김인길에 대해 보고할 차례였다.

아아, 김인길은 김인규의 집 노입니다. 40여 년 신임을 얻은 자인 만큼, 그 의탁하고 힘입은 은혜는 골수에 새겨져 은택이 이미 지극하고 극진합니다. 그런데 그에 화답하지 않고 감히 합당치 않은 욕심을 내서 집안

일을 맡아 관리하는 데만 마음을 두었고, 집문서를 다시 찾아서 싼값에 팔아 나누어 쓰자고 (이춘경과 함께) 김인규를 죽일 계획을 도모하니 흉악함이 이와 같습니다.

호랑이를 길러 재앙을 남겨둔 것이라 하겠습니다. 2차 심문 때는 입을 다물고 실토하지 않다가 세 번째 심문에 이르러서야 자복하니 돈이란 것이 죽은 자도 살릴 수 있고 산 자도 죽일 수 있다고 말들 하지만, 어찌 노비와 주인 사이에 이런 불충한 변괴가 있을 수 있겠습니까? 다른 이의 손을 빌렸다고는 하지만 자신이 죽인 것과 다름없습니다. 진실로 죄상을 밝혀보면 오히려 춘경보다 더 나쁜 자입니다.

또 다른 진실이 드러나다

《대전회통(大典會通)》〈살인〉조에는 아내나 상전을 죽인 자는 즉시 참수형에 처한다고 쓰여 있다. 아울러 《대명률》의 살인 공모에 관한 조항을 보면, 살인을 공모함에 주모자는 참수형이다. 여주군수 이준규는 김인길과 이춘경 두 사람 모두 사죄로 다루어질 게 분명하다고 여기고, 자신은 상부의 처분만 기다리면 된다고 생각했다. 그런데 얼마 후 안동 김문을 둘러싼 더욱 흉포한 진실이 드러났다. 용산의 큰형 김정규의 죽음도 김인길과 이춘경의 소행이었던 것이다. 이 둘이 공모하여 밥에 독을 넣어 김정규를 살해한 행적이 밝혀졌다. 천인공노할 사건이었다.[11]

경악할 만한 일은 이춘경과 김인길에게도 일어났다. 두 사람은 여주군

옥사에서 경기도 재판소로 압송될 예정이었다. 그런데 압송 당일 김인규의 첩 최씨와 서자 김두해가 여주군 옥문 밖에서 칼을 품고 숨어 있다가 두 사람이 모습을 드러내자 달려들어 난자하여 살해했던 것이다. 당시 여주의 모든 사람이 이 모자의 복수를 칭송했다. 1904년 6월 4일 자《황성신문》은 이 사건을 다음과 같이 대서특필했다.

모자복수(母子復讎)

여주군에 거주하는 전 학관 김인규 씨 피살사건은 본보에 자주 언급했거니와 다시 사정을 자세히 들어보니 두 범인 이춘경과 김인길을 관에서 조사한 후 당장 타살(打殺, 때려죽임)할 일은 아니어서 해당 군에서 관찰사에게 보고하니 경기도 재판소에서 두 범인을 압송하라 했다. 이에 압송할 즈음에 김인규 씨의 소실 최씨와 그 아들 두해 씨가 소식을 듣고 통곡하면서 이런 원수하고는 한 하늘 아래 같이 살기가 구각(晷刻, 잠깐)이라도 어렵다고 하면서 모자가 예리한 칼을 품고 옥문 밖에 잠복했다가 두 범인을 압송하기 위해 옥문을 여는 순간 일제히 난입하여 두 범인을 모두 칼로 찔러 죽이니[刺斃] 남편과 아버지가 찔릴 때처럼 똑같이 난자한 뒤 자수했다고 한다. 해당 군의 촌민 모두가 최씨 모자의 복수설원(復讎雪冤, 복수하여 원통함을 풀어 없앰)을 칭송했다고 하더라.

수십 년을 모셔왔던 주인댁 나리들을 연이어 살해한 김인길과 이춘경. 김인길은 주사가 되어 주인댁 재산을 손에 넣을 목적으로 주인을 살해할 계획을 세웠고, 이춘경은 자신을 믿고 모든 재산의 관리를 맡긴 주인을 죽이고 이를 빼돌린 뒤, 빼돌린 재산을 돌려달라던 주인의 동생마저 살해했다. 독살과 자살(刺殺)을 서슴없이 저지르던 그들에게 상전은 없었다.

첩 최씨 모자는 어떠한가? 그들이 복수에 나선 것은 어쩌면 김인규에게 입은 은혜가 남달라서였을 수 있지만, 김인규의 죽음으로 가문 내 자신들의 위치가 불안정해질까 두려워서였는지도 모른다. 사정이 어떻든 간에 최씨 모자는 남편이고 아버지인 김인규에 대한 열과 효를 세상에 증명해 보였다. 자신들이 인간으로 대접받을 자격이 있는, '도리'를 아는 인간임을 세상에 보여주려면 달리 방법이 없었는지도 모른다. 그리고 충분히 증명되었기에 여주군민들은 저마다 최씨 모자를 칭송했다.

100년 전 전통의 예교 질서는 이전보다 크게 요동쳤다. 상전을 죽이는 하인들이 늘었던 만큼, 효와 열의 격정 또한 증폭하고 있었다. 기왕의 질서가 빠르게 해체되는 만큼 기왕의 가치를 고수하려는 열의 또한 커졌다. 전통에서 근대로의 이행은 균일한 모습이 아니었다. 모순으로 가득했고, 그 양상은 생각보다 훨씬 복잡했다.

5

변화하는 세상

의로운 폭력, 인간다움을 포기한 대가

전라남도 광양군 봉강면 동학교도 이학조 사건

폭력의 두 얼굴

19세기 말 경상도 진주의 한 사족은 양반 가운데 몰락한 이, 빈민 가운데 동학의 세를 이용해 이익을 얻으려는 자, 양반에게 천시받던 상천, 백성 중에 제법 글자를 아는 자, 병을 치료하려는 환자와 부녀자 들이 동학에 입교했다고 적었다.[1] 결국 일부 상층 양반들을 제외한 대부분의 잔반과, 개벽을 믿고 안 믿고는 상관없이 당장 관정(官庭)에 끌려가 곤욕을 치를 때 도와줄 동료와 이웃이 절실한 사람들이 동학에 가입했던 것이다. 이들은 세상의 온갖 모욕에 노출된 사회적 약자들이었다. 성리학은 누구에게도 '차마 할 수 없는 일'은 하지 말라고 가르쳤다. 하지만 가르침은 제대로 준수되지 않았다. 권세 있는 양반들을 제외한 대부분의 약자들은 '차마 할 수 없는 일'에 끊임없이 노출되었다.

　1894년에 더 이상 인내할 수 없었던 이 약자들이 '차마 할 수 없는 일'을 자행하는 권력에 도전했다. 인간으로서 마땅히 해야 할 바를 행함으로써 인간다움을 확인하려는 이들이 '인간이 곧 하늘'이라는 동학의 기치 아래 모여들었다. 이들의 '의로운 저항', 다시 말해 '의로운 폭력'은 동학농민운동의 동력이자 버팀목이었다. 그러나 '차마 할 수 없는 일'을 더 이상 용납할 수 없었던 이들의 의로운 폭력도 '차마 할 수 없는 일'의 경계를 넘어서면, 그 순간 의로움이란 기초가 무너지고 만다. 폭력이 의로움과 짝할 때 가졌던 힘은 양자 사이가 멀어지는 순간 효력을 상실했다.

이번에 살펴볼 광양의 이학조 검안은 차마 할 수 없는 일을 저지르는 권력에 대항하여 일어선 민중의 의지를 보여주는 동시에 도를 넘은 폭력의 무력함을 보여주는 예이다. 이학조 사건은 하나의 작은 사례에 불과하지만 폭력이 그 자체로 혁명의 동력인 동시에 걸림돌이 될 수 있음을 보여준다. 폭력은 불인인지심(不忍人之心, 차마 할 수 없는 마음)에 기초하여 그 한도 내에서만 행사되어야 비로소 의로움을 인정받을 수 있었기 때문이다.

1894년 전라도와 경상도의 동학농민군

1897년 광양의 이학조 사건을 제대로 이해하려면 그에 앞서 1894년 광양을 포함한 전라도와 경상도의 농민군 활동을 살펴봐야 한다. 먼저 사건의 주인공 이학조와 관련이 깊은 유수덕이란 인물과 '계룡산 개국사건'으로 불리는 변란을 들여다보자.

1894년 5월, 전남의 한 양반이 무장과 영광의 동학군 활동을 우려하며 서울의 지인에게 편지를 보냈다.

근래에 무장과 영광 사이에 집결한 동도(東徒, 동학농민군)를 하나도 토벌하지 못했다니 너무 분하다. 이 지역의 사대부 가운데 곤욕을 치르지 않은 자가 없고 구타까지 당했으니 통탄스럽다.[2]

1894년 6월, 동학군은 전남 순천에 영호도회소(嶺湖都會所)를 설치했다. 김개남의 지휘를 받는 김인배가 대접주였다. 당시 김개남은 전라도를 넘어 경상도의 안의, 함양 등지를 석권할 계획이었다. 순천 인근의 하동과 곤양, 그리고 사천과 진주는 이 지역들로 진출하기 위한 교두보였다.[3] 관군의 기록에 따르면, 김인배는 각처의 무리를 이끌고 순천의 성안에 들어와 무기를 약탈하고 사람들의 재물을 빼앗고 곡식을 거두어들였다. 순천의 아전들은 모두 숨고 백성들은 흩어져 읍 전체가 몰락하고 말았다는 것이다.[4] 당시 대접주 김인배를 도와 순천을 장악한 수접주의 이름이 유하덕이었는데[5] 이학조와 관련된 유수덕은 바로 이 유하덕의 일가붙이로, 1890년경에 이학조와 함께 동학에 가입한 후 수도 정진하며 《정감록》의 새로운 진인(眞人)을 기다리고 있었다. '계룡산 개국사건'의 핵심 인물이었던 그는 일찍부터 자신의 꿈을 이루기 위해 동학농민군과의 연계를 계획했다.

자세한 이야기는 뒤에서 하기로 하고, 우선 순천과 광양 지역 농민군의 활동을 좀 더 살펴보자.[6] 1894년 6월 순천을 장악한 농민군은 같은 해 7월 광양의 농민군과 합세해 경상도 하동을 공격했다. 7월 26일을 전후로 농민군 600여 명이 섬진강 너머 하동으로 진격한 것이다. 하동부사 이채연은 복종하는 체하다가 화개동의 민포군(民砲軍)을 동원하여 농민군을 쫓아내는 데 성공했다. 이에 하동으로 진출하지 못한 농민군은 광양에 집결했고 8월에 다시 하동을 공격했다. 놀란 이채연은 대구로 도주했고 민포대장 김진옥이 겨우 농민군을 막아냈다. 그러나 9월 전투에서 드디어 김인배와 유하덕이 이끄는 농민군 1만여 명이 '보국안민(輔國安民)' 깃발을 휘날리며 하동을 점령했다.

황현(黃玹, 1855~1910)은 《오하기문(梧下記聞)》에서 당시의 정황을 이렇게 묘사했다.

> 김인배는 순천의 도적 유하덕과 함께 1만여 명의 도적을 몰고 와서 강을 끼고 진을 쳤다. 도적들은 방어가 엄중한 것을 꺼림칙하게 여겨 강을 건너려 하지 않았다. 그러자 김인배는 부적을 한 장 그려 수탉의 가슴에 붙이고는, 그 닭을 묶어서 100보 밖에 놓고 총을 쏘아 맞추라고 심복 포졸에게 지시한 후 곧바로 무리를 향해 큰소리로 외쳤다. '닭은 절대로 총에 맞지 않을 것이다. 여러분은 내 부적의 효험을 믿으라.' 잇달아 세 번 총을 쏘았지만 닭은 한 발도 맞지 않았다. 도적들은 환호성을 지르며 부적의 효험이 좋다고 저마다 옷에 부적을 붙이고는 앞다투어 강을 건넜다.[7]

하동을 점령한 농민군은 9월 2일 하동 관아에 집강소를 설치했다. 이후로 경상도 일대의 농민군 활동이 거세졌다. 김인배는 하동을 거쳐 곧바로 진주로 진격했다. 당시의 기록은 "호남의 동학 김인배 등이 하동을 함락하니 진주병사 민준호가 겁이 나서 소와 술로 영접하고 문을 열어

맞아들였다. 그들의 진주 입성은 마치 사람이 없는 곳에 들어가는 듯했다"고 전한다.

김인배와 유하덕의 농민군은 하동과 진주를 점령한 뒤 다시 남해와 사천 등지로 진격을 이어갔다. 이에 경상감사는 다급하게 장계를 올려 농민군 토벌을 요청했고, 정부는 대구판관 지석영(池錫永, 1855~1935)을 일본 영사관이 있는 부산으로 보내 일본군의 파견을 요청하는 동시에 농민군을 공격하라고 지시했다.

1894년 10월 정부군과 일본군의 연합작전이 시작되자 하동과 진주, 광양과 순천의 농민군이 궤멸될 위기에 처했다. 지석영의 정부군에 합류한 하동부사 홍택후의 보고에 따르면, 10월 18일 하동을 출발하여 곤양으로 향하던 일본군 140명이 귀등산에 은신한 농민군을 진압했고, 20일에는 광양으로 건너가 동학농민군 수십여 명을 죽였다. 22일 오전에는 동학농민군 1천여 명이 광양의 사평촌에서 배를 타고 관아를 공격했지만, 일본군은 우병영의 포군 100명 등과 합세하여 이를 막아내고 동학농민군을 진압했다.[8]

동학농민군을 피해 다니던 지방의 사족들 역시 민보군을 조직하여 패퇴하는 농민군을 뒤쫓았다. 전남지역의 전황은《오하기문》이나 일본 공사관의 기록에 자세하다. 이해 12월 초에 이르면 광양과 순천의 동학농민군은 정부군과 민보군의 공격으로 전멸하다시피 했다. 이때 영호 대접주 김인배와 수접주 유하덕도 광양에서 체포되어 처형당했다.[9]《광양현포착동도성명성책(光陽縣捕捉東徒姓名成冊)》은 광양·순천의 대접주 김인배와 수접주 유하덕 그리고 관련 도당 십수 명을 12월 7일과 8일에 연이

채용신, 〈황현 초상〉. 매천(梅泉) 황현은 전라남도 광양 출신으로, 한말의 뛰어난 시인이자 문장가로 꼽힌다. 필자가 이학조 사건에서 인용한 황현의 글들은 대개 《오하기문》에서 발췌한 것이다. 이 책은 황현이 전라남도 구례에 거주하는 동안 직접 보고 들은 사실을 바탕으로 쓴 것으로, 동학농민운동의 배경과 원인, 과정과 결과가 상세히 기록되어 있다. 그림은 1910년 황현이 자결한 뒤, 1911년에 채용신이 황현의 사진을 보고 그린 것이다. 문화재청 제공.

어 효수하거나 총살했다고 기록하고 있다.

12월 8일에는 하동의 관군이 광양의 민가 1천여 채를 불태우기도 했다. 황현은 관군의 약탈과 만행이 도적(농민군)보다 심하다고 탄식하기도 했다.[10] 접주들의 연이은 체포로 농민군은 점차 와해되었고 광양과 순천 지역의 동학농민군은 1894년 말 완전히 궤멸되었다. 동학농민군의 일부는 도망했고 일부는 마지못해 가담했다며 선처를 빌었다.

이학조와 유수덕의 인연

사건의 주인공 이학조는 1893년을 전후로 유수덕과 함께 광양을 중심으로 동학의 교리를 포교 중이었다. 유수덕의 출신은 명확하지 않지만 이학조는 스스로를 몰락 양반이라고 주장했다. 정부에 불만을 품고《정감록》과 동학을 공부하면서 새로운 세상을 꿈꾸었던 이들은 자연스럽게 농민들 속으로 파고들었다.

광양지역에서는 1894년 이전에 이미《정감록》의 진인을 희망하는 변란이 일어났다. 1869년 민회행(閔晦行) 사건이 그것이다.[11] 주모자 민회행은 '이인(異人)'을 자처하며 자신의 행동을 의병의 봉기로 정당화했다. 그는 강진과 광양 일대를 돌아다니면서 전찬문, 이재문 등과 손잡고 관아를 습격한 후 군기를 탈취하는 등 변란을 도모했다가 능지처사되었다. 당시 변란에 동조한 이들의 면면이 상당했다. 탄환을 사들이고 갑옷을 제조하며 사람을 모아 군사 훈련을 시킨 사람, 두령과 대장이 되어 선봉에 서거나 척후를 맡은 사람, 양식을 매입하거나 산에서 제사를 지내는 사람 등 수많은 사람이 역모에 가담하여 조직적인 활동을 펼쳤다. 이들은 사건 진압 후 모두 사죄로 다스려졌다.[12]

민회행 사건이 발생한 지 20여 년이 지난 1893년에도《정감록》의 진인을 맞이하려던 이들이 있었으니, 바로 유수덕과 이학조였다. 이들은 광양을 중심으로 무장과 함평, 영광 등지에서 동학의 교세를 확장하며 새로운 나라를 꿈꾸었다. 당시 사건의 전말은 〈동학도 개국음모건(東學徒開國陰謀件)〉이라는 문서에 상세하게 기록되어 있다.[13] 이 문서는 승산교나

천주교와의 관련성, 그리고 동학과 농민군의 결합을 논할 때 그 근거로 약간씩 언급되어왔다.[14] 또한 변란에 앞장선 다섯 사람(오태원·김병일·김수향·오계원·오두원)의 활동에 주목했을 뿐 유수덕에 관해서는 별다른 언급이 없었다. 그런데 흥미롭게도 이 문서의 작성자는 유수덕을 가리켜 '동학 무리의 왕'이라고 칭했다. 앞의 다섯 사람은 단지 유수덕을 도와 공명을 탐한 무리에 불과하다고 보았다.

광양 출신의 유수덕은 일찍이 동학에 입교하여 호남지역의 동학교도들을 지휘하고 승려들을 부려 농민군 집회에 참여시키는 등 동학의 포교에 주도적 역할을 하고 있었다. 유명한 '시천주 조화정 영세불망 만사지(侍天主造化定永世不忘萬事知)'라는 열세 자의 주문도 그가 만들었다는 소문이 있을 정도였다.[15] 유하덕이 김인배를 도와 영호 수접주로서 광양과 순천 지역의 농민군을 지휘했던 배경에도 유수덕이 있었던 것으로 보인다.

계룡산 개국사건

이제 본격적으로 계룡산 사건을 살펴보자. 동학교도들은 여러 가지 비결(祕訣)에 근거하여 국운이 자신들에게 돌아왔다고 믿고 계룡산에서 개국을 도모했다. 스스로 정부조직도 꾸렸다. 무장에 거주하던 진사 오태원이 영의정을, 김병일이 좌의정을, 오계원이 우의정을 맡았다. 그중 영의정을 자처한 오태원은 1875년 조병만 등 호남 유생들과 함께 홍선대원군의 복권을 요구하는 상소에 연명하고 모금운동에 나서기도 했다.[16] 그는 정치에 깊은 관심을 기울이면서 호남과 서울을 오갔고 갑신정변 세력과도 연락을 주고받았다. 1889년 구씨 선산의 무덤을 허문 뒤 자신들의 조상 묘라고 주장한 오계원과 오태원을 치죄하라는 전라감사의 명을 보면,[17] 무장의 오씨들이 이런저런 일로 정부에 불만을 품었을 가능성이 높다. 한편, 오태원, 오계원, 김병일과 함께 변란의 주동자로 주목을 받은 오두원과 김수향은 각각 내외병권창의도원수와 대사마대장군찰방(大司馬大將軍察訪)에 임명되었다. 그 밖에 정락원, 강일원, 정대유, 정성로, 이홍록 등이 차례로 형조, 공조, 이조, 호조, 예조의 판서로 거론되었다.

한편, 군량을 담당할 운량도감(運糧都監)에는 전 고창현감 이경인이 임명되었는데 함평 사람이었다.《승정원일기》에 의하면, 이경인은 함평의 한량 출신으로 진휼곡(賑恤穀) 2천 냥을 바치고 장흥고(長興庫) 주부(主簿)가 되었다고 한다.[18] 1887년 12월에 고창현감으로 부임한 것도 특별한 공적이 없는 것으로 보아 역시 돈을 헌납한 결과로 짐작된다.[19] 그런데 이듬해 3월에 이경인은 의금부에 나처(拿處)되는 신세가 되었다.[20] 저간의 사정은 자세하지 않지만 고창의 무뢰배가 진교(鎭校)를 구타한 일을 제대로 처리하지 못해 장 80의 처벌과 함께 삭탈관작되었다고 한다.[21] 아무래도 본 사건으로 이경인 또한 정부에 불만을 품고 역모에 가담한 듯싶다.

계룡산 개국사건에는 이렇듯 호남지역의 향반들을 중심으로《정감록》에 몰두하거나 동학에 입교한 사람들이 대거 관련되어 있다. 광양의 이학조 역시 몰락 양반으로 인근에서 품팔이를 하며 연명하던 인물이었다. 대부분이 정치·경제적으로는 상천이나 다를 바 없는 잔반이었던 것이다.

계룡산에서 '개국'을 꿈꾸었던 이들의 서양에 대한 적개심은 특기할만하다. 오태원은 영의정이자 척멸양인양교훈련대장(斥滅洋人洋敎訓練大將)이었다. 그는 김수향을 척양의 선봉장에, 김병일을 부원수에 임명한후 승려들을 양왜탐정사(洋倭探偵使)로 활용했다. 가령, 당시 서울 성북에 거주하던 승려 긍엽으로 하여금 서교(西敎)의 선교활동을 염탐하여 보고하게 했다. 이들은 1892년 이전에 이미 전라도 무장과 영광 등지의 잔반세력, 승려 및 보부상단 등과 연대하여 새로운 혁명을 모의했다. 이들의 구체적인 계획과 활동은 〈동학도 개국음모건〉의 핵심이라 할 만하다.

> 오태원, 김병일, 김수향, 오계원, 오두원 등은 매년 상경하여 정국의 향배를 탐지했다. 이 오인(五人)은 갑신정변(1884년 10월) 당시 사적(四敵, 김옥균, 홍영식, 서재필, 박영효) 등과도 왕래했으며, 호남 동학 십삼포(十三抱)의 영수와 접주들의 우두머리 노릇을 했다. 명산대지(名山大地)에 가서 남조선 정씨를 위해 하늘에 빌고 부처에 빌었으며 항상 천명이 우리 도에 내려와 진주(眞主, 나라의 진짜 주인)를 돕는다고 말했다. 수년 전에는 무주 적상산성의 탄환상자[鐵丸櫃]와 담양 추월산성의 화약상자[火藥櫃]를 훔치기도 했다. '민망(閔亡, 민씨가 망한다)'이란 두 글자를 표시한 동학 무리가 왕비를 비방하고 서양 오랑캐의 전횡을 비판했다.[22]

이들은 정치적으로 흥선대원군을 지지하는 동시에 민씨 척족의 전횡을 비판했다. 호남의 동학 십삼포를 지휘하며 《정감록》의 진인을 보내 구원해달라고 천지신명에게 기도하는 등 천운의 도래를 기원하면서 말이다. 특히 군사작전을 위해 적상산성의 탄환과 추월산성의 화약 등을 훔쳐 비축하기도 했다. 이들은 '척양(斥洋)'과 '민망(閔亡)'을 기치로 변란을 꾸미고 있었던 것이다.

유수덕의 죽음과 이학조의 복수

1892년 오태원 등 다섯 사람은 동학교도 300여 명을 이끌고 선운사 도솔암을 찾아가 석불에 감춰져 있던 금은보화를 탈취했다. 동학교도들은 〈궁을가(弓乙歌)〉를 지어 서로의 느낌을 공유하고 포진할 때도 궁을의 진세를 갖췄다. 이름이나 직함 아래 활시위를 그려 넣고 그 아래 '을(乙)' 자를 써넣어 궁을의 예언을 희망하기도 했다.[23] 이들은 임진년(1892)·계사년(1893)간 혹은 갑오년(1894)·을미년(1895)간에 천운이 도래할 것이 분명한데, 이때 화적과 동학의 무리가 봉기하여 변혁을 이루어낼 수 있다고 믿었다. 비결은 새로운 세상의 도래를 알리는 예언과도 같았다. 물론 이 문서의 작성자는 "비결은 사람들을 선동하려고 지어낸 것이며, (그들은) 석불의 복장 유물(금은보화)을 탐낸 도둑에 불과하다"고 비판했다.

예부터 득도한 고승들은 나라와 세상을 복되게 하는 데 진력했을 뿐 어찌 비결을 가지고 나라의 흥망을 논했겠는가?

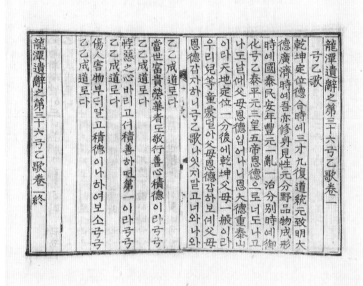

〈궁을가〉. 작자 및 연대 미상의 4·4조 동학가사로, 교주 최제우가 지은 《용담유사》 권36에 실려 전한다. 1행이 끝날 때마다 "궁궁을을(弓弓乙乙) 성도(成道)로다"가 후렴구처럼 반복된다. 국립중앙박물관 소장.

불상을 조성할 때에는 벽사의 의미로 (불상의) 복장에 대장경의 목록을 써넣거나 금, 은 등 보물을 감추어 두곤 했다. 그런데 오태원, 오계원, 오두원, 김병일, 김수향 등 오인이 이를 '비결'이라고 칭하면서 사람들의 마음을 선동하여 도둑질했다. 그들은 재물을 탐내는 화적떼일 뿐이다. 다섯 놈은 모두 정순팔과 유수덕 같은 난도를 도와 공명을 탐하는 자들이다. 정순팔과 유수덕이야말로 동학 무리의 왕이요, 오태원, 오계원, 오두원, 김병일, 김수향 등 다섯 놈은 동학의 신하들[入相出將]에

불과하다.[24]

　흥미롭게도 유수덕은 문서의 마지막에 등장한다. 오태원 등 오인이 아니라 정순팔과 유수덕이 이 모든 거사를 계획하고 지휘한 '동학 무리의 왕'이라는 것이다.

　당시 전라도에는 유수덕처럼 동학을 지지하는 사족이 적지 않았다. 황현은 화순의 진사 조병선과 임실의 진사 한흥교, 흥양의 진사 신서구, 순천의 진사 유재술 같은 사민(士民)들 외에 익산군수와 구례현감, 오수찰방 같은 관리들 다수가 동학농민군을 지지하고 있다고 기술했다.[25] 이들은 해당 지역의 공론을 이끌 만한 인물들이었다. 조선 정부는 금은재화만이 아니라 화약과 탄환 등 무기를 탈취하는 동학교도들을 그대로 둘 수 없었다. 정부의 입장에서 이들은 새로운 세상의 진인을 기다린다며 혹세무민하는 세력이었다.

　고발자(문서 작성자)의 밀고 탓인지는 모르지만, 1893년 광양군수는 유수덕을 '계룡산 개국사건'의 실질적인 배후로 지목하고 체포했다. 당시 광양의 좌수 조용하는 유수덕을 체포하는 데 일등공신이었다. 유수덕과 함께 광양에서 동학 포교에 힘썼던 이학조는 서울로 압송되기 전에 유수덕을 구해내려고 백방으로 노력했지만 실패했고, 유수덕은 서울로 압송되어 결국 사형에 처해졌다.

　이듬해인 1894년 7월, 순천과 광양 지역의 동학농민군 활동이 극에 달했다. 당시 이학조는 광양의 동학 두목[東道巨魁]으로 불리고 있었다. 그는 광양 관아에 설치한 접소(接所)에서 농민군을 직접 지휘하며 유수덕의 체포에 앞장섰던 좌수 조용하를 찾아 복수할 계획을 세웠다. 이학조는 유수덕의 일가붙이이자 영호 수접주로서 당시 김인배와 함께 호남의 동학농민군을 지휘하던 유하덕의 힘을 빌려 수백 명의 농민군을 대동하고 조용하를 쫓았다. 그러나 조용하는 이학조를 피해 들판을 떠돌며 숨어 지내다가 객사한 채 발견되었다.

문제는 그 다음이었다. 이학조는 조용하의 아들 조윤태가 아버지의 장례를 치르기 위해 시신을 집으로 모셔오자 조윤태의 집으로 들이닥쳤다. 그리고 유수덕의 원수를 갚는다며 조용하의 시신에 수발의 총을 쏘았다. 시신에 총을 쏘는 행위는 당시의 사고방식으로 감내하기 어려운 모욕이었다. 농민군의 위세에 눌려 아버지의 시신이 훼손되는 것을 지켜볼 수밖에 없었던 조윤태는 분을 숨긴 채 아버지의 복수를 다짐했다. 복수가 또 다른 복수를 잉태하는 순간이었다.

조윤태의 복수와 '의로운 폭력'

1894년 말 동학농민군의 기세가 잦아들자 조윤태는 부친의 원수를 갚기 위해 이학조를 찾아 나섰고, 1897년 8월 드디어 광양군 사곡면에서 씨름판을 구경하던 이학조를 붙잡았다. 그러고는 집안사람들과 함께 몽둥이로 이학조를 마구 구타하다가 동네 사람들이 말리자 마을 앞 나무 아래 버려두고 떠났다. 이학조의 부인과 아들은 이학조를 들쳐 업고 귀가했다가 조씨들이 재차 들이닥칠까 두려워 이학조를 다시 친척 이달춘의 집에 맡겼다.[26] 아니나 다를까 다음 날 조윤태와 조계민 등 조씨 일족이 숨어 있던 이학조를 찾아내 죽창과 몽둥이로 또다시 구타했다. 이학조의 처와 아들은 사경을 헤매는 이학조를 가해자 조계민의 집으로 옮겼다. 시친이 사망자를 가해자의 집에 데려다 놓고 관에 고발하곤 하던 당시의 상례로 보면 이상한 일이 아니었다. 이학조는 조계민의 집에서 며칠을 앓다가 사망했고, 시친은 살인사건을 관에 고발했다.[27]

1897년 8월, 광양군수는 조윤태를 체포한 후 천살, 즉 사적으로 복수했다는 죄목을 붙여 상부에 보고하며 이웃 순천군수에게 복검을 의뢰해 달라고 요청했다. 9월 19일 순천군수는 상부로부터 한 통의 비밀 훈령을 받았다.

> 광양군 봉강면 강변촌에서 사망한 남자 이학조의 검안을 보니 사망 원인과 정범이 확실하지 않고 처벌방법을 정하기도 어려워 한 번의 검험으로 그칠 수 없다. 이에 순천군수를 복검관으로 정하여 관문을 보내니 해당 군수는 법례에 따라 검험한 후 보고하라. 또한 관문이 도착하는 즉시 사건의 개요를 먼저 보고하라.

순천군수는 훈령을 받은 당일 응참인을 인솔하고 사건현장으로 출발했다. 그러나 날이 어두워져 광양군 봉강면 상봉리에서 하룻밤을 묵고, 다음 날인 20일에 봉강면 강변촌 이학조의 시체가 놓인 장소에 도착했다. 군수는 검험례에 의거하여 사람들이 지켜보는 앞에서 검험을 실시한 뒤, 곧바로 심문에 들어갔다. 맨 처음 불려온 사람은 죽은 이학조의 아들이동영이었다. 그는 초검 때와 달리 사건 발생일에 다른 지역으로 품을 팔러 갔던 터라 모친에게서 들은 이야기 외에는 알지 못한다고 했다.

> 저는 신세가 몰락하여 골약면 등지에서 품을 팔아 먹고삽니다. 어머니께 들은 바로는 부친이 조윤태에게 구타당해 집으로 실려 왔는데, 조가들이 재차 침학(侵虐)할 것이 두려워 18일 아침에 족친 이달춘의 집으로 피했다고 합니다. (그러나 다음 날) 조윤태와 조태흥, 조윤태의 사촌 조계민 등이 다시 이달춘의 집에 찾아와 부친을 또 구타하여 집으로 도망치셨다고 합니다.

순천군수는 이학조의 칠촌 조카 이달춘(28세)에게서 좀 더 자세한 사정을 들을 수 있었다. 이학조가 유수덕의 원수를 갚는다며 객사한 조용하의 시신에 분풀이를 한 일, 소요가 잦아든 후로는 서로의 처지가 바뀌어 조용하의 아들 조윤태가 부친의 원수를 갚겠다며 이학조를 찾아다녔던 일, 그러던 1897년 8월 17일 이학조가 몰래 아들을 만나러 왔다가 씨름판에서 조윤태의 사촌인 조계민에게 붙잡혔고, 이후 조씨 일족이 이학조를 구타하여 살해한 일 등이 그것이다. 놀라운 것은, 조윤태가 동네 사람들에게 관의 명령이라고 사칭하며 이학조의 시신을 불태우려 했다는 사실이었다. 이학조를 구타하여 살해한 것으로도 모자라 시신을 불태워 증거를 없애려 한 것이다. 순천군수는 정범 조윤태를 추문했다. 조윤태는 '아들 된 도리'를 다한 것이라고 항변했다.

1893년에 부친 조용하는 좌수로서 본군(광양)에서 몰래 동학을 공부하던 유수덕을 붙잡아 서울로 압송했습니다. 후에 동학당 이학조도 관정에 불려갔는데 …… 부친이 사주하여 일을 만들었다면서 원한을 품었습니다. 이학조는 갑오년에 동학이 크게 번성하자 수괴가 되어 사방에서 창궐하며 도당을 이끌고 와서는 저희 집에 불을 지르고 가산을 탈취하는 등 여러 차례 아버지에게 곤욕을 가했습니다. 부친은 이 일로 병을 얻었고 이내 들판에서 돌아가시게 되었습니다.

저는 장례를 치르려고 겨우 시신만 서모(庶母)의 집으로 옮겨두었습니다. 그런데 이학조와 그 무리가 난입하여 여간한 상구(喪具)들을 빼앗았을 뿐만 아니라 아버지의 시신에 총을 쏘았습니다. 그러니 아들로서 어찌 복수할 마음이 들지 않겠습니까?

조용하의 집에 불을 지르고 가산을 훔친 것으로도 모자라 시신마저 훼손한 이학조의 행위는 당시의 인정과 도리에 비추어 '차마 할 수 없는 일'이었다. 순천군수는 검안 말미에 이학조 사건은 복수가 또 다른 복수를 낳은 것이라고 보고했다.

이번 옥사는 비류(匪類, 비적 떼)의 세를 믿고 자신의 원망을 이유로 행한 복수가 다시 복수를 낳은 사건입니다. …… 이학조는 갑자기 무리를 만나 도피하지 못하고 원수에게 결박당해 끌려왔습니다. 범인(조윤태)은 이미 복수할 마음으로 가득 차 있었으니 몽둥이와 막대기로 요해처(要害處, 급소)를 어찌 구분하여 때렸겠습니까? …… 몽둥이와 발길질이 닿지 않는 곳이 없었으니 겁을 먹은 이학조는 넋이 나간 채 맹렬한 난타를 당했습니다. 그 자리에서 죽지 않은 것만도 다행일 정도였습니다.

오호라! 집이 불타고 가산을 빼앗긴 데다 부친마저 갑자기 세상을 떠났는데 아버지의 시신에 총을 쏘기까지 했으니, 조윤태는 아들로서 저 하늘을 향해 울면서 뼈를 깎는 고통을 감내해야 했을 것입니다. 그리하여 도당이 모두 흩어진 후에도 항시 복수할 마음뿐이었는데 원수를 잡지 못한 채 세월만 흘러가니 원한은 더욱 깊어만 갔을 것입니다. 다행히 원수 이학조를 체포했으니, 아버지의 원한을 씻고자 하는 마음은 윤상(倫常)과 도리를 따져보아도 누구나 같은 마음이 아니었겠습니까?

물론 조윤태는 설사 아버지를 죽인 원수라 해도 이학조를 관에 고발하여 법으로 처벌함이 마땅한 도리이거늘 …… 사적으로 구타하여 죽음에 이르게 했으니 비록 아버지를 위해 복수했다고 하지만 어찌 천살의 죄를 면할 수 있겠습니까?

복검관 순천군수는 발사에서 조윤태의 복수는 인륜에 비추어보면 정당하지만 법에 저촉되므로 천살의 죄를 물어야 한다고 보고했다. 초검관 광양군수도 같은 주장을 했었다. 초검관은 "조부모나 부모의 원수를 갚은 경우 단지 장 60대에 처한다[祖父母父母 若爲人所殺 而子孫擅殺 行兇人者 罪止杖六十]"는 율문(律文)을 근거로 들었다. '천살'은 법에 따른 처벌을 기다리지 않고 사적으로 사람을 죽였을 때 적용하는 율문으로, 원수를 갚은 일에 관한 처벌 조항이라 일반적인 살인죄와 달리 정상이 참작되었다. 조윤태는 장을 맞은 뒤 곧바로 석방되었다.

19세기 말 동학농민군은 '의로운 폭력'을 주장했다. 그리고 이학조는 바로 그 '의로운 폭력'을 행사하는 농민군의 이름으로 동료를 죽음으로 내몬 조용하에게 복수했다. 과연 의로운 폭력의 한계는 어디까지인가? 성리학의 대중화가 진행되고 있던 19세기 말 조선사회에서 총포를 쏘아 시신을 모욕하는 행위는 인정과 도리를 넘어선 '차마 할 수 없는 일'이었다. 그리고 조용하의 아들 조윤태는 이학조를 난타하여 살해한 뒤 부친의 원수를 갚기 위해 정의의 폭력을 휘두른 것이라 항변했다. 정부는 도리와 인정을 참작하여 사형 대신 '장 60'에 처하는 것으로 그의 항변을 받아들였다.

100여 년 전 이 두 사람은 한결같이 '도리와 인정'을 내세워 상대방에게 폭력을 행사했다. 그러나 인간으로서 차마 할 수 없는 일에 분노해 떨쳐 일어났다는 이들이 어느 순간 '차마 할 수 없는 일'의 경계를 넘어섰고, 그 순간 스스로 내세웠던 정의가 무력해졌다. 폭력은 단지 폭력에 불과한 것이 되고 말았다. 인간다움을 지키기 위한 폭력이란 애초에 가능하지 않은 것인지도 모른다. 살인은 그 자체로 '인간으로서 차마 할 수 없는 일'이기 때문이다.

변화의 시대, 섬마을의 야소교인

경기도 인천군 영종도 조문주 사건

불상을 욕보인 야소교인들

인천광역시 영종도에는 중앙에 산이 하나 있는데, 신라 문무왕 10년(670) 원효대사가 이곳에 절을 창건하여 백운사라 이름 짓고 산 이름도 백운산(白雲山)이라 했다는 이야기가 전한다. 1200년 가까이 지난 철종 5년(1854)에는 흥선대원군이 이 절을 중창하여 용궁사라 개칭하고 고종이 등극할 때까지 거주했다고 한다. 용궁사, 즉 백운사는 이번에 소개할 사건이 시작된 곳이다.

1906년 1월 4일, 야소교(耶蘇教, 예수교 곧 기독교)인 10여 명이 새해를 맞아 백운사에 모였다. 그리고 그곳에서 모임을 갖던 중 우상숭배라며 불상의 코를 칼로 베고 깔개 등을 훔쳤다. 예수교인들이 불상을 훼손했다는 소식은 삽시간에 섬 전체에 퍼졌다. 수일 후 섬 주민들은 영종도의 예수교인 모두에게 죄를 물어야 한다며 통문을 발송한 뒤, 예수교인들을 잡아다가 변상을 요구했다.

1월 16일, 예수교인들은 불상과 깔개 등의 변상을 약속했다. 그러나 변상의 약속은 지켜지지 않았고, 2월 4일에는 섬 주민 수백 명이 전장산에서 민회를 열고 다시 예수교인들을 잡아다가 변상을 독촉했다. 이 과정에서 예수교인 조문주가 섬 주민들에게 구타를 당했고, 2개월 후 사망했다. 문제는 조문주의 사인이었다. 시친들은 일관되게 구타의 후유증으로 인한 사망을 주장했고, 다른 사람들은 시병(時病, 감염병)이나 서양식 병원에서 처방한 약물, 심지어 불상의 저주를 의심했다.

해당 사건에 관해 모두 네 건의 검안이 전한다. 영종도 관할 지방관인 인천군수 김동희(金東熙)의 초검안에 이은 안산군수 이석재(李奭宰)의 복검안, 김포군수 이성직(李性稙)의 삼검안, 마지막으로 통진군수 조동선(趙東善)의 사안(査案)이 그것이다.[28] 거기에는 구한말 개항장 주변으로 급속히 퍼져나간 서양 문물이 일상 속에서 전통과 마찰을 빚는 역사적 장면이 생생하게 담겨 있다.

섬 주민들이 야소교인을 고문하다

초검관 인천군수 김동희는 1906년 4월 영종도의 후소면으로 출동했다. 먼저 죽은 조문주의 육촌 동생인 시친 조성우를 불러 세웠다. 군수는 조문주가 죽기 전에 특정 인물을 범인으로 지목하지 않았는지, 유언은 없었는지를 물었다. 조성우는 조문주의 사망 원인을 구타라고 주장했다.

저는 본래 예수교인입니다. 금년 정월 4일 교도(敎徒) 형제 10명이 운동

삼아 전소면 백운사에 올랐다가, 이성안이 불상의 깔개 두 장을 훔쳤습니다. 2월 4일 섬 주민들이 후소면의 전장산에 모여 저와 교인 7명에게 깔개 값 1만 5천 냥을 물어내라며 주리를 틀었습니다. 저는 너무 고통스러워 어떻게든 벗어나고픈 마음에 집에 가서 돈을 마련해 오겠다고 한 뒤 교회당으로 도망쳤습니다. 그러나 사람들이 교회로 찾아와 창문을 깨고 부녀자를 구타했고, 결국 저를 찾아내 또다시 주리를 트는 바람에 기절하고 말았습니다. 제 안사람이 사방으로 애걸하여 돈 720냥을 구해 왔지만 그런 푼돈으로는 어림없다며 다시 가져가라고 했습니다.

1만 냥이 넘는 큰돈을 구할 길이 없자 조성우가 섬 주민들 앞에서 교인들을 대신하여 잘못을 빌었다. 이를 본 육촌 형 조문주가 참견하고 나섰다. 조문주는 사사로이 사람을 잡아다가 고문할 것이 아니라 관에 정식으로 고발하여 문제를 해결하자고 주장했다. 그런데 갑자기 후소면의 공원(公員) 장주환이 사람들에게 조문주를 결박하라고 했고, 사람들이 결박된 조문주를 마구 때리기 시작했다. 조문주는 왼쪽 무릎을 심하게 구타당해 그 자리에서 기절했고, 동네 의원에게 침을 맞은 후에야 겨우 다리를 폈다 구부렸다 할 수 있었다.

조성우의 진술에 따르면, 이후 조문주는 완치를 위해 인천으로 나가 병원에 입원했다. 당시 개항장 인천에는 일본이 설립한 서양식 병원이 있었는데, 외국인은 물론 조선 사람들도 이용할 수 있었다. 그러나 퇴원하고 집으로 돌아온 지 며칠 만에 오른쪽 사타구니가 부어오르더니 그대로 사망하고 말았던 것이다. 조문주는 당시 쉰 살로 유언조차 남기지 못

1906년의 인천병원. 부산과 원산에 이어 1883년 1월 인천이 개항되자 일본 영사관이 설치되면서 같은 해 10월에 영사관 부속 관립병원(인천 일본의원)으로 문을 열었다. 현재는 그 자리에 인천 인성여자고등학교가 들어서 있다.

했다. 육촌 동생 조성우는 조사관에게 원수를 갚아달라고 간청했다.

예수교인들이 절에 들어가 불상을 훼손하고 깔개를 훔친 일도 문제지만, 섬 주민들이 무려 1만 5천 냥이나 되는 돈을 내놓으라며 주리를 트는 등 고문을 자행한 것이야말로 결코 지나칠 수 없는 큰 문제였다. 인천 군수 김동희는 곧바로 현장을 목격했다고 알려진 정심연(43세)과 최두희(18세)를 심문했다. 이들은 당시 산 아래 수백 명이 운집하여 누가 누구를 때렸는지 정확히 보지 못했다면서 조문주가 쓰러지자 이웃 사람 김귀정이 엎고 갔다는 말만 되풀이했다.

마을에서 일어난 일들은 면장이 가장 잘 알고 있을 터였다. 인천군수는 후소면의 면장 정선화(55세)를 관아의 뜰에 세웠다. 정선화는 지난 2월 4일 전소면에서 통문이 왔는데, 교인들이 백운사의 불상을 훼손하고 깔개를 훔쳐갔으니 전소면과 후소면 사람들이 모두 모여 민회를 열자는 내용이었다고 했다.

> 면장으로서 참여하지 않을 수 없으므로 모임에 참석해보니 여러 사람이 제각기 떠드는 소리로 가득했습니다. 어떤 사람은 깔개 두 장을 새로 마련하라 하고 어떤 사람은 900냥을 갚으라 하며 소란스러운 가운데, 조문주가 무슨 말을 했는지 갑자기 장희길이 옆에서 튀어나와 조문주의 왼쪽 무릎을 돌로 때렸습니다. 그래서 조문주가 쓰러졌고, 여러 사람이 뜯어말리자 이웃사람 김귀정이 조문주를 업고 나갔습니다. 이것이 제가 현장에서 목격한 전부입니다.

후소면장 정선화는 전소면의 통문을 받고 민회에 첨석했다가 장희길이 조문주를 돌로 내리치는 것을 보았을 뿐이라고 답했다. 그렇다면 전소면과 후소면에 통문을 돌려 민회를 개최한 장본인을 찾는 일이 시급했다. 통문을 전달한 사람은 전소면의 공원 류경운이었다. 인천군수 김동희는 통문을 보낸 곡절과 현장의 상황을 이실직고하라고 소리쳤다.

> 저는 일개 공원일 뿐입니다. 어찌 감히 제 마음대로 통문을 돌리기로 결정했겠습니까? (교인들이) 불상을 훼손한 일로 정월 29일에 면내 두민들

이 모여 회의한 끝에 '세상의 도리는 하나인데, 불상이 예수교의 도리에 무슨 방해라고 훼손하는가? 그냥 넘어갈 수 없는 일이다. 섬 주민이 모두 모여 교인들에게 경고해야 할 것이다. 먼저 후소면에 통문을 보내자'고 결의하여 저는 통문을 전달하는 일만 했을 뿐입니다. 결코 제 마음대로 한 일이 아닙니다.

자신은 심부름만 했을 뿐 자세한 내용은 이를 지시한 마을의 영좌와 두민에게 물어보라는 이야기였다. 또한 2월 4일의 민회에 참석하기는 했지만 조문주가 구타당하는 장면은 보지 못했다고도 했다. 그러나 통문을 돌리라고 명한 전소면의 면장 이정후와 영좌 김규현, 두민 이학겸 등은 이미 도주한 뒤였다.

민회를 열다

조선 후기에는 향촌의 자치기구가 자율적으로 향촌의 대소사를 통제하고 조정했다. 중대한 일이 아니라면 관청에 고하지 않고 해당 지역의 유력자(영좌 혹은 두민)들이 민회를 열어 자체적으로 일을 의논하고 처리했다. 민회의 결정에 따라 멍석말이 같은 형벌도 가할 수 있었다. 영종도의 민회에서 교인들을 구타한 일도 이런 관습에 비추어보면 자연스러운 일이었다. 당시 전소면의 통문을 받아든 후소면의 공원 장주환의 증언을 들어보면 민회의 위력을 실감할 수 있다.

저는 후소면 공원 일을 맡고 있습니다. 정월 9일에 전소면에서 통문이 도착하여 열어 보니, '의논할 일이 있으니 후소면의 영좌 및 공원들이 와주었으면 좋겠다'는 내용이었습니다. 이에 저와 면장 등 몇 사람이 전소면에 갔습니다. 전소면의 면장과 영좌 및 공원 등이 말하기를, '이 달 4일에 예수교인 몇 명이 백운사에 들어가 불상을 깎고 발[簾]을 훼손했을 뿐 아니라 깔개 두 장을 훔쳤다. 이에 곡절을 조사하지 않을 수 없다. 훼손된 불상과 깔개 등을 교인들에게 변상토록 요구하는 것은 이치상 당연하다'고 했습니다. 그런데 나중에 들으니 교당에서 전소면에 통문을 보내 깔개와 발 값을 변상할 수 없다고 했다는 것입니다. 이후 전소면에서 다시 통문을 보내왔는데, 민회에 모두 나와 교인들에게 경고하자는 내용이었습니다. 영종도는 전소면이 강대한지라 (전소면이) 통문을 보내오면 후소면의 면장과 동임들은 거절하지 못하는 것이 사실입니다. 그래서 집집마다 통보하여 민회에 참석하게 된 것입니다.

전소면에서 영종도 전 주민의 결의를 보이기로 결정하고 통문을 돌리자 후소면 사람들도 거절하지 못하고 민회에 참석했다는 것이다. 인천군수 김동희는 이쯤에서 검시를 시행하기로 결정했다. 검시를 위해 서기 김제현, 형방 조의환, 율생(律生) 김봉호, 의생 김계호, 오작사령 김천홍을 소집했고, 발고 시친 조성우, 목격자 정심연·최두희·정선화·류경운·장주환 등 사건과 관련 있는 모든 사람을 검시에 입회시켰다. 작간(作奸, 간악한 꾀를 부림)이나 후일의 폐단을 막기 위한 조치였다.

군수는 조문주의 시체를 뒤집어가며 신중하게 검시했다. 입술은 반쯤 벌어진 상태로 핏덩이가 흘러나와 있었다. 그래서 은비녀로 시험해보자 색깔이 변했다. 가슴 부위는 청흑색이었다. 특히 오른쪽 사타구니가 청흑색으로 심하게 부어 있었고, 촉감도 딱딱했다. 곡도(穀道, 항문)를 은비녀로 시험해보니 역시 색이 변했다. 김동희는 사인을 '구타 후 치료에 힘썼지만 끝내 사망함'이라고 결론지었다.

군수 김동희는 시친 조성우를 다시 관정에 불러 조문주의 왼쪽 무릎이 곧 회복되었다는 기존 증언이 사실인지를 재확인하는 한편, 조문주의 시신을 검시한 결과 오른쪽 사타구니가 오히려 심하게 부어 침을 맞은 자국이 낭자한데, 혹시 질병이 있었던 것은 아닌지 물었다. 구타가 아니라 병 때문에 죽은 것이 아닌지 확인하기 위해서였다. 조성우는 자신의 생각은 처음과 똑같다고 항변했다.

> 육촌 형 조문주가 왼쪽 무릎을 구타당할 때 뼈마디가 어긋났습니다. 그리고 여러 사람이 에워싸고 때리면서 어찌 왼쪽 무릎만 구별하여 때렸겠습니까? 생각건대 그날 왼쪽 다리를 구타당할 때 오른쪽 다리 역시 구타당했고, 피가 뭉쳐 피부 속에 쌓여 있다가 3월 무렵에 통증이 생긴 것 같습니다. 이에 침과 약으로 치료하려 했지만 차도가 없었고 결국 60여 일만에 죽게 된 것입니다. 원컨대 명백하게 조사하여 억울함을 풀어주십시오.

시친 조성우는 동시에 여러 사람이 구타에 가담했으니 왼쪽 무릎만 가격하지는 않았을 것이며, 상처가 잠복해 있다가 악화되어 죽었다고 주장했다. 후소면장 정선화의 답변도 처음과 같았다. 당시 사람이 너무 많아 도저히 구타를 말릴 수 없었다는 말뿐이었다. 전소면의 공원 류경운 역시 자신이 아니라 통문을 보내라고 지시한 사람들을 관정에서 심문해야 한다며 억울해했다. 군수는 관에 알리지 않은 채 주민들에게 통문을 돌린 후소면의 공원 장주환을 심문했다.

> 네가 공원으로서 전소면의 통문을 전달하여 집집마다 한 사람씩 모이게 했으니 이것이 백성들의 습속이더냐? 설사 사사로운 통문이라 하더라도 어찌 관에 고하지 않고 마음대로 지휘했느냐? 모두 법에 어긋난 행동이다. 그리고 그날 모임에서 일어난 일을 처음부터 끝까지 보았을 것이니 조문주가 구타당하는 광경도 필시 상세히 보았을 것이다. 또한 장희길은 어떻게 도주했는지 사건의 여러 맥락이 네게 달려 있다. 옥체가 지엄하니 이번 갱추(更推, 2차 심문)에서는 이실직고하라.

장주환은 관에 고하려 했지만 날씨 때문에 육지와 연락이 닿지 않았다고 변명했다. 전소면에서 자꾸 민회 참석을 독촉하여 거절하기 어려웠다고도 했다.

더 이상 심문과 조사를 이어가기 어려웠다. 구타의 장본인으로 지목된 장희길은 물론, 통문을 돌리고 민회를 소집하는 데 앞장섰던 전소면의 민상과 영좌, 누민 등이 모두 도주한 뒤였기 때문이다. 초검관 김동희는 조사를 마무리하고 '구타의 후유증으로 인한 사망'이라는 견해를 덧붙여 보고서를 마무리했다.

조문주는 왜 죽었는가?

1906년 5월 10일, 안산군수 이석재는 조문주 사건의 복검을 명받았다. 그는 현장에 도착한 즉시 검시에 착수했다. 이미 부패가 상당히 진행된 상태였지만, 치명상이라고 할 만한 상흔이 없어 구타 외에 다른 요인이 있을 수도 있다는 생각이 들었다. 복검관 이석재는 검시를 마치고 옥에 갇혀 있던 시친 조성우를 불러냈다.

조성우의 진술은 변함이 없었다. 전소면과 후소면 사람들이 민회를 연다며 교회당으로 찾아왔기에 교인 몇 사람과 함께 참석했지만 터무니없이 많은 돈을 요구했고, 이를 거절하자 주리를 트는 등 고문을 가했다는 것이다. 이때 육촌 형 조문주가 나서서 편을 들자, 주민 김동현이 조문주의 발목을 잡았고 장희길이 돌로 조문주의 무릎을 내리쳤다. 그때는 자신도 주리를 틀려 정신이 오락가락 하는 통에 몰랐는데, 나중에 들어보니 사람들이 조문주의 왼쪽 다리를 꺾고 오른쪽 사타구니를 걸어차는 등 심하게 구타했고, 그 바람에 사타구니가 부어오르는 등 후유증이 심각했다고 강조했다. 이후 백방으로 약을 써봤지만 상태가 오히려 나빠지기만 해서 2월 25일 인천항으로 건너가 인천병원에서 치료를 받게 된 것이라고 했다. 그리고 그곳에서 수십 일을 치료하다가 3월 20일 귀가했지만 증세가 더욱 악화되어 4월 4일 끝내 사망에 이르렀다는 것이다. 조성우는 줄곧 장희길의 구타와 그에 따른 후유증이 사인이라고 주장했다. 그런데 조문주가 맞는 자리에 함께 있었던 후소면장 정선화는 조문주가 사실은 서양 병원이 있던 인천에서 병을 얻어 죽은 것이라 진술했다. 통문을 돌린 장주환도 같은 의견이었다.

(2월 4일 민회) 당일 조문주가 육촌 동생(조성우)을 편들며 공손하지 못한 언사를 하자 사람들이 둘러싸고 차고 밟는 일이 벌어졌습니다. 제가 다음 날 조문주의 집에 가서 안부를 물었지만, '무슨 일로 우리 집에 왔느냐?'면서 발로 차고 담뱃대로 때리기에 그냥 집으로 돌아왔습니다. 그런데 2월 28일 동네 사람 장군칠의 집에 놀러갔더니 조문주가 와 있었습니다. 그래서 지난번 맞은 데는 어떤지 물었습니다. 조문주는 '다 낫지 않았으면 어찌 돌아다니겠는가?'라고 답했습니다.
3월에는 인천군의 아전 이연범이 섬에 공무로 왔다가 조성우에게 형 문주의 병세를 물었는데, '이제 다 나아서 인천항에도 나간다'고 했다는 것입니다. 그 뒤로 조문주가 인천의 처가에서 집짓는 공사를 돕다가 시병에 걸려 3월 28일에 귀가했다가 며칠 만에 죽었다는 소식이 마을에 퍼졌습니다.

초검 때는 후소면의 공원으로서 전소면의 요청에 따라 어쩔 수 없이 후소면 주민들에게 통문을 돌리고 민회에 참석했을 뿐이라고 진술했던 장주환이 그때와 달리 상세한 진술을 이어갔다. 그에 따르면, 조문주의 죽음은 구타 때문이 아니라 인천에서 일하다가 얻은 시병 때문이었다. 무엇보다 조문주는 구타당한 지 보름도 안 돼 마을을 돌아다녔고, 한 달쯤 후에는 인천에 나가 공사 일을 도울 정도로 회복된 상태였다. 이후 전소면 사람들을 심문했지만, 그들의 진술은 한결같았다. 모두가 시병을 사인으로 지목했다.

복검에서는 구타의 장본인인 장희길을 심문할 수 있었다. 인천에서 그를 붙잡았기 때문이다. 장희길은 교인들이 불상의 코를 칼로 자르고 산신도(山神圖)를 찢었다는 소식에 화가 난 섬 주민들이 교인들을 꾸짖고 변상을 요구한 경위에 대해 상세하게 설명했다. 특히 교인들이 "절의 일은 중들과 의논하여 해결할 것이니 주민들은 빠져라"고 해서 섬 주민들이 더욱 분노했다고 주장했다.

> (이에) 섬 주민들이 분개하여 각 면에 통문을 보내고 2월 4일 전장산에 모여 이 문제를 의논하기로 했던 것입니다. 저도 참석했는데 조성우와 조성희, 이름을 알 수 없는 교인, 이렇게 세 사람을 불러다가 물건 값의 변상을 종용했습니다. 이때 조성우가 거절하며 욕설을 퍼부었고 조문주가 적반하장으로 사람들을 밀치고 패설을 늘어놓으며 사람들의 화를 돋워 발에 차이고 밟혔습니다. 저도 욕은 했지만 절대 손댄 적 없습니다.

장희길 자신은 구타는커녕 조문주에게 손도 댄 적이 없다고 주장했다. 그는 묻지도 않은 말들을 늘어놓았다. 인천항에서 온 어떤 사람의 말을 들으니 조문주가 인천에서 일자리를 찾는 중이었다며 아플 리 없다고 했고, 3월 그믐께에는 동네 술집에서 조문주가 신령한 불상의 노여움을 얻어 인천항에서 시병에 걸렸다는 소문을 들었다는 것이다. 아픈 사람이 인천까지 나가 일자리를 구했을 리 없고 죽은 원인도 불상의 저주를 받았기 때문이라는 식이었다. 그런데 그의 주장이 사실이라면 굳이 도망할 이유가 없었다. 복검관 이석재는 장희길에게 도주한 이유를 물었다. 장희길은 잠시 머뭇거리다가 답했다.

조문주가 죽은 뒤 조성희가 조문주의 처와 함께 저를 찾아와 한 손으로 상투를 붙잡고는 목침을 들고 온몸을 때려 거의 죽을 지경이었습니다. 다행히 조문주의 처가 말려 죽음은 면했지만, 당시 조성희가 나중에 보자고 한 말이 두려워 몸을 피했을 뿐입니다. 이후 인천에서 붙잡혀 대령한 것입니다.

의심스러운 인천병원의 가루약

이들의 주장처럼 조문주는 과연 구타가 아니라 시병으로 인해 죽게 된 것일까? 그렇다면 검시 때 나타난 독살의 시반, 즉 입에서 흘러나온 피와 항문을 은비녀로 시험했을 때 색깔이 변한 것은 어떻게 설명할 수 있을까? 복검관은 일단 이 문제를 짚어보기로 했다. 조문주가 먹었다는 인천병원의 조제약이 의심스러웠다. 시친 조성우를 다시 불러 세웠다.

(인천병원에서) 수십 일 동안 치료했다고 했는데 무슨 약을 썼는지 처방에 대하여 낱낱이 고하라. 부검할 때 은비녀의 색이 변한 것은 너를 비롯한 여러 사람이 목격한 바이다. 독을 먹은 것이 아니라면 은비녀의 색이 왜 변했겠느냐?

인천병원의 처방이 독극물과 연결되었다. 조성우는 당황했다. 조문주가 독극물로 죽었을 것이라고는 상상조차 한 적 없기 때문이다. 그는 부검 당시 은비녀의 색이 세 번 모두 변한 것은 자신도 보았지만 독약을 먹고 죽었다는 생각은 하지 못했다며 말을 더듬었다.

복검관은 이어지는 심문에서도 양의의 처방을 계속 문제 삼았다. 섬 주민들에게도 독약 복용은 예상치 못한 일이었다. 이들 역시 은비녀의 변색을 보았지만 독약은 모르는 일이라고 답했다. 그러나 복검관 이석재는 시친 조성우의 입에서 조문주가 인천병원에서 처방받은 가루약을 복용했다는 진술을 받아냈다.

> 육촌 형 조성희를 만나 무슨 약을 먹었는지 자세히 물어보았더니 백동화(白銅貨) 11냥어치의 가루로 된 약을 먹었다고 했습니다. 그 외 다른 약은 복용한 일이 없으며 은비녀의 색이 변한 이유는 잘 모르겠습니다.

하지만 그 가루약의 성분을 알 길이 없으니 은비녀의 색이 변했다고 해서 무턱대고 음독으로 인한 사망임을 단정지을 수도 없었다. 사실 복검관 이석재에게 중요한 것은 독약 복용 여부가 아니었다. 조문주가 구타가 아닌 다른 이유로 인천병원을 찾았음을 확인하고 싶을 뿐이었다. 특히 시병은 구타의 후유증과 달리 조선의 전통적인 약물로 잘 치료되지 않았다. 복검관뿐 아니라 대부분의 사람이 그렇게 믿고 있었다. 그런데 조문주가 굳이 서양식 병원을 찾아 그곳에서 가루로 된 양약을 복용했다면 치명상이 아닌 이상 구타 때문이 아니라 전통 의술로는 치료하기 힘든 병을 치료하기 위한 것이었을 테고, 조문주가 인천에 나가 일을 했다는 진술들로 미루어 사인은 섬 주민들의 주장대로 인천에서 얻은 이름 모를 시병일 가능성이 높았다. 1906년 5월 13일 복검관 이석재는 경기도 재판소에 간략한 보고서를 올려 보냈다.

> 조문주의 시체를 검시한 결과 오른쪽 어깨의 검붉은 상처, 왼쪽 무릎의 딱딱한 부위, 오른쪽 곡추에서 3촌 아래 길이 3촌, 넓이 2촌의 검붉고 단단한 상처 등을 발견했지만 모두 치명상으로 볼 수 없었습니다. 시친의 진술을 살펴보아도 왼쪽 무릎의 돌로 맞은 부위는 약으로 치료되어 걸어 다닐 만했고, 발에 차인 오른쪽 사타구니 역시 치명상은 아니었습니다. 그리고 구타당한 2월 4일로부터 사망한 4월 4일까지는 60일에 이르니 구타로 인한 사망 한도인 40일을 넘습니다. 입이 벌어지고 손발을 펴고 있는 것을 볼 때 법문의 〈시기사(時氣死)〉 조항과 일치합니다. 사인은 시병으로 판단됩니다.

반전은 없었다

이렇듯 초검과 복검의 결론이 엇갈리자, 복검이 끝나고 며칠 뒤인 5월 16일 김포군수 이성직이 삼검관으로 영종도에 발을 디뎠다. 삼검관 이성직은 2월 초 조문주가 구타당했을 때 치료를 담당했던 의원 이화춘(61세)을 심문했다.

2월 5일 후소면에 사는 조문주의 아들이 찾아와서 아버지가 왼쪽 무릎을 구타당해 움직일 수 없으니 침을 놓아달라고 청했습니다. 가보았더니 무릎이 밖으로 부어올랐지만 뼈는 상하지 않았습니다. 이에 침과 함께 솔잎과 소똥을 이용해 뜸을 떴습니다. 하루건너 치료하길 세 차례에 이르자 무릎은 거의 낳았고 3월에는 친척의 집짓는 일을 도와주러 인천항에 나갈 만큼 증상이 호전되었습니다. 그런데 20여 일 후 불행히도 몹쓸 병에 걸려 집으로 돌아왔다가 결국 죽게 된 것입니다.

이화춘은 자신이 침과 뜸으로 구타에 의한 상처를 모두 치료했다고 호언했다. 조문주가 인천에서 시병을 얻은 탓에 지금 조씨 집안에 앓아 누운 자들이 더러 있고, 마을 사람들도 조씨 일가와 왕래를 끊었다는 말도 보탰다. 조문주의 사망은 구타와 관계없다는 진술이었다.

간증 최두희 역시 인천에서 돌아온 조문주를 보았는데 그 증세가 시병이 확실한 듯 보여 더 이상 왕래하지 않았다고 진술했다. 얼마 후 죽었다는 소식이 들려 자신을 포함한 상포계(喪布稧) 회원 14명이 쌀을 모아 부조하고 송판을 마련하여 관을 짜는 등 장례 준비를 하고 있었는데, 어떻게 살인사건으로 비화되었는지 모르겠다고 했다.

장희길 역시 자신의 구타가 아닌 인천에서 옮은 병이 결정적인 사인임을 강조했다.

제가 돌로 조문주의 무릎을 때렸다는 말은 사실무근입니다. 예전에 제가 궁답전(宮畓田)의 마름으로 일하면서 조문주의 소작을 빼앗은 일이 있는데, 여기에 원한을 품은 조씨들이 저를 범인으로 몰려 한 것입니다. 그리고 어찌 제가 발로 차서 죽은 것이겠습니까? 구타당한 지 60여 일이 지나 죽은 것만 보더라도 시병 때문임이 분명합니다. 그런데도 제게 죄를 뒤집어씌우려 하니, 어찌 억울하지 않겠습니까?

조문주의 사인이 시병이라는 쪽으로 점차 무게가 실리자 시친 조성우는 억울함을 호소했다.

야소교는 선한 일을 행하고 마음을 바로잡으라고 가르칩니다. 이성안이 불당의 깔개와 발을 훔쳐다가 수건을 만들고 칼로 불상의 코를 벤 일은 분명 잘못입니다. 저는 그 일에 동참하지 않았습니다. 이는 다른 교인들이 저지른 일입니다. 그런데도 제 육촌 형 조문주가 죽었으니 정말 억울합니다.

삼검관 이성직은 의원 이화춘을 갱추했다. 이화춘은 구타로 인한 사망이 아님을 의원으로서 확언한다고 했다. 처음에 조문주를 치료하러 갔을 때 아픈 곳을 묻자 왼쪽 무릎이 쑤신다고만 했다는 것이다. 나중에 조문주가 시병으로 죽었다는 소문을 듣기는 했지만 자세히 알지는 못한다고도 했다.

조문주의 처 송씨(55세)는 억울하다고 울부짖었다. 남편이 인천병원에서 치료를 받은 후 왼쪽 무릎은 거의 나았지만 갑자기 허리 아래쪽이 아프다면서 몸져누웠다는 것이다.

(남편의) 병세는 열이 나고 두통이 있었습니다. 찬물을 자주 찾기에 따뜻한 물을 마시라고 권했습니다만 열기를 참지 못했습니다. 마침 이름을 알지 못하는 하씨가 왔다가 '후소면 사람들은 이런 증상에는 반드시 패독산을 복용한다'고 말하기에 제가 곧 패독산을 달여 먹였는데 그만 다음 날 숨이 끊어진 것입니다. 검시할 때 은비녀로 곡도를 시험하여 색이 변한 이유는 모르겠으나 복용한 약물이라고는 인천병원에서 지어온 양약과 집에서 먹은 패독산 한 첩뿐입니다. 허리 아래의 통증은 구타로 인한 것이니 억울함을 풀어주십시오.

송씨가 진술한 조문주의 증상과 조문주가 복용했다는 패독산(敗毒散, 유행성 감기 등에 복용하는 한약)은 의원 이화춘의 갱추 내용과 더불어 사인을 시병으로 확정짓는 데 중요한 근거가 되었다. 이에 앞서 간증 최두희는 문안차 들른 조문주의 집에서 조문주가 열과 두통을 호소하는 모습을 보고 시병을 확신했다고 진술한 바 있다. 정심연도 조문주의 집 앞에서 만난 외사촌 서한봉에게서 조문주가 시병으로 앓아누웠으니 왕래하지 말라는 말을 들었다고 했다.

삼검 때는 검시가 불가능할 정도로 시체가 극심하게 부패한 상태였다. 김포군수는 설사 구타로 인해 사망했다고 해도 이미 60일을 넘겨 구타후 기한 내에 사망하면 사인을 구타로 결정한다는 원칙, 즉《대명률》의 '보고(保辜)'에서 정한 최장 50일의 기한을 넘겼다고 판단했다. 이에《무원록》의 〈고내병사(辜內病死)〉조를 적용한다고 해도 '구타당한 후 기한이 지나 시병으로 사망함'이 옳다고 보았다.

마지막으로 통진군수 조동선이 영종도에 파견되었다. 삼검까지 했지만 한 번 더 조사하라는 명을 받았기 때문이다. 그는 검시를 생략한 채 간단한 조사 보고서[審査案]만 작성했다. 그가 판단한 조문주의 사인 역시 시병이었다. 패독산은 다시 한번 시병을 사인으로 결정하는 데 중요한 근거가 되었다. 그사이 인천감옥에 갇혀 있던 시친 조성우를 비롯해 전소면의 공원 류경운, 후소면의 면장 정선화와 공원 장주환, 증인 정심연, 최두희 등도 모두 석방되었다. 구타의 장본인으로 의심받은 장희길만 옥중에서 처분을 기다렸다.

섬에 몰아친 변화의 물결

네 건의 검안은 모두 경기도 재판소 판사 이근홍에게 보고되었다. 이근홍은 1906년 6월 21일 중앙의 법부에 본 사건의 최종 처리과정을 통보했다. 초검 당시 사인을 정확하게 조사하지 않았고 복검 당시 상처를 제대로 기록하지 않은 죄 등을 들어 초·복·삼검의 조사를 수행했던 형리들을 장형에 처했다는 내용이었다.[29] 그러나 장희길에 대해서는 언급한 내용이 없어 사후 조처를 알 길이 없다.

18세기 후반 서교가 조선에 유입된 후 민중들 사이에 전파되면서 특히 충청노 내포와 경기도 인천 그리고 수원 등지에서 교인들이 빠르게 늘어났다. 조선 후기는 성리학의 성숙과 모순이 교차되면서 종래의 이념이 흔들리고 새로운 가치가 모색되는 시기였다. 이런 시기에 서교는 민

인천 내리교회는 한국 최초의 감리교회다. 1891년 초가집으로 출발했으나, 교인이 늘면서 1901년에 십자형 붉은 벽돌의 고딕식 예배당으로 탈바꿈했다. 사진의 건물이 바로 당시에 신축된 예배당 건물이다. 조문주 사건을 촉발한 야소교인들도 바로 이 예배당을 출입했을 것이다.

중들 사이에서 새로운 믿음의 대상으로 받아들여졌다. 보부상 가운데는 전국을 떠돌며 전문적인 설교로 교인 확보에 나선 이들이 있는가 하면, 19세기에는 교인들만 모여 사는 동네도 생겨났다. 이런 상황에서 서교와 전통적인 가치의 갈등은 불가피했다.

100여 년 전 인천 영종도에서 발생한 조문주 사건도 우상숭배 타파를 외치던 서교 교인들이 산신도와 불상을 훼손한 데서 야기된 일이었다. 불상의 노여움을 살까 두려워한 섬 주민들은 1만 냥이 넘는 돈을 빌미로 서교인들을 섬에서 몰아내고 싶었는지도 모른다.

당시 섬 주민들은 가능한 한 관청에 알리지 않고 마을에 통문을 돌려 자체적으로 문제를 해결하려 했다. 향촌 자치는 조선의 오랜 전통이었다. 16세기 이래 조선은 사족들만이 향촌의 대소사를 논의하고 결정할 수 있었다. 성리학의 가르침에 따르면 군자만이 정치에 참여할 수 있었기 때문이다. 그러나 18세기 이후 상황이 달라지기 시작했다. 이 또한 모든 사람이 군자가 될 수 있다는 성리학의 가르침에 따른 것이었다. 누구나 군자가 될 수 있다고 하여 아무나 군자가 되는 것은 아니었지만 대다수의 인민은 앞다퉈 군자가 되려고 애썼고, 이들 가운데 많은 사람이 민회를 통해 정치의 장에 참여했다. 관에서는 무슨 일이든 보고하여 법의 처분을 따르라고 했지만 민중들의 생각은 달랐다. 면장이나 이장, 두민이나 영좌 같은 향촌의 우두머리들은 민회를 열어 지역의 일을 공론화하고 민들과 책임을 나누었다. 영종도의 민회 역시 섬 주민들이 모여 논쟁하고 공론을 만들어나가는 장이었다.

개항장 인천에 이미 서양식 병원이 설립되었다는 점도 이 사건에서 주목할 만한 대목이다. 조선 사람들도 점차 신문물의 혜택을 받았다는 증거이기 때문이다. 영종도 주민들은 민간요법이나 한의술과 한약으로 문제가 해결되지 않으면 더 나은 치료법을 찾아 서양식 병원을 찾았다. 100여 년 전의 영종도, 조용하기만 할 것 같은 그곳에서 전통의 관성과 새로운 변화의 물결이 조우하고 있었다.

우국지사인가, 탐관오리인가

황해도 서흥군 군수 최동식 사건

억울한 마음을 금할 길이 없다

시국에 대해 생각하니 다만 통곡하고 유감을 가지는 것만으로는 안 된다. 내가 본래 용렬하고 우매하여 살아도 세상에 득 될 것이 없고 죽어도 나라에 손해 될 것이 없으니 살고 죽는 것에 경중이 없다. 그러나 분하고 억울한 마음을 스스로 금할 길이 없어 차라리 보지 않는 것이 나을 듯해 이제 이와 같이 하려 한다. 괜히 주변 사람을 의심하지 말고 시신을 드러내 검험하지 말기를 바란다.

1906년 10월 서흥군수 최동식(崔東埴)의 이부자리에서 발견된 유서의 내용이다.[30] 당시 국가의 운명은 풍전등화와 같았다. 1904년 러일전쟁이 발발하자 일제는 한일의정서를 강제로 체결하고 자신들의 야욕을 현실화하기 시작했다. 같은 해 8월에는 제1차 한일협약을 체결, 한국의 재정과 외교에 관한 실권을 장악했다. 지식인들로서는 나라의 앞날을 걱정하지 않을 수 없었다. 1905년 일제는 마침내 을사늑약을 체결하여 한국의

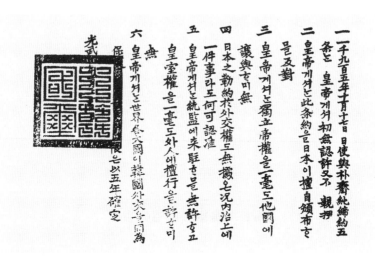

一二千九百五年十月十七日 日使與朴齊純締約五

条눈 皇帝께서初無認許又不 親押

二 皇帝께서눈此条約을日本이擅自頒布한
물라對

三 皇帝께서눈獨立帝權을一毫도他國에
讓與힘미無

四 日本之勒約於外交權도無據온況內治上에
一件事라도何可認准

五 皇帝께서눈統監에来駐힘을無許하고
皇室權을一毫도外人에擅行을許힘미
無

六 皇帝께서눈世界各大國이韓國外交書同為
保全을必五年確定

光武

고종의 을사늑약 무효 선언문. 을사늑약은 1905년 11월에 일본이 한국의 외교권을 박탈하기 위하여 강제로 체결한 조약이다. 원명은 한일협상조약이며 제2차 한일협약, 을사보호조약 또는 을사5조약이 라고도 한다. 조약이 체결된 지 2개월 만인 1906년 1월, 고종은 을사늑약의 무효를 선언하는 국서를 작성했다.

외교권을 완전히 박탈했다. 최동식의 유서를 읽다 보면 시국에 대한 젊은 군수의 울분이 느껴진다.

사망자가 군수인 인명사건은 매우 이례적이라 조사는 군수의 죽음이 자살인지 타살인지의 여부를 밝히는 데 집중되었다. 때가 때인 만큼 일본인 고문은 검시를 요구하는 등 조사에 개입하여 자칫 사건이 반일 감정으로 비화되지 않도록 조심했다. 보통의 인명사건은 해당 지역의 군수가 조사를 담당했지만, 본 사건은 군수가 바로 사건의 당사자라 특별히 황해도 관찰사가 조사를 담당했다. 그러나 황해감사의 보고에도 불구하고 몇 달 뒤 법부는 사건을 황해도 재판소에 내려보내 재조사를 명했다.

사건 발생 직후 서흥군수의 죽음을 놓고 군수 최동식에게 핍박받던 서리들이 군수에게 복수한 것이라는 소문이 돌았다. 신문에는 군수가 독살되었다는 기사도 실렸다. 신문 기사는 '소문을 진실로 만드는 힘'이 있었다. 사건 발생 이틀 만인 1906년 10월 18일 자《대한매일신보》는 2면에 '서흥군수의 갑작스러운 죽음[瑞守暴死]'이라는 제목의 기사를 게재했다. 국한문 혼용의 간단하지만 중요한 뉴스였다.

서흥군수 최동식 씨가 용리(冗吏, 쓸모없는 서리)를 해임하여 관속(官屬)에게 미움받는다 하더니 그끄저께 해당 군에서 폭사(暴死, 갑자기 사망)했다 하더니 필시 그를 미워하던 자[作嫌者]의 중독(毒)한 사(事)인가 하더라.

그런데 며칠 뒤인 10월 22일,《황성신문》은 해당 사건을 조사하던 내부(內部)가 최동식의 죽음을 '복독자살(服毒自殺)'이라고 주장하는 유족의 의견을 받아들여 수사를 종결했다는 소식을 전했다. 기사 제목은 '서흥군수 음독[瑞倅飮毒]'이었지만, 마지막 문구는 조사를 중단한 내부의 거조를 의심하는 듯한 투였다.

서흥군수 최동식 씨가 이달 15일에 폭사함은 이미 기술했거니와 내부에서 최씨의 폭사함을 의아하게 여겨 시신을 검험하기 위해 서서(西署, 서부西部의 경무관서)로 옮기게 명령했더니 최 군수의 친족이 내부에 들어가 독약을 먹고 스스로 목숨을 끊은[服毒自斃] 상태임을 설명하고 그 부모에게 쓴 편지에서 불초자는 임금에게 불충하고 아비에게 불효하니 살아서 나라에 득 될 것이 없다 하고 그 친구 민영균(閔詠均) 씨에게도 영원히 이별하는 글을 남겨 전했고 향장과 수서기에게와 인민에게 유서하여 사후에 중간혐의가 없게 하라고 두세 번 거듭하여 부탁하고 성명장(姓名章)은 불태워버리게 하여 중간에 속임수가 끼어드는 일이 없게 했으며 군의 문서 및 장부와 평일 의복은 일전에 상부에 보내게 했으니 그 자폐(自斃)함이 확실하여 의심할 바 없다 하기로, 내부에서 사망한 원인을 자세히 조사하여 밝히고자 하다가 이로 인해 종결했다더라.

부임한 지 얼마 되지 않은 군수가 사망한 사건이 발생하자 내부는 곧바로 조사에 착수했다. 서리들이 독살했을지도 모른다는 소문마저 나돌았던 터라 더욱 철저한 수사가 필요했다. 하지만 서흥군수 최동식의 유족들이 음독자진이 확실하니 조사를 중지해달라고 요청했고 흥미롭게도 내부가 이를 받아들여 수사를 중단하고 법부에 간단한 보고를 올리는 것으로 사건을 종결했던 것이다. 이렇게 사건은 마무리되는 듯했다. 그런데 몇 달 뒤 법부는 황해도 재판소 판사에게 비밀 훈령을 보내 재조사를 의뢰했다.

서흥군수의 죽음을 재조사하라

황해도 재판소 판사 박이양(朴彛陽)은 법부에서 내려온 제62호 훈령을 읽어보았다. 군수가 갑자기 사망한 후 바로 조사를 했으니 병에 걸려 죽은 것인지 누군가에게 상해를 입어 죽은 것인지 알 수 있었을 텐데, 처음에는 병사를 주장했다가 돌연 약을 먹고 자살했다고 사인을 바꾼 것이 의심스럽다며 재조사를 주문하고 있었다. 그 내용을 보면 재조사 주문이 몇 가지 합리적 의심에 기초하고 있음을 알 수 있다.

> 병사나 자살이나 죽은 것은 매한가지지만 두 가지 설의 어긋남은 천리에 이른다. 행정과 사법을 주관하면서 몽매하게 일을 잘 살피지 아니하고 단지 간사하고 교활한 서리의 조사만을 믿고 상부에 보고하면서 병이니 약이니 운운했으니 소홀하다는 책임을 면하기 어렵다. 서흥군수가 음독한 것이 시국을 비관한 때문이라면 어찌 6월에 상경하여 집안사람들에게 한탄했을 때가 아닌, 관아로 돌아가 업무를 보던 8월에 일을 저질렀단 말인가? 이것이 의심이 가는 첫 번째 이유다. 또한 군수가 문을 닫고 병을 칭하면서 종일토록 음식을 먹지 않다가 밤에 갑자기 죽었다고 하는데, 문을 닫고 음식을 폐한 것이 (약에) 중독된 때문이 아니라고 어찌 확언할 수 있겠는가? 이것이 의심 가는 두 번째 이유다. 군수의 죽음이 만일 세상에 울분을 토하다가 자신을 잊은 때문이라면 어찌 유서에 '다른 사람들을 의심하지 말 것이며 검험도 하지 말라'고 하거나 '집안 형편이 어려워 서울로 시신을 옮기기 힘드니 만일 집안사람들이 서울로 옮기려 들거든 화차로 해서 비용을 줄이라'고 했겠는가? 세상에 분개하여 자신을 잊은 사람이 어찌 생각이 이런 데까지 미칠 것이며 이와 같은 유서를 남길 수 있겠는가? 이것이 의심하는 세 번째 이유다.

법부의 훈령은 군수의 죽음이 과연 시국을 비관한 자살인지 의심하는 내용이었다. 근거는 자살을 할 만한 시기가 아니었다는 점, 정황으로 보아 독살을 사망 원인에서 완전히 배제할 수 없다는 점, 유서의 내용이 시국을 비관하여 자살한 사람이 썼다고 보기에는 사족이 많다는 점 등이었다. 법부는 특별히 황해도 재판소에 관련자들을 소환하여 판사 박이양이 직접 조사할 것을 당부했다.

> 명령이 도착하는 즉시 비밀리에 영리한 순검을 파견하여 사건 당시의 향장과 수리(首吏, 아전), 통인, 하인 들과 운구할 때 서울로 따라간 서기와 통인 등을 일일이 귀 재판부로 압송하여 각 칸에 나누어 가둔 뒤 사실을 조사하여 밝히도록 하라. 반드시 귀 판사가 친히 조사하여 보고서를 작성할 것이며 따로 사람을 파견하여 밀탐해야 할 것이다. 필요할 경우에는 해당 군의 현임 군수를 심문에 참여케 하고 끝까지 사실을 밝혀 보고서를 완성하여 보고하라. 잠시도 지체하지 말라.

향청 서리들의 진술

판사 박이양은 즉시 서흥군 분서(分署)의 총순(總巡) 이완규에게 관련자들을 모조리 재판소로 압송하라고 명했다. 압송된 자들 가운데 가장 먼저 서흥군의 향장 문정순(50세)을 심문했다. 그는 서흥군수를 지근거리에서 모시던 자로서 서흥군수의 죽음을 처음으로 보고한 사람이기도 했다. 판사는 문정순에게 처음에는 군수가 신병을 얻어 죽었다고 보고했다가 나중에 자살한 듯 보인다며 사인을 바꾼 이유를 물었다.

병으로 죽었는지 해를 입어 죽었는지 가리지 않았을뿐더러, 이미 유서가 있었다면 병사가 아님이 확실한데도 처음에 어찌하여 병으로 죽었다고 보고했는가? 또한 유서를 어떻게 발견하여 추후에 보고하게 되었는가? 무언가 곡절이 있을 것이다. 유서에 시국을 개탄하는 말이 있었다면 하필 더 앞도 아니고 뒤도 아닌 8월 28일(양력 10월 15일) 당일에 자진을 시도했단 말인가? 비록 오랜 탄식이 쌓인 것이라고 하지만 그날의 행동이 한층 격동되고 절실한 이후라야 자진할 마음을 먹을 수 있는 법이다. 그날 어느 정도 격동될 만한 일이 있었는가? 또한 스스로 목숨을 끊었다면 스스로 목을 맨 것인지, 독을 먹은 것인지 가히 근거할 만한 실상이 있을 것이다. 그리고 유서를 어느 곳에서 누가 습득했는지, 습득 당시 네가 그 자리에 있었는지 혹 함께 본 사람은 없었는지 밝히도록 하라. 그리고 유서를 가지고 있다면 내놓아라. 아울러 군수의 필적은 네가 상세히 알 터이니 과연 친필인지, 와병 중일 때와 임종할 당시 누가 수발했는지, 이상의 모든 사항을 일일이 고하라.

문정순은 향청 유사들 가운데 으뜸이었다. 그는 아는 바를 차분하게 진술해나갔다. 이에 따르면, 음력 8월 27일(양력 10월 14일)에 서흥군수 최동식은 통인 한 명을 데리고 각 관청을 순시했으며, 다음 날인 28일에는 몸이 좋지 않다면서 모든 공사를 폐하고 관속을 한 사람도 출입하지 못하게 했다. 그리고 저녁 무렵 문정순을 독대했다.

군수께서 본래 앓고 있는 병이 있는데 환절기만 되면 발병한다고 말씀
하신 후, 역참의 주사(主事)가 편지를 보내왔지만 머리가 어지럽고 손이
떨려서 답장할 수 없으니 저에게 대신 답장을 써달라고 하셨습니다. 그
러나 저도 나이가 많아 눈이 침침한 관계로 대신하지 못하고 통인 오영
창으로 하여금 대서하도록 했습니다. 군수가 내용을 부르면 받아 적었
는데, 군의 주사를 문정순으로 확정했으므로 바꾸기 어렵다는 내용이
었습니다. 이후 제게 밥을 먹었냐고 물으시고는 나가서 밥을 먹고 오라
고 하시므로 제가 저녁을 먹고 향유사(鄕有司) 임상률과 함께 들어가 문
후했습니다. 이에 군수께서는 '향청이 비어 있을 것이니 향유사는 나가
서 향청을 지키고 향장은 내 곁에 잠시 머물러 병중의 적적함을 덜어주
시오'라고 부탁하셨습니다.
한밤이 되어서야 방에 가서 쉬라고 하시기에 방에 들어가 막 잠을 청하
려는데 군수의 거친 숨소리가 들렸습니다. 이상한 생각이 들어 통인 오
영창과 함께 침소에 들어가 병세를 살폈더니 군수가 눈을 감고 머리를
떠시는데 멈출 수가 없었습니다. 몸이 어떠시냐고 여쭈었지만 전연 답
이 없었고 이어 정신을 차리시라고 했지만 곧바로 정신을 잃으셨습니
다. 너무 염려되어 방자에게 서기들과 향유사를 불러 모으라고 지시했
습니다.

문정순은 향유사 임상률과 서기 박근호, 박용화, 한문규 등이 차례로

들어오자 그들과 상의한 후 상장벌에 사는 의사 김씨를 불러 진찰하게 했다. 하지만 의사는 화증이라 치료가 어렵다며 일단 배즙으로 시험해보자고 했고, 급히 숟가락으로 배즙을 떠서 입 안에 넣었지만 군수는 한 모금도 삼키지 못했고 전신이 열로 펄펄 끓다가 다음 날 인시(寅時, 오전 3~5시)에 숨을 거두었다고 했다.

> 관아에 시신을 두는 전례가 없으므로 즉시 군수의 시신을 부사청으로 옮기려고 이부자리를 수습하던 중, 통인 오영창이 이부자리 밑에서 본댁에 보낼 서간 한 통과 군민들에게 보이는 글 한 편, 서울 사는 민 주사에게 보내는 서간 한 통과 저에게 내리는 서간 한 통을 발견했습니다. 당시 이 광경은 서기 한문규와 박용화 등 여럿이 함께 지켜보았습니다. 본관 군수의 죽음을 보고할 때 어떻게 글을 작성할지를 여러 서기와 함께 논의했는데 유서의 내용으로 보아 스스로 목숨을 끊은 것 같기는 하지만 글 가운데 스스로 목숨을 끊는다는 말이 뚜렷하지 않아 중대지사를 경솔히 처리할 수 없다고 판단했습니다. 그래서 일단 병환으로 돌아가셨다고 보고한 후, 후임 군수가 정해지면 유서에 대해 아뢰자고 결정했던 것입니다.

이어 문정순은 시국을 개탄하는 마음이 당일에 한층 더 격절(激切)해진 까닭은 모르겠고 목을 맨 흔적이 없어 독을 마신 것으로 보이지만 그 역시 짚이는 형증이 없어 무슨 독을 먹은 것인지도 알 수가 없다고 했다. 문정순은 이어 유서의 진위 여부에 대해 진술했다.

저는 (군수의) 필적을 잘 알고 있습니다. 게다가 부고를 듣고 내려온 군수의 형님께 본댁에 보낼 서간과 유서를 아울러 드렸더니 '이는 내 아우의 친필이다. 일전에 아우가 보낸 편지에 반드시 죽겠다는 말은 없었으나 심히 개탄하는 내용이었는데 끝내 이런 변고가 생겼구나'라고 비통하게 말씀하셨으니 (군수의) 친필임이 분명합니다. 해를 입어 돌아가신 것이 아님은 다시 의심할 바 없습니다.

와병 중에는 저와 통인 오영창, 박명하가 방에 머물러 있었고 임종 때는 서기 박근호와 박용화, 향유사 임상률, 통인 오영창과 박명하, 그리고 제가 옆에 있었습니다. 이에 유서를 바치오니 헤아려 처분해주십시오.

문정순의 답변은 일관되게 조리가 있었다. 숙병을 앓던 군수가 우국의 마음을 이기지 못하고 자살한 듯 보였지만 유서에 자결을 확정하는 내용이 없어 자결로 보고하기 어려웠다는 논리였다. 필적 또한 군수의 형이 직접 아우의 글씨를 확인했으니 의심할 바가 없다는 주장이었다. 내부에서 유족의 청원에 따라 수사를 중지한 데는 그럴 만한 이유가 있을 것이라고도 했다. 문정순은 적어도 서리들과 향청에서 무언가 일을 꾸민 것은 아니라고 답하고 있었다.

판사 박이양은 수서기(首書記) 김성대(38세)를 불러 죽은 최동식의 수석 서기로서 군수의 동정을 상세히 알 것이라며 다음과 같이 물었다.

유서가 있다면 스스로 목숨을 끊었다는 것인데 …… 자결에 어떤 물건을 사용했으며 유서는 어디에 있었고 누가 먼저 발견했는가? 죽기 전에

네가 가까이에서 지켜보았을 것이니 상태가 어떠했으며 임종 전에 무
슨 말을 했는가? 유서는 과연 친필이 분명한가? 친필이 아니라 위조되
었다면 독살된 것이 아니라고 장담하기 어렵다. 스스로 목숨을 끊은 것
과 (누군가에 의해) 독살된 것은 죽은 것은 한가지이나 원인은 천지만큼이
나 차이가 있다. 네가 보고 들은 것을 사실대로 고하라.

수서기 김성대는 자신도 병중이라 당시에는 부름에 응하지 못했고 다
음 날에야 부음을 전해 듣고 군수를 찾아갔다고 진술했다.

인시에 군수가 돌아가셨다는 소식을 전해 듣고 경악하여 병든 몸을 이
끌고 관아에 들어갔습니다. 향장 문정순과 향유사 임상률, 그리고 통인
오영창과 박명하, 서기 박근호와 한문규, 박용화 등이 방에 있었는데
제가 어찌할 바를 몰라 '얼마나 병환이 심했기에 졸지에 돌아가셨는가?
이 무슨 변고인가?'라고 물었습니다.
여러 사람과 논의한 끝에 부사청으로 시신을 옮겼습니다. 그 후 군수의
방으로 돌아와 의복과 사용 물품을 모두 수습하고 다시 청사로 나갔는
데 향장이 와서는 군수의 유서라며 보여주었습니다. 유서 내용을 본 뒤
에야 군수께서 병환으로 돌아가신 것이 아님을 알게 되었습니다.

이후의 진술은 향장 문정순의 진술내용과 다를 바 없었다. 중대사에
경솔히 입을 열 수 없어 일단 병사로 보고한 후 후임관을 기다리기로 했
다는 이야기였다. 자결에 어떤 물건을 사용했는지도 알지 못한다고 했

다. 유서의 필적에 대해서도 군수의 형이 "우리 아우의 친필"이라고 말하는 것을 관속들이 모두 들었다며 위조가 아니라고 답변했다. 서기 박근호(44세)의 답변 역시 같은 내용이었다. 사망 소식을 듣고 달려왔기에 아는 바가 없다는 것이었다.

저는 무임(無任) 서기입니다. 음력 8월 28일에 퇴근하여 집에 돌아가 잤는데 다음날 새벽에 사령이 와서 '향장이 지금 동헌 방에 있는데 군수의 병환이 위중하여 각 관속들을 불러 모았다'고 하기에 즉시 달려갔을 뿐입니다.

흥미롭게도 박근호는 진술 말미에 유서를 본 군수의 형이 동생의 자살을 확신했다고 했다. 그는 자살에 힘을 실어 진술했다.

군수의 백씨께서 부음을 듣고 내려오셨을 때 본댁에 보낼 서간과 유서를 함께 보여드렸는데 보신 후에 여러 사람에게 말씀하시기를, '내 동생이 죽었다는 소식을 듣고 의혹이 없지 않았는데 편지를 보니 의혹이 풀린다. 동생이 평소 나에게 죽고 싶다는 말을 했었는데 유서의 내용이 그의 본의로다. 노친이 안 계시다면 나 역시 따라갈 것이다'라고 하셨습니다. 저의 얕은 생각으로는 유서가 진짜인지 의심할 일은 없을 듯합니다.

장례를 중단하고 시신을 옮기다

서기들은 한결같이 이부자리 밑에서 유서를 습득했고, 유서를 본 군수의 형이 자살을 확신했다고 대답했다. 마지막으로 심문에 응한 서기 김재민 (49세)도 마찬가지였다. 다만 그는 서울로 군수의 시신을 운구하여 갔을 때의 사정을 언급했다. 그는 통인 오영창, 박명하와 함께 군수의 시신을 서흥군 관아에서 서울 본가로 옮기는 일에 따라나섰다. 장례식에 참석하여 한때 모셨던 군수에 대한 예를 다하기로 했던 것이다. 장례 날짜는 1906년 9월 초3일(양력 10월 20일)로 결정되었다. 사건 발생 후 모든 일이 속전속결로 진행되고 있었다. 그런데 장례식 직전에 내부에서 사람이 내려와 장례를 멈추고 즉시 한성부 서서(西署)로 시신을 옮기라고 했다. 시신을 검시하라는 명이 내려온 때문이었다.

최씨 일가는 분주해졌다. 군수의 장조카가 면검을 요청하러 내부에 들어갔고, 그사이에 나머지 사람들은 군수의 시신을 내부의 명대로 한성부로 옮기는 대신 장조카가 올 때까지 선영에서 그대로 기다리기로 결정했다. 장조카는 한낮이 지나서야 돌아왔다.

장조카는 최씨 일족에게 '내부에 들어가 유서를 보여주고 의심할 바 없다는 것을 설명하고 면검을 청했는데, 내부의 관원이 말하기를 일본인 고문이 꼭 검험을 해야겠다고 하니 고문에게 가서 부탁하라고 하여 고문실에 들어가 사정을 설명했지만 끝내 들어주질 않았다. 더 이상 어찌할 도리가 없다. (한성부) 서서로 시신을 옮겨야겠다'고 말했습니다.

뜻밖에도 일본인 고문이 자살로 인정하고 장례를 허용하기로 한 내부의 결정에 반대했다는 이야기였다. 결국 장례식을 치를 수 없게 된 최씨 일가는 서흥군의 서기들에게 귀가를 종용했다. 장례식을 언제 치를지 모르는 마당에 서기들까지 계속 서울에 머물러 있을 필요가 없다고 여긴 때문이었다. 그러나 김재민 등은 기다리기로 결정했다. 검험이 결정되었으니 그냥 내려갔다가는 의심을 살지 모른다고 생각했기 때문이다. 이들은 며칠 더 서울에 머물며 문초를 기다렸다. 그러나 며칠이 지나도록 심문에 응하라는 명이 없고, 마냥 서울에 머물 수도 없어 마침내 서흥으로 귀가했다는 것이다.

당시 일본인 고문은 젊은 군수의 죽음에 의혹을 제기하며 검시를 고집했다. 민감한 시기에 군수의 우국충정이 반일 감정으로 이어지지 않을까 우려했던 것으로 보인다. 말로만 듣던 고문정치를 확인할 수 있는 대목이다. 그러나 검시는 이루어지지 않았다.

판사 박이양은 장례식에 참석했다가 그대로 귀가한 김재민 이하 오영창과 박명하를 심문했다. 판사는 군수의 수족이라 할 수 있는 통인 오영창(22세)과 박명하(20세)에게 군수의 죽음과 관련해 아는 바가 있는지를 물었다. 오영창은 가장 가까운 아랫사람답게 군수의 죽음에 대해 자세하게 진술했다.

음력 8월 28일 아침에 저와 박명하는 잠자리에서 일어나 군수의 명을 기다렸지만 군수께서는 좀처럼 기침(起寢)을 하지 않으셨습니다. 그저 자리에 누운 채로 저희를 불러서는 '내가 금일 몸이 불편하니 단지 기침령(起寢令)만 전하고 공사는 들이지 말라. 그리고 관속과 외부인도 출입시키지 말라'고 당부하셨습니다.

해가 중천에 떴을 때 진지를 올릴지 여쭈었더니 '아직 먹을 생각이 없다. 기다려라'고 말씀하셨습니다. 저녁때가 되어 진배 서기가 누차 진지를 올릴지 여쭈어달라고 하여 다시 물었는데, 이번에는 가져오라고 하셔서 동료 박명하가 밥상을 들고 들어갔습니다. 하지만 곧바로 들고 나오기에 곡절을 물었더니 '군수께서 일어나 앉아 수저를 들다가 다시 내려놓으시고는 돌아누워 장탄식을 하셨다'고 했습니다.

2경(오후 9~11시)에 군수께서 향장을 불러서는 병으로 어지러워 붓을 잡을 수 없다 하시면서 대신 답장을 보내라고 하셨습니다. 향장이 눈이 어둡다고 사양하므로 제가 대서하여 보냈습니다. 야심하자 군수께서 제게 등을 물리라고 하신 후 향장에게 방에 들어가 쉬라고 하시기에 저도 방으로 돌아와 곤히 잠들었습니다. 그런데 얼마 후 향장이 긴급히 저를 부르더니 '군수의 숨소리가 자못 수상하다'고 해서 함께 침소에 들어가 봤는데, 기침이 심하고 인사불성이었습니다. 향장이 놀라 환후가 어떤지를 물었으나 대답이 없었습니다.

이후 사정에 관한 오영창의 진술은 앞서 향장이나 서기들의 진술과 크게 다르지 않았다. 향장이 서기들을 소집하여 약물을 논의할 때 수서기 김성대는 병이 났다며 오지 않았고 서기 박근호와 박용화, 전종순, 향유사 임상률 등이 차례로 들어와 논의한 뒤 의원을 불러 진맥을 했으나 약을 써도 효험이 없을 것이라 하여 급히 배즙을 먹였지만 삼키질 못하다가 다음날 새벽에 유명을 달리했다는 내용이었다. 통인 오영창은 이부자리 밑에서 유서를 발견한 장본인이기도 했다.

> 시신을 옮겨 모시면서 침구를 정리하는데 요 밑에 본댁에 보내는 서간 한 통과 다른 서간 세 통이 있었습니다. 경황 중이라 자세히 살피지 못하고 향장에게 주어 보관하도록 했습니다.
> 저희 두 사람(오영창과 박명하)이 시신을 모시고 부사청에 나갔다가 수서기 김성대와 함께 동헌으로 돌아와 남아 있는 물건들을 일일이 수습했습니다. 여러 서기의 말을 들으니 제가 수습한 편지가 유서라고 했습니다. 그 내용을 보니 스스로 목숨을 끊은 것 같다고 하기에 저는 그런 줄로만 알았습니다. 그 편지를 습득했을 때 함께 본 사람이 누구였는지는 정신이 없는 와중이라 똑똑히 기억나지 않습니다. 그러나 조작되었다고 의심하는 말은 듣지 못했습니다. 독살이라는 것은 정말로 생각지도 못한 일입니다.

오영창과 함께 시신을 부사청으로 옮긴 박명하의 답변 역시 동일했다. 그 이상으로 자세한 정보는 얻을 수 없을 듯 보였지만, 판사 박이양은 사령 옥선일(33세)에게 다시 한번 유서의 진위 여부를 묻기로 했다. 예상대로 대답은 신통치 않았다. 자신은 동헌으로부터 먼 곳에 살고 있어 사건에 대해 전혀 아는 것이 없다고만 했다.

우국지사인가, 탐관오리인가

그런데 판사 박이양은 수사과정에서 뜻밖의 소문을 접하게 되었다. 서흥 군수 최동식이 세금으로 거둔 공전으로 쌀장사를 하다가 손해를 입었고 이를 비관하여 자살했다는 소문이었다.

조선 후기 이래 지방관들의 폐단 가운데 하나가 바로 공전을 이용한 식리 행위였다. 공금으로 물건을 사고팔아 이익을 챙기거나 이자놀이에 나선 것인데, 이는 지방관 혼자서 할 수 있는 일이 아니었다. 반드시 서리들과 공모해야 가능한 일이었다. 지방 수령 대부분이 탐관오리라는 오명을 벗지 못하는 이유가 여기에 있었다. 서리들은 신임 지방관이 부임할 때마다 돈을 불려주겠다고 꼬드겼고 여기에 넘어간 지방관들이 서리들의 횡포를 막기는커녕 이에 동참했던 것이다. 박이양은 당장에 향장 문정순을 불렀다. 문정순은 소문을 극구 부인했다.

저도 읍내 백성들 사이에 군수께서 공전으로 곡식을 무역하다가 손해 본 것이 6만 냥에 달하고 이를 마련할 도리가 없어서 이 지경에 이르렀다는 소문이 돈다는 이야기를 들었습니다. (그러나) 이는 억지스런 추측에 불과합니다. 어찌 이런 이야기를 할 수 있는지 모르겠습니다. 무역한 곡식 숭에 공진이 비고 차는 수에 대해서 상세히 알지 못하여 군수께서 걱정하셨던 것은 맞습니다. 저와 가까운 관속들도 혹 들은 바가 있습니다만 어찌 이 일을 들어 죽음의 증거로 삼으려 합니까?

군수의 유서 중에 여러 말씀은 세상을 분하게 여겨 스스로 목숨을 끊으려는 사람의 생각이 미칠 만한 것이었습니다. 이번에 목숨을 끊겠다고 마음먹은 것이 갑작스러운 분노 때문이 아니라 여러 달 여러 날 생각하다가 당일에 이르러 목숨을 끊은 것이니 그사이에 생각이 이에 미친 것입니다. 이는 군수께서 돌아가신 후의 일을 부탁하신 것이니 의심해서는 안 됩니다. 아울러 의사를 불러 약을 쓴 것과 유서를 습득한 일 모두 여러 사람이 보는 가운데 이루어진 일이므로 그사이에 간교한 계책이 끼어들 틈은 없었습니다.

제가 가지고 있던 서간은 군수의 장조카께서 추후에 돌려주겠다고 하시며 가지고 가셨습니다. 내용 중 하나는 '결전(結錢) 5만 냥을 민 주사의 차인(差人) 김태희에게 돌려주고 2천여 냥은 수서기 김성대에게 받아두라'는 것이었고, 다른 하나는 '가속전(加續錢) 5천 500냥은 누동궁(樓洞宮) 남재극에게 돌려주고 400여 냥은 서울 사람 아무개에게 돌려주라'는 것이었는데 성명은 기억이 나지 않습니다. 제가 보고 들은 것은 이와 같사오니 헤아려 처분해주십시오.

문정순의 진술로 미루어 군수 최동식이 공전으로 이러저러한 돈놀이를 하고 있었음이 분명했다. 판사는 수서기 김성대를 불러 공전문제에 대해 집중적으로 캐물었다. 그가 세금 관련 일을 겸하고 있었기 때문이다. 김성대 역시 돈문제로 인해 자살하거나 독살당했다는 소문은 근거 없는 낭설이라고 일축했다.

공전은 군수께서 서울 사는 민 주사의 부탁을 받고 결전을 김태희에게 주고 곡식을 무역하신 것입니다. 상납 책자에 5만 3천 냥으로 바꾸어주었다고 기록했지만 아직 마감하지는 않았습니다. 설혹 이 돈에 문제가 생긴다고 하더라도 군수에게는 해될 일이 없습니다. 읍내의 우매한 백성들이 사정도 알지 못하면서 헛된 소문을 잘못 전한 것입니다.

과연 돈 때문에 사달이 벌어진 것인가? 황해도 재판소 판사 박이양의 고민이 깊어졌다. 하지만 돈에 관해 자세하게 사정을 설명해줄 사람도, 더 이상 추궁할 만한 증거도 남아 있지 않았다. 공전 투자문제도 더는 자세히 알기 어려웠다. 이에 박이양은 이쯤에서 심문을 마무리하고 사건을 정리하여 보고하기로 결정했다. 다만 법부의 의구심에 대해서는 어느 정도 소명이 필요했다.

첫째, 서흥군수의 죽음이 병 때문이라면 병이 얼마나 심했기에 하룻밤 사이에 갑자기 죽을 수 있는가 하는 문제였다. 둘째, 복독(服毒)의 문제였다. 특히 어떤 종류의 독을 먹었는지는 아무도 지적하는 사람이 없었다. 셋째, 독을 먹었다고 하더라도 스스로 먹었는지 타인이 먹였는지를 분명하게 가릴 방도가 없었다. 넷째는 유서의 친필 여부였다. 마지막은 주위 사람들을 의심하지 말 것과 운구할 때 비용을 절약하는 방법 등을 부탁한 것이 스스로 목숨을 끊으려는 사람의 생각이 미칠 만한 일인가의 문제였다.

판사 박이양은 의심을 해소할 만한 유일한 단서로 군수의 유서를 들었다. 군수의 친형이 아우의 친필 유서임을 인정했고 이에 관한 다른 사람들의 진술 또한 일치하고 있으며 향장이 가지고 있던 유서와 두 조각의 결전 처리기록 역시 착오없이 들어맞았으니, 군수의 자필 유서와 편지임이 분명했다. 이는 군수의 죽음이 병사나 타살이 아니라 자살이라는 증거이므로 적어도 첫째, 셋째, 넷째 의문에 대해서는 더 이상 논구할 필요가 없었다.

결국 판사 박이양은 서흥군수의 우국충정이 하루 이틀 쌓이다가 원통함이 가슴에 사무쳐서 마침내 스스로 목숨을 끊게 되었다고 결론 내렸다. 그리고 사건 당일 밤 군수는 자신이 마신 독극물을 쌌던 약봉지마저 깨끗하게 처리했다고 추론했다. 향장과 통인에게 잠자리에 들라고 당부하고는 몰래 약을 먹고 약을 쌌던 봉지를 찢어 휴지들 사이에 던져놓아 아무도 몰랐던 것이라 추정했다. 그간의 진술이나 정황으로 미루어 서리들은 군수의 죽음과 무관해 보였다. 공전 무역문제로 서리들과 다투다가 독살되었다거나 손실을 비관하여 자살했다는 소문은 그저 확인되지 않은 풍문에 불과했다.

광무 10년(1906) 12월 20일, 황해도 재판소 판사 박이양은 법부대신에게 보고서를 제출했다. 서흥군수 최동식의 죽음은 시국을 걱정하다가 비분강개한 청년의 자결이었노라고.

에필로그

군자를 욕망하라

조선 후기 정조는 문신들을 시험하면서 '명예를 추구하는 선비[好名之士]'를 어떻게 평가할지 물었다. 질문의 의도는 명예욕에 사로잡혀서도 안 되지만 명예를 몰라서는 더더욱 안 된다는 데 있었다. 동시에 공자가 언급한 '광자(狂者)의 용기'를 강조했다. 광자란 '행동이 좀 거칠어 보여도 뜻은 고결한 사람'을 일컫는 말이다. 광자는 겉으로만 군자인 척하는 사이비[鄕愿]와 질적으로 달랐다. 하지만 이 둘을 구별하기는 쉽지 않다. 의욕을 내서 군자를 지향하는 광자와 겉보기에 군자와 다름없는 향원을 구별 짓는 기준은 '순선한 동기'밖에 없었다. 그러나 인간의 속내를 어찌 알겠는가? 정조는 진정성[狂而直]을 강조하면서도 어느 정도 위선을 허용했다. 소민들에게 명예욕을 요청하려면 위선이 불가피하다고 생각했기 때문이다.

정조가 칭송한 소민들은 음란하다는 모욕을 참지 못하고 분격한 은애, 우애 없는 형제를 응징한 신여척, 소민으로서 하지 않아도 될 일에 선뜻 나선 제주의 기녀 만덕 같은 사람들이었다. 이들은 사람으로서 응당 해야 할 바를 한 자들로 칭송받았다. 만덕은 상천으로서 굳이 나서지 않아도 될 구휼에 앞장섰기에 당연한 평가를 받았다. 그러나 은애는 노파를 수십 차례 칼로 찔렀고, 신여척은 사람을 구타하여 살해했다. 그럼에도 정조의 눈에는 이들 모두가 용기 내어 행동하는, 시중(時中)에는 모자라나 공분할 줄 아는 의인이자 군자를 욕망하는 소민이었다.

'군자(君子)를 욕망하라.' 정조는 명예를 향한 소민들의 의지, 사람답고자 하는 그들의 욕망을 부추겼다. 조선 후기 점증하는 욕망의 시대에 욕망을 허한 것이다. 문제는 소민들의 명예욕에 끼어든 '위선'이었다. 군자를 욕망하면서 공적인 의로움을 내세우지만 그 안에 사적인 원한이나 인정 투쟁에 대한 갈망이 끼어들었다. 사회가 인내할 만한 위선의 기준이, 한계가 필요했다. 정조는 대부분의 사람은 마땅히 위선을 자각하고 자정(自淨)할 것이라고 기대했다. 선한 본성을 가진 보통 사람이라면 부끄러움을 알 것이기에, 즉 염치가 있으므로 지나친 명예욕을 스스로 억제할 것이라 여겼다.

박지원은 '명예론[名論]'에서 정조와 마찬가지로 "명예를 아는 사람이 되라"고 했다. 세상은 명실(名實)이 상부(相符)해야 하고, 명과 실이 일치하지 않을 경우 이름값을 제대로 하지 못했다는 부끄러움[恥]을 느껴야 하는데, 이것이 바로 세상의 질서를 유지하는 방법이라는 주장이었다. 그런데 명예욕을 부추기다가는 세상이 겉으로만 군자인 척하는 가짜들로 넘쳐날 것이라고, 공사를 구별하지 못하는 사람들이 '군자를 욕망하라'는 요구에 응해 위선과 거짓으로 명예의 전당에 오를 것이라며 박지원의 주장을 반박하는 사람이 있었다. 이에 대해 박지원은 약간의 위선이 두려워 명예를 추구하는 모든 이를 위선과 거짓으로 매도해서는 안 된다고 재반박했다. 아울러 세상 사람들이 모두 군자라면 왜 자신이 명예욕을 자극하겠냐고 항변하기도 했다.[1] 군자는커녕 사이비조차 없는 시대에 과유불급이라고는 하나 의지를 가진 소민들의 '명예욕'을 고취시키는 일이 불가피하다는 논리였다. 물론 불가피한 만큼 위험해질 수 있었던 것도 사실이다.

평생 천하를 주유하던 공자는 말년에 이르러 귀향을 결정했다. 대부분 광자였던 고향의 제자들을 가르쳐 문명의 세계로 나가도록 만드는 일이 자신의 중책임을 깨달은 때문이었다. 정조는 공자의 말에 깊이 호응했다. 뜻이 높은 광자들이야말로 정조가 바란 은애와 여척, 만덕과 같은 '군자를 욕망한 소민'들이었다. 정조는 소민들 스스로 명예욕으로 떨쳐 일어서기를 바랐다. 정조는 위선의 위험성을 알았지만 그럼에도 '만인(萬人)의 군자화(君子化)'를 강행했다.[2] 정조는 성리학 지배체제의 안정을 위해서 성리학의 이념을 더욱 강하게 소민들에게 설파했다. 그 결과 지배 질서에 적극적으로 호응하는 소민들이 많아진 반면, 역설적으로 지배체제에 도전할 가능성이 높은 의협들도 나타났다. '역사의 아이러니'가 아닐 수 없다.

이처럼 조선 후기 민중의 성장은 성리학의 대중화와 무관하지 않다. 정조는 백성들이 세상에 의리를 떨치고 불의에 분노하기를 바랐다. 만덕이 의리를 떨쳐 '공익'의 이상을 보였다면, 신여척은 불의를 보고 '공분'의 용기를 천명했다. 이들의 명예는 칭찬하기에 부족하지 않았다.

서른여섯의 젊은 나이에 정조의 명에 따라 곡산부사로 부임한 정약용은 1천여 명의 난민(亂民)을 이끌고 곡산부에 나타난 이계심을 의협으로 칭송했다. 정약용은 소민들을 이끌고 그들의 고통을 상소한 이계심에게 벌이 아니라 상을 주어야 한다고 말했다.

> 관이 밝지 못한 이유는 백성이 자신의 이익을 위해서는 애쓰지만, 타인의 고통[民奧]을 들어 관에 대들지는 않기 때문이다. 너 같은 사람은 관에서 천금(千金)으로 사들여야 할 것이다.[3]

한마디로 개인의 이익에만 관심을 기울일 게 아니라 공익의 관점에 서라는 주문이었다. 관을 포함하여 국가가 백성의 고통을 알지 못하는 것도, 그로 인해 정치가 제대로 행해지지 않는 것도 모두가 사익을 위해서는 애쓰지만 공익을 위해서는 나서지 않기 때문이었다. 자신의 이익만 생각할 뿐 다른 사람은 생각지 않는 자사자리(自私自利)의 사적인 이해를 넘어 '공익'에 앞장서야 한다는 그의 주장은 정조가 펼치려던 교화정책의 핵심이었다.

작지만 힘 있는 목소리들

정조가 '소민군자론'을 주창한 이래 성리학의 세속화는 간단없이 진행되었다. 그에 발맞추어 소민들의 욕망도 커져갔다. 성리학의 군자론은

"천자로부터 서인에 이르기까지[自天子以至於庶人]" 모든 인민에게 군자가 되라고 요구했다. 모두가 하늘로부터 명덕(明德)의 선한 본성을 부여받은 만큼, 사람이라면 누구나 도덕적인 삶을 추구할 자질을 갖추고 있으며, 갖추고 있어야 한다고 했다. 소민이라고 예외가 아니었다. 여기서 도덕적인 삶이란 곧 인간다운 삶이었다. 이들은 인간답고자 하는 명예심으로 충만했다. 인간다움을 지키려는 소민들의 의지는 정조의 시대로부터 100년이 지난 19세기 말에도 사라지지 않았다. 도리어 더욱 확대되었다.

100년 전의 검안에는 '인간다움에 호소하는 목소리'가 가득하다. 피해자의 아내나 며느리로, 자식으로 법정에 선 이들은 공분과 인간의 도리를 강조했다. 원통함의 바탕에는 인간다움에 대한 호소가 짙게 깔려 있다. 그것은 단지 약자나 여성, 가장으로서의 목소리가 아닌 인간으로서의 바람이 실린 목소리다.

앞서 충청남도 서산에 살던 과부 유씨의 죽음을 살펴보았다. 어린 수양아들을 둔 유씨는 남편의 삼년상을 치르는 중이었다. 그런데 한마을의 임충호가 유씨의 평소 행실에 대한 악의적인 소문을 날조하여 통문을 돌렸다. 유씨는 분함을 이기지 못해 유서를 남기고 음독자살했다. 유서에는 그녀의 '목소리'가 오롯하다. 자신은 삼년상의 의례를 잘 치르려고 노력해왔다는, 다시 말해 인간의 도리를 저버린 적 없다는 항변이었다.

소민들은 억울하게 죽은 남편과 시아버지를 위해 용기를 내어 지방관 앞에 섰다. 강원도 김화군 원북면의 박조이는 한마을의 강광록에게 살해된 남편 박도진의 억울함을 풀어달라고 했다. 강광록은 박도진의 양자

유흥석의 아내, 즉 박도진의 며느리와 간통하는 사이였다. 박도진은 이 문제(며느리의 간통)를 해결하기 위해 양아들 부부의 이사를 결심했고, 강광록은 떠나지 말 것을 요구했다. 심지어 박도진이 며느리와 함께 살려고 도주하는 것이라는 망언을 서슴지 않았다. 이후 박도진이 아들 부부와 함께 경기도 이천으로 떠났다가 돌아오자, 강광록은 무뢰배를 동원하여 자신의 말을 듣지 않았다며 박도진을 구타하여 살해했다. 박도진의 부인 박조이가 고발하는 일도 방해했다. 그러나 부부의 의리를 다하고자 했던 박조이는 천주교인들의 도움을 받아 이 사실을 관에 고발했다. 용기 내어 김화군수 앞에 선 그녀는 '인간의 도리'를 강조했다.[4]

> 윤5월 6일에 소금을 사러 철원에 갔다가 8일에 집으로 돌아왔는데, 남편이 같은 마을에 사는 강광록 등에게 살해되어 매장되었다고 했습니다. 황급히 마을 사람들에게 어찌 된 일인지 물었더니, '네 남편이 양아버지가 되어 수양 며느리와 함께 살려다가 맞아 죽었다'는 것이었습니다. 부부의 도리로 그냥 넘어갈 수 없어 관에 고하려 했지만 강가와 황가 두 놈이 '네 남편이 죽기 전에 이미 자백한 바 있으니 네가 관에 고하더라도 복수할 수 있겠느냐?'며 위협하는 통에 그리하지 못하고 어떻게든 억울함을 씻을 궁리만 했습니다. 그러던 차에 다행히 천주교인들이 도움을 주어 이렇게 관에 고하게 된 것입니다.

강광록 무리는 '시아버지와 며느리가 화간하는 사이'였다며 이를 빌미로 고발을 방해하고 협박을 일삼았다. 사실무근이었음은 당연하다.

시아버지의 억울함을 풀기 위해 나선 부녀자도 있었다. 강원도 김화군의 박조이는 순교청 감옥에서 목매 자살한 시아버지의 원통함을 풀어달라고 호소했다. 사건의 전말을 묻는 군수 앞에서 동학과 서교의 갈등으로 서교도의 집이 불탔고, 그 피해를 마을에서 공동납으로 해결하려던 중 납부 금액을 두고 다툼이 있었던 사실을 진술했다. 특히 윤경문이 시아버지의 죽음에 주요한 원인을 제공했다며 처벌을 요청했다. 박조이는 '효부의 도리'를 다했다.[5]

경남 진주군 창선면 모산동에 사는 김대근과 임조이는 결혼한 지 9년 된 부부로, 둘 사이에 1남 1녀를 낳았으나 모두 요절했다. 희망을 잃은 임조이는 두부 장사로 생계를 꾸리는 남편에게 걸핏하면 가난을 불평했고 그럴 때마다 남편은 그녀를 구타했다. 한집에 사는 시어머니, 시누이와도 사이가 좋지 않아 집안싸움이 끊이지 않았다. 하루는 며느리 임조이가 시어머니와 다투다가 공손치 못한 말투로 응대하자, 화가 난 남편이 아내를 방 밖으로 던져버렸다. 임조이는 목이 부러져 즉사했다. 남편 김대근은 집 근처 바닷가에 아내의 시신을 던져 익사로 위장했다.[6] 임조이의 오빠 임천호는 죽은 여동생의 시신이 가족을 만나자 눈물을 흘렸다고 진술했다.

죽은 임조이는 제 누이동생입니다. 누이동생은 그날 심하게 맞아서 걸어서 바다에 갈 수 없었습니다. 맞은 증거가 있습니다. 설사 자살을 했다 쳐도 수심 깊은 곳이 가까운 바다에 허다한데 하필이면 3리나 떨어진 장소를 택했겠습니까? 또 (동생이 죽은) 27일 밤은 조수가 빠지는 때였습니다. 그러니 물이 없는 마른 땅에서 익사했다는 것도 이치에 맞지 않습니다.

기이하지만 원통한 죽음이 분명하다는 증거도 있습니다. 검시할 때 숙부께서 누이의 시신을 가리키며, '오늘이 너의 원통함을 씻는 날이다. 네가 신령한 징표를 보여라' 하시며 울부짖었더니, 시신의 눈에서 눈물이 흘러내렸습니다. 당시 검관께서도 친히 보시지 않았습니까? 마당을 가득 채운 남녀노소 모두가 목격한 일입니다. 하늘과 땅을 다할 만큼의 슬픔과 원통함이 아니었다면 어찌 시신이 눈물을 흘렸겠습니까?

죽은 임씨의 가족들은 친친(親親)의 애끓는 심정을 토로했고 이는 모든 이의 공감을 자아내어 눈물을 흘리도록 만들었다.

물론 인륜에 호소하는 목소리만 검안에 전하는 것은 아니다. 기구한 삶을 견디다 못해 배우자를 죽이거나 배우자가 살해당한 것을 알면서도 이를 모른 체한 여성들의 목소리도 있다. 이웃 사는 양반 안치홍과 남편 살해를 공모했다는 혐의를 받은 홍조이는 남편의 폭력을 더 이상 견딜 수 없어서 안치홍이 남편을 살해한 것을 알면서도 묵인했다며 자신의 행위를 변호했다. 부부간의 의리를 저버린 자신을 죽여달라고도 했다.[7] 한편으로는 남편의 구타에 시달리던 자신을 연민하면서 다른 한편으로는 스스로를 '사람답지 못하'고 생각했던 것이다.

처첩 간의 갈등은 조선의 오래된 문제였다. 경상남도 삼가군에 사는 무뢰한 이내영은 본처 공씨 외에 이조이와 이봉아라는 두 첩을 거느렸다. 이내영은 이웃에 사는 양반 전문세로부터 금품을 갈취할 목적으로 자신의 본처 공씨가 전문세와 화간한다며 무고할 계획을 세웠고, 이를 위해 첩 봉아를 꼬드겼다. 봉아는 이내영의 총애를 받고자 본처 공씨를 곤경에 빠뜨리는 일에 동참했다. 이내영은 봉아의 진술을 근거로 전문세 부부를 협박했고, 이로 인해 전문세의 부인 정씨가 억울하다며 자살했다. 그러자 전문세와 죽은 정씨의 처가 사람들이 몰려와 협박을 일삼은 이내영을 결박한 뒤 구타하여 살해했다. 이봉아의 거짓말이 결국 두 사람을 죽음으로 내몬 것이다. 그러나 관아에 끌려온 이봉아는 이내영에게 모든 잘못을 돌렸다.[8]

'화간 혹은 간통의 꼬리표'는 여성들을 강하게 억압했다. 음녀로 몰린 경남 김해군의 이조이는 동네의 이진안에게 겁탈당한 것이지 화간한 게 아니라며 억울함을 호소했다. 남편 박인순마저 이진안에게 살해되었다며 원통해했다. 그러나 가해자로 지목된 이진안은 오히려 이조이가 먼저 유혹했다고 주장했다.

> 작년 8월 20일경 사냥을 하려고 총을 빌리러 갔는데, 박인순의 처 이조이가 혼자 잠을 자다가 창을 들어 (저를) 본 후 저를 방에 들였습니다. 그녀가 먼저 잡아당겨서 결국 통간한 것입니다.

이조이는 피해자일 뿐이었지만 음녀의 멍에와 더불어 남편을 죽게 한 여자로 손가락질을 받았다.[9]

음란하다는 비난을 받은 여성들은 자살을 택하거나 살인을 저질렀다. 경북 영천의 김조이는 박용근의 첩으로 살면서 딸을 낳았지만 어린 나이에 죽자 따로 살림을 꾸렸다. 그 뒤로 박용근이 가끔씩 그녀 집에 들르곤 했는데, 7월의 어느 밤 김조이의 집에 머물다 귀가하던 박용근이 누군가에게 머리와 목을 칼에 찔려 숨진 채로 발견되었다. 미궁에 빠질 것 같았던 사건은 마지막 조사에서 전모를 드러냈다. 박용근이 평소 김조이를 대고모(고모할머니)라 부르며 따르던 그녀의 종손 김봉주(19세)와 그녀의 관계를 의심하고 악의적인 소문을 퍼뜨렸던 것이다. 김조이는 간음을 극구 부인했다. 자신은 물론 종손자를 짐승만도 못한 인간으로 매도하는 것이었기 때문이다. 후일 김봉주는 말도 안 되는 모욕을 더 이상 참을 수 없었다면서 살해를 자백했다.[10]

> 대고모부 박용근은 평소 저를 굉장히 아껴주었습니다. 그런데 금년 여름 제가 대고모집 평상에서 잠을 자던 모습을 본 뒤로 무슨 이유에서인지 차마 입에 담지 못할 추잡한 말로 저를 욕하기 시작했습니다. 하늘 아래 어찌 그런 일이 있었겠습니까? 억울한 마음이 들어 어쩔 줄 몰라 하다가 '박용근이 우리 김씨 집안을 도륙하겠다'고 떠들고 다닌다는 종조(從祖) 김북동의 말을 듣고는 어리고 무식한 놈이 눈에 보이는 것이 없게 되었습니다.

김조이는 아무리 첩이라 해도 인간으로서 '차마 할 수 없는 짓'을 했다는 모욕은 견디기 어려웠다고 진술했다. 김봉주 역시 대고모와 자신을 금수의 무리로 취급한 데 격분했다고 했다. 이들을 살인으로 이끈 것은 역설적이게도 사람다움을 증명하려는 욕망이었다.

인간의 도리를 다하려 한 첩과 서자는 가장을 죽인 원수들을 서슴지 않고 척살했다. 앞서 소개한 안동 김문의 후손 김인규의 첩 최씨와 그 아들은 김인규를 죽인 두 사람을 옥문 앞에서 예리한 칼로 난자했다. 법의 처분을 기다리지 않고 공분에 앞장선 이들 모자를 두고 당시의 신문과 여주군민들은 칭찬을 아끼지 않았다.[11]

명예를 중시하라는 성리학의 주문에 많은 소민이 인간다움을 내세우며 호응했다. 그들은 도리를 저버린 패륜에 공분했다. 하지만 공분할 만한 일과 그렇지 않은 일들이 뒤섞였다. 공분했다지만 전부 공분할 만한 일은 아니었다. 사적인 원한인지 확실치 않은 때가 더 많았다. 공분과 공익에 동참하려는 욕망은 이렇게 문제를 만들었다.

성리학의 세속화, 그 어두운 이면

군자답지 못한 자들은 누구라도 응징할 수 있다는 생각이 점점 커져갔다. 시간을 거슬러 올라가 18세기 후반 전라도 함평에서 벌어진 사건을 보자.

상놈 박유재가 누군가에게 맞아 죽었다.[12] 처음 시신을 조사한 함평군수는 시신의 머리가 일부 깨져 있고, 관자놀이도 구타로 인해 이미 딱딱해져 있다고 보고했다. 상처 없는 곳을 찾기 힘들 정도로 온몸에 얻어맞은 흔적이 가득했다. 범인은 한동네에 사는 양반 안승렴이었다. 상놈이 술을 잔뜩 먹고 온 동네가 떠나갈 듯 큰 소리로 양반과 상놈을 구분 않고 욕을 하고 다니자, 이에 격분한 양반 안승렴이 박유재를 살해한 것이다. 반상의 구분이 엄격한 사회였지만 상놈이 위아래를 들먹이며 욕을 하는 동안 200호나 되는 큰 마을에 사는 누구도 그를 말리지 않았다. 오직 양반 안승렴만 용감하게 나서서 박유재를 타이르다가 끝내 분을 참지 못하고 일을 저질렀다. 안승렴은 박유재를 사립문에 결박한 후 오줌을 먹이고 나막신으로 온몸을 세차게 구타하여 살해했다. 그러고는 양반을 능멸하여 인륜을 어지럽힌 박유재를 몸소 응징한 자신이야말로 당연히 해야할 일을 한 사람이라고 강변했다. 당시 정조는 억강부약(抑强扶弱, 강한 자를 누르고 약한 자를 도와줌)의 취지에 따라 상놈 박유재를 죽인 양반 안승렴을 엄하게 처벌했다. 그러나 후일 이 사건을 검토한 정약용은 정조와 다른 견해를 내놓았다. 안승렴이 박유재를 죽인 것은 상하를 거론하면서 양반을 욕한 상놈을 응징한 의로운 처사였다는 것이다. 야만을 야만으로 다스린 것이 못내 아쉬울 뿐이라고 첨언했다.

> 도리에 어그러진 사나운 상놈들이야말로 세상에서 가장 가증스럽고 죽어 마땅한 자들이다. (특히) 술에 취해 길에서 몇백 호의 큰 마을을 거론하며 마구 욕을 해대는 자라면 인륜을 모르는 자임이 분명하다. 안승렴은 마을에서 한 사람도 감히 나서지 못하고 있을 때, 혈기 왕성한 자가 흥분하여 공공(公共)이 해야 할 일을 했을 뿐이다. 안승렴은 한 마을을 위해 도리를 어긴 흉악한 놈을 없애 모든 이의 치욕을 씻었으니, 비록 사람을 죽였지만 의롭다고 할 만하다. 다만 그 행동과 처벌에 지나침이 있다. 오물을 입에 넣은 것은 분명 법률에 어긋난 일이요, 더욱이 나막신

으로 머리를 때린 것은 문제라 아니할 수 없다. 폭력을 폭력으로, 야만을 야만으로 다스린 것이기 때문이다. 이로써 의로운 응징이 퇴색하여 살인사건이 되고 말았다. 만일 안승렴이 사람들을 불러 모아 박유재를 결박한 후 관아에 신고하여 처벌받게 했다면 최고의 상책이었을 것이다. 혹은 마을 어른들을 공회(公會)에 모이게 하여 그를 때려죽였더라도 백성을 위해 해로움을 없앤 것이니 반드시 죽을죄에 이르지는 않았을 것이다. 참으로 안타까운 일이다.[13]

'벌받아 마땅한 자를 응징하는 것은 의로운 일이다'로 요약되는 정약용의 견해는 음미할 만하다. 응징의 임무를 국가에 맡긴다면 가장 좋겠지만 그러지 않고 사적으로 응징한다고 해서 죽을죄는 아니라는 의미이기 때문이다. 처벌받아 마땅한 자라면 상놈이 양반을 응징하는 일도 가능했다. 아니, 응징해야만 했다. 공분에 앞장서는 데는 반상의 구별이 없었다. 남녀노소도 가릴 필요가 없었다.

검안에 울리는 소민들의 목소리는 '인간다운 삶'을 요구하는 성리학의 예교주의(禮敎主義)와 이에 순응하려는 사람들의 욕망이 빚어낸 화음과도 같다. 그런데 체제에 대한 순응이 세뇌에서 비롯되는 것만은 아니듯, 효와 열과 충의 행위도 반드시 이기적 욕망에서 비롯된 것만은 아니었다. 그런 만큼 효와 열과 충의 행위를 열망한 소민들을 교화 이데올로기에 순응한 이념의 희생양으로 보거나, 그와 반대로 '이기적 주체(agency)'로만 강조하는 것은 무리다. 둘 사이 어디쯤에 위치하는 것이 인간의 삶이기 때문이다.[14]

사실 이보다 더 중요한 질문이 남아 있다. 19세기 말까지 지속된 '성리학의 세속화 과정을 어떻게 이해할 것인가'이다. 검안 속 소민들의 무수한 증언에는 성리학의 예교주의가 남긴 흔적이 다분하다. 그런데 성리학의 지배체제에 성실하게 순응하는 소민들이 늘어갈수록 역설적으로 성리학의 강고한 지배가 무너질 가능성도 높아졌다. 성리학에 충실하려 한 소민들은 현실이 이상으로부터 지나치게 멀어졌을 때 변혁의 에너지를 내뿜었다. 성리학의 교화에 무젖은 소민들이 군자를 욕망하고 공분과 공익에 참여하려는 인정 투쟁에 앞장서면서 조선은 오히려 중세의 문턱을 넘어서고 있었다.

100년 전 성리학의 가르침은 점점 더 깊이 소민들의 일상에 침투했고, 이는 동학과 서교만큼이나 '근대'를 열어젖히는 주요한 역사적 동력이 되었다. 물론 소민들 중 일부는 성리학의 가르침에 염증을 느끼고 서교에 자신을 맡기기도 했다. 또 다른 일부는 서양의 종교를 비판하며 인내천의 도리에 투신했다. 평등한 세상을 꿈꾸는 동학교도들은 성리학의 가치를 일부 수용하는 동시에 성리학의 가치와 강하게 충돌했다. 모욕받은 약자의 편에 서려다가 다른 이를 욕보이는 일도 잦았다. 100년 전 검안에는 이렇게 전통을 지속하려는 의지와 변화에 대한 갈망이 혼재했다. 당시를 살아가던 소민들의 욕망과 삶의 흔적이 가득한 검안을 '깊이 읽어야' 하는 이유가 바로 여기에 있다.

부록

본문의 주
참고문헌

본문의 주

프롤로그

1   이하 내용은 김호, 〈규장각 소장 '檢案'의 기초적 검토〉,《조선시대사학보》4, 1998.; 김호,
    〈100년 전 살인사건, '검안'을 통해 본 사회사〉,《역사비평》55, 2001.; 김호, 〈죽음의 원인
    을 밝히는 원님들〉,《역사비평》56, 2001을 참조하여 서술했다.

2   《永川郡毛沙面采山洞被刺致死男人朴容根獄事文案》(奎 21513)

3   《三嘉郡栢洞面德坪洞致死女人鄭召史男人李乃英兩屍身覆檢文案》(奎 21286)

4   《晉州郡昌善面茅山洞致死女人林召史初檢案》(奎 21358)

5   《晉州郡昌善面茅山洞致死女人林召史初檢案》(奎 21358)

1부 일상의 폭력

1   조선시대 검시에 관해서는 심재우, 〈조선 후기 인명(人命)사건의 처리와 검안(檢案)〉,《역
    사와 현실》23, 1997.; 김호, 《《신주무원록(新註無冤錄)》과 조선 전기의 검시〉,《법사학연
    구》27, 2003.; 김호, 《《검고(檢考)》, 19세기 전반 지방관의 검시 지침서〉,《조선시대사학보》
    72, 2015 참조.

2   조선시대 검시 참고서로 활용된《신주무원록》과《증수무원록언해》등은 현재 모두 번역되
    어 있다. 최치운(김호 역),《신주무원록》, 사계절, 2003.; 서유린(송철의 역),《(역주)증수무
    원록언해》, 서울대학교출판부, 2004.

3   이하 본문의 서술은 서울대학교 규장각에 소장되어 있는《聞慶郡身北面花枝里致死女人黃
    氏案;初檢,覆檢》(奎 21889)에 근거했다. 이하 모든 검안은 서울대학교 규장각 소장본이다.

4   19세기 말 동임은 호구조사나 조세 수취에 동원되는 등 국가 행정의 말단으로서 이런저런 심부름을 하는 직책이었다.

5   《증수무원록언해》권2 〈자액사(自縊死)〉

6   《瑞興郡木甘坊二里小地名舊津洞致死女人李召史文案;初檢》(奎 21306)

7   《遂安郡北面水口坊笏洞金店致死女人田召史屍身初檢文案》(奎 21743)

8   《古阜郡畓內面金鷄里致死女人李姓獄事文案;初檢,覆檢,査案,四文案》(奎 21819, 奎 21386)

9   《槐山郡南中面許文里致死男人金好善屍身文案;初檢,覆檢》(奎 21868)

10   《大邱郡西上面南山里致死男人張萬龍屍身文案;初檢,覆檢》(奎 21528)

11   《聞慶郡身北面花枝里致死女人黃氏案;初檢,覆檢》(奎 21889)

12   《遂安郡南面城洞坊齊洞里小地名三街洞口致死男人李仲瑞屍身初檢,覆檢文案》(奎 21619)

13   《江華府下道面文山洞致死女人羅召史案;覆檢,三檢》(奎 21502)

14   김태곤,《한국무속연구》, 집문당, 1981.

15   당시에는 양력과 음력이 혼용되었다. 정부가 양력 사용을 적극 권장함에 따라 공문서에는 양력 표기가 보편화되었지만 일반인은 여전히 음력을 선호했다. 이 사건 역시 검안을 비롯한 공문서에는 양력 11월 초에 발생한 것으로 적기되어 있지만 음력에 익숙한 일반인은 취조과정에서 사건 발생 일자를 음력으로 기억하고 '지난달'이라 진술하고 있다.

16   《무명자집(無名子集)》〈가금(家禁)〉

17   이하 내용은《沔川郡松巖面奄峙里致死女人初檢文案》(奎 21324)을 참조했다.

18   《성호사설(星湖僿說)》〈호매(狐魅)〉

19   《산림경제》〈구급(救急)〉

20   김호, 《《검고(檢考)》, 19세기 전반 지방관의 검시 지침서〉, 《조선시대사학보》72, 2015.

21   서양에서는 법정에서 탄원이나 변론의 기술, 즉 레토릭이 다양하게 활용되었다. Arlette Farge, *The Allure of the Archives*, Yale University Press 2015 참조. 19세기 조선의 이 같은 사정은 전경목, 〈조선 후기에 서당 학동들이 읽은 탄원서〉, 《고문서연구》48, 2016 참조.

22   《사법품보(司法稟報)》60책, 219면 (奎 17278).

2부 향촌의 실세

1   김호, 〈조선 초기 《의옥집(疑獄集)》 간행과 '무원(無冤)'의 의지〉, 《한국학연구》 41, 2016 참조.

2   김호, 〈조선 후기 欽恤의 두 가지 모색: 윤기와 정약용의 贖錢論을 중심으로〉, 《한국실학학보》 35, 2018 참조.

3   현재 서울대학교 규장각에는 김조이의 죽음에 관한 총 다섯 건의 조사 보고서와 시어머니 이조이의 죽음을 둘러싼 두 건의 보고서가 남아 있다. 이 가운데 특히 삼검관 이병의의 보고서와 오검관 이인성의 보고서가 중요하다. 《山淸郡生林里鴨谷洞致死女人金召史檢屍初檢文案》(奎 26569-1); 《山淸郡生林里鴨谷洞致死女人金召史檢屍覆檢文案》(奎 26569-2); 《山淸郡生林里鴨谷洞致死女人金召史檢屍三檢文案》(奎 26569-3); 《山淸郡生林里鴨谷洞致死女人金召史檢屍四檢文案》(奎 26569-4); 《山淸郡生林里鴨谷洞致死女人金召史檢屍五檢文案》(奎 26569-5); 《山淸郡獄中致死女人李召史初檢案》(奎 25063); 《山淸郡獄中致死女人李召史獄事檢查案》(奎 25062)

4   초검·복검 검안의 이조이 증언을 참조했다.

5   실제 삼검안(三檢案)은 1903년 4월 5일 '삼검관 곤양군수 이병의'의 이름으로 보고되었다.

6   《사법품보(을)》 39책(奎 17279)

7   조선 후기 산송의 제 면모에 대해서는 김경숙, 《조선의 묘지 소송》, 문학동네, 2012 참조.

8   《세종실록》 〈지리지〉 '진주목 창원도호부(晉州牧昌原都護府)'

9   《송자대전(宋子大全)》 권184 〈예조참판 정공 묘지명(禮曹參判鄭公墓誌銘)〉

10   《서석선생집(瑞石先生集)》 권16 〈경림군 이공 묘지명(慶林君李公墓誌銘)〉; 《송자대전(宋子大全)》 권205 〈형조판서 조공 시장(刑曹判書趙公諡狀)〉

11   《명곡집(明谷集)》 권22 〈관찰사 증좌찬성 천파 오공신도비명(觀察使贈左贊成天坡吳公神道碑銘)〉

12   《계곡선생집(谿谷先生集)》 권6 〈송 전주부윤 이창기 서(送全州府尹李昌期序)〉

13   《승정원일기》 1747년(영조 23) 5월 25일.

14   《승정원일기》 1797년(정조 21) 5월 12일.

15   《승정원일기》 1733년(영조 9) 6월 16일.

16 《승정원일기》1735년(영조 11) 윤4월 6일.

17 《승정원일기》1737년(영조 13) 4월 20일.

18 《영조실록》1748년(영조 24) 6월 20일.

19 《승정원일기》1768년(영조 44) 5월 6일.

20 《승정원일기》1780년(정조 4) 7월 3일.

21 《율곡선생전서(栗谷先生全書)》권16 〈사창계약속〉

22 양거안(梁居安, 1652~1731), 《육화집(六化集)》권3 〈쌍봉동중선속계약속(雙峯洞中善俗契
約束)〉; 김유(金楺, 1653~1719), 《검재집(儉齋集)》권29 〈해서향약(海西鄕約)〉

23 《승정원일기》1655년(효종 6) 7월 23일.

24 《속대전》〈형전(刑典)〉 '소원(訴冤)'조

25 김병건, 《무명자 윤기 연구》, 성균관대학교출판부, 2012, 108~118쪽.

26 《무명자집(無名子集)》권6 〈가금(家禁)〉

27 《이선생유훈(二先生遺訓)》, 국립중앙도서관 소장본(古朝 00-4).

28 《하정선생문집습유(芐亭先生文集拾遺)》권4 〈정순영장(呈巡營狀)〉

29 《존재집(存齋集)》권3 〈봉사(封事)〉

30 정약용(박종천 역), 《다산 정약용의 풍수집의》, 사람의무늬, 2015.

31 《江原道淮陽郡長楊面翰峙里致死男人金甲山初檢案》(奎 21061)

32 《龍川郡內上面南陽里致死人李樞奎屍身覆檢案》(奎 21382)을 참조하여 정리했다.

33 《黃海道新溪郡栗坊大洞致死男人朴奉祿獄事文案》(奎 21605)을 중심으로 정리했다.

3부 인륜의 역설

1 용천뱅이는 나환자를 지칭하는 용어이기도 하다.

2 《인조실록》1638년(인조 16) 1월 28일.

3 《승정원일기》1727년(영조 3) 12월 1일.

4 이창동, 《녹천에는 똥이 많다》, 문학과지성사, 1992.

5 三木榮,《朝鮮醫學史及疾病史》, 思文閣, 1963.

6 《광해군일기》1612년(광해군 4) 4월 22일.

7 《오주연문장전산고》〈계변증설(雞辨證說)〉

8 중국에서도 나병에 대한 사회적 두려움과 낙인찍기는 마찬가지 현상이었다. Angela Ki
Che Leung, *Leprosy in China: A History*, Columbia University Press 2009.

9 〈김씨성심〉,《대한매일신보》1908년 11월 14일 자.

10 〈生兒를 割腹取膽, 배를 가르고 쓸개를 빼내어, 듣기만 하여도 소름이 끼쳐〉,《매일신보》
1914년 5월 24일 자.

11 〈문둥病 고친다고 從妹(八歲)를 殺害 犯人에게 死刑을 言渡〉,《매일신보》1940년 9월 19일
자.

12 《南原郡南生面致死男人金判述子六歲兒及李汝光李君必李判用查案》. 이하 사건은 본 사안을
참조하여 정리했다.

13 조선시대에 일정한 직역이 없는 무역(無役) 상태의 사람을 통칭하는 표현이다. 19세기 후
반 이후 주로 상층 평민이나 하급 양반들이 군역을 지지 않기 위해 사용했던 것으로 보인다.

14 '감정체제'는 당대의 이데올로기나 가치관에 반응하는 역사 속 주체(agency)들의 능동성
을 고려한 역동적인 개념이다. 윌리엄 레디(William M. Reddy), 김학이 역,《감정의 항해
(The Navigation of Feeling: A Framework for the History of Emotions)》1장, 문학과지성사,
2016 참조.

15 조선 후기 정의감을 둘러싼 감정체제에 대해서는 Kim Jisoo, *The emotions of justice: gender,
status, and legal performance in Chosŏn Korea*, University of Washington Press 2015 참조.

16 김호, 〈조선 후기 강상(綱常)의 강조와 다산 정약용의 정(情) · 리(理) · 법(法) -《흠흠신서》
에 나타난 법과 도덕의 긴장〉,《다산학》20, 2012.

17 이하 내용은《楊口郡亥安面五柳洞致死男人金嚴回萬垈洞致死女人金召史屍身初檢文案》(奎
21066)을 참조하여 정리했다.

18 《무원록》에는 십자(十字)로 매듭을 묶을 경우 살아남지 못한다고 하여 '사투(死套)'라 했다.

19 신병주 · 노대환,《고전소설 속 역사여행》, 돌베개, 2002.

20 《청장관전서(靑莊館全書)》권71 〈선고적성현감부군연보(하)(先考積城縣監府君年譜下)〉

21 《흠흠신서(欽欽新書)》권8 〈상형추의(祥刑追議)〉 11 '정리지서(情理之恕)' 8.

22 김호, 〈의살(義殺)의 조건과 한계 – 다산의 《흠흠신서》를 중심으로〉, 《역사와 현실》 84, 2012 참조.

23 김호, 〈연암 박지원의 형정론〉, 《법사학연구》 54, 2016.

24 《흠흠신서》 경사요의(經史要義) 1 〈의살물수지의(義殺勿讎之義)〉

25 이하 《일성록》 1798년(정조 22년) 5월 기사 참조.

26 이하 내용은 《忠淸南道瑞山郡銅巖面夫丹里致死女人柳氏獄事文案》(奎 21648)에 근거했다.

27 검안에는 양반은 의민(矣民), 양민 이하 상놈은 의신(矣身), 그리고 여성은 의녀(矣女)로 표기되어 있다. 한옥동은 16세 이하의 어린아이라 '의동(矣童)'으로 표기했다.

28 이름은 비(肥), 노나라의 재상이다. 《소학(小學)》에 자세하다.

4부 욕망의 분출

1 같은 일을 하는 동료. 조선시대에 보부상이나 나무꾼들은 같은 일을 하는 동료를 '동무'라 불렀다.

2 초검 때는 안치홍이 도주한 상태라 심문하지 못했다. 이후 서울의 법부에 의해 체포되어 지평군으로 이송된 덕에 복검관 횡성군수 구연소는 안치홍을 조사할 수 있었다. 필자는 복검안(《砥平郡下東面草川里致死男人金正善獄事覆檢文案》(奎 21454))을 중심으로 본 사건을 정리했다.

3 안치홍은 마지막 조사에 이르러서야 비로소 자신이 모든 계획을 세우고 고덕인을 사주한 사실을 인정했다.

4 김호, 《정약용, 조선의 정의를 말하다》, 책문, 2013.

5 김호, 〈조선 후기의 도려와 다산 정약용의 비판〉, 《한국학연구》 37, 2015.

6 이하의 진술은 《懷仁郡東面地境里致死男人金學西屍身文案》(奎 21639) 가운데 초검(初檢)을 중심으로 정리했다.

7 박원규의 이 진술은 복검안에서 보충했다.

8 《사법품보(갑)》(奎 17278)

9 이상규 외, 《한글 고목과 배자》, 경진, 2013, 325~327쪽.

10 《驪州郡介軍山面香谷被刺致死男人金寅圭獄事查報文案》(奎 21642)

11 《황성신문》 1904년 5월 12일 자.

5부 변화하는 세상

1 《백곡지(柏谷誌)》 〈병황삼지사(兵荒三之四)〉

2 《백석서독(白石書牘)》 권14 〈寄元芝令 五月四日 京便〉

3 이이화 외, 《대접주 김인배, 동학농민혁명의 선두에 서다》, 푸른역사, 2004.

4 《순무선봉진등록(巡撫先鋒陣謄錄)》 1895년 1월 13일.

5 이이화 외, 위의 책, 146쪽.

6 이하 순천·광양 지역 농민군의 활동에 대해서는 이이화 외, 위의 책 참조.

7 황현(김종익 역), 《오하기문: 오동나무 아래에서 역사를 기록하다》, 역사비평사, 2016, 385쪽.

8 《경상도관찰사장계(慶尙道觀察使狀啓)》 1894년 11월 4일.

9 《양호우선봉일기(兩湖右先鋒日記)》 1894년 11월 7일.

10 황현, 위의 책, 2016, 482쪽.

11 고성훈, 〈1869년 광양란 연구〉, 《사학연구》 85, 2007.

12 《승정원일기》 1869년(고종 6) 6월 10일.

13 본 문서에 대해서는 조광, 〈동학농민혁명 관계사료 습유: Mutel의 자료를 중심으로〉, 《사총》 29, 1985.

14 김탁, 〈한국 종교사에서의 증산교와 민간신앙의 만남〉, 《신종교 연구》 2, 2000.; 우윤, 〈1892~93년 동학농민운동의 전개 양상과 성격〉, 《동학보은집회 110주년 기념 심포지움 자료집》, 2003.

15 국사편찬위원회, 《주한일본공사관 기록》 1, 1991.

16 《고문서집성》 27, 513쪽.

17 http://honam.chonbuk.ac.kr/search/search.jsp?id=05356 참조.

18 《승정원일기》 1877년(고종 14) 4월 28일.

19   《승정원일기》1887년(고종 24) 12월 28일.

20   《승정원일기》1888년(고종 25) 3월 28일.

21   《승정원일기》1888년(고종 25) 6월 3일.

22   〈동학도 개국음모건(東學徒開國陰謀件)〉

23   황현, 앞의 책, 2016, 233쪽.

24   〈동학도 개국음모건〉

25   황현, 앞의 책, 2016, 378쪽.

26   이하 사건의 전반적인 개요는 《光陽郡鳳岡面江邊村致死男人李學祚屍體案;初檢,覆檢》(奎 21628, 奎 21629)을 참조했다.

27   《光陽郡鳳岡面江邊村致死男人李學祚屍體覆檢案》(奎 21629)

28   《仁川郡永宗島前所面致死男人趙文周獄事文案,初檢,覆檢,三檢》(奎 21285)

29   《사법품보(을)》〈보고서 제 49호〉

30   《黃海道裁判所瑞興前郡守崔東埴暴死査案》(奎 26280)

에필로그

1   김호, 〈연암 박지원의 형정론(刑政論)−주자학 교화론의 갱신〉, 《법사학연구》54, 2016.

2   〈만천명월주인옹자서(萬川明月主人翁自序)〉는 '만인의 군자화'를 기획했던 정조의 정치 이념이 잘 표현된 글이다. 정조를 군주권 강화에 목을 맨 절대 군주로 묘사하는 것은 성리학의 교화론을 이해하지 못한 소치다.

3   《다산시문집(茶山詩文集)》권16 〈묘지명(墓誌銘)〉

4   《金化郡遠北面沙器店朴道辰獄事干犯罪人申太益取招案》(奎 21900)

5   《金化郡巡校廳保授自縊致死男人池順伊文案;初檢,覆檢》(奎 21448)

6   본 사건에 관해서는 총 세 건의 검안이 현존한다. 《晉州郡昌善面茅山洞致死女人林召史初檢案》(奎 21358); 《晉州郡昌善面茅山村致死女人林召史覆檢案》(奎 21378)); 《晉州郡昌善面茅山村致死女人林召史三檢案》(奎 21379) 참조.

7   《砥平郡致死男人金正善獄事正犯罪人安致弘三推文案》(奎 21351); 《砥平郡致死男人金正善獄

事正犯罪人安致弘取招文案》(奎 21666) 참조.

8   《三嘉郡栢洞面德坪洞致死女人鄭召史男人李乃英兩屍身覆檢文案》(奎 21286)

9   《金海郡駕洛面匙滿里致死男人朴仁淳文案; 初檢·覆檢·三檢査案》(奎 21173)

10 《永川郡毛沙面朶山洞被刺致死男人朴容根獄事文案》(奎 21513)

11 《황성신문》1904년 6월 4일 자.

12 《심리록(審理錄)》을사년(1785) 전라도 함평 안승렴 옥사

13 《흠흠신서》권7 〈상형추의〉 9 호강지학(豪强之虐) 2.

14 사회적 그리고 역사적인 존재로서의 인간에 대해서는 피터 L. 버거, 토마스 루크만(하홍규 역),《실재의 사회적 구성-지식사회학 논고》, 문학과지성사, 2014 참조.

참고문헌

■ 검안 자료

《江原道淮陽郡長楊面翰峙里致死男人金甲山初檢案》(奎 21061)

《江華府下道面文山洞致死女人羅召史案:覆檢,三檢》(奎 21502)

《古阜郡畓內面金鷄里致死女人李姓獄事文案;初檢,覆檢,査案,四文案》(奎 21819)(奎 21386)

《光陽郡鳳岡面江邊村致死男人李學祚屍體覆檢案》(奎 21628)

《槐山郡南中面許文里致死男人金好善屍身文案;初檢,覆檢》(奎 21868)

《南原郡南生面致死男人金判迯子六歲兒及李汝光李君必李判用査案》(奎 21451)

《大邱郡西上面南山里致死男人張萬龍屍身文案;初檢,覆檢》(奎 21528)

《驪州郡介軍山面香谷被刺致死男人金寅圭獄事査報文案》(奎 21642)

《沔川郡松巖面奄峙里致死女人初檢文案》(奎 21324)

《聞慶郡身北面花枝里致死女人黃氏案;初檢,覆檢》(奎 21889)

《山淸郡生林里鴨谷洞致死女人金召史檢屍初檢文案》(奎 26569-1)

《山淸郡生林里鴨谷洞致死女人金召史檢屍覆檢文案》(奎 26569-2)

《山淸郡生林里鴨谷洞致死女人金召史檢屍三檢文案》(奎 26569-3)

《山淸郡生林里鴨谷洞致死女人金召史檢屍四檢文案》(奎 26569-4)

《山淸郡生林里鴨谷洞致死女人金召史檢屍五檢文案》(奎 26569-5)

《山淸郡獄中致死女人李召史獄事檢査案》(奎 25062)

《山淸郡獄中致死女人李召史初檢案》(奎 25063)

《瑞興郡木甘坊二里小地名舊津洞致死女人李召史文案;初檢》(奎 21306)

《遂安郡南面城洞坊齊洞里小地名三街洞口致死男人李仲瑞屍身初檢,覆檢文案》(奎 21619)

《遂安郡北面水口坊芿洞金店致死女人田召史屍身初檢文案》(奎 21743)

《楊口郡亥安面五柳洞致死男人金嚴回萬垈洞致死女人金召史屍身初檢文案》(奎 21066)

《龍川郡內上面南陽里致死人李樞奎屍身覆檢案》(奎 21382)

《仁川郡永宗島前所面致死男人趙文周獄事文案,初檢,覆檢,三檢》(奎 21285)

《忠淸南道瑞山郡銅巖面夫丹里致死女人柳氏獄事文案》(奎 21648)

《黃海道新溪郡栗坊大洞致死男人朴奉祿獄事文案》(奎 21605)

《黃海道裁判所瑞興前郡守崔東埴暴死査案》(奎 26280)

《懷仁郡東面地境里致死男人金學西屍身文案》(奎 21639)

■ 기타 문헌

《검재집》

《경상도관찰사장계》

《계곡선생집》

《대한매일신보》

《매일신보》

《명곡집》

《무명자집》

《백곡지》

《백석서독》

《사법품보》

《산림경제》

《서석선생집》

《성호사설》

《세종실록》

《속대전》

《송자대전》

《순무선봉진등록》

《승정원일기》

《양호우선봉일기》

《오주연문장전산고》

《육화집》

《율곡선생전서》

《의휘》

《이선생유훈》
《일성록》
《존재집》
《청장관전서》
《하정선생문집습유》
《황성신문》
《흠흠신서》

■ 저서

강명관,《열녀의 탄생》, 돌베개, 2009.

국사편찬위원회,《주한일본공사관기록》1, 국사편찬위원회, 1991.

김경숙,《조선의 묘지 소송》, 문학동네, 2012.

김병건,《무명자 윤기 연구》, 성균관대학교출판부, 2012.

김태곤,《한국무속연구》, 집문당, 1981.

김호,《정약용, 조선의 정의를 말하다》, 책문, 2013.

배항섭,《19세기 민중사 연구의 시각과 방법》, 성균관대학교출판부, 2015.

서유린(송철의 역),《(역주)증수무원록언해》, 서울대학교출판부, 2004.

신병주·노대환,《소설 속 역사여행》, 돌베개, 2002.

심재우,《조선 후기 국가권력과 범죄 통제》, 태학사, 2009.

심희기,《한국법제사강의》, 삼영사, 1997.

역사문제연구소 민중사반,《민중사를 다시 말한다》, 역사비평사, 2013.

윌리엄 레디(김학이 역),《감정의 항해》, 문학과지성사, 2016.

이상규 외,《한글 고목과 배자》, 경진, 2013.

이이화 외,《대접주 김인배, 동학농민혁명의 선두에 서다》, 푸른역사, 2004.

이창동,《녹천에는 똥이 많다》, 문학과지성사, 1992.

정약용(박종천 역),《다산 정약용의 풍수집의》, 사람의무늬, 2015.

조경달(박맹수 역),《이단의 민중반란》, 역사비평사, 2008.

조경달(허영란 역),《민중과 유토피아》, 역사비평사, 2009.

최치운(김호 역),《신주무원록》, 사계절, 2003.

피터 볼(김영민 역),《역사 속의 성리학》, 예문서원, 2010.

피터 L. 버거, 토마스 루크만(하홍규 역),《실재의 사회적 구성-지식사회학 논고》, 문학과지성
　　사, 2014.
한형조,《성학십도, 자기 구원의 가이드맵》, 한국학중앙연구원, 2018.
황현(김종익 역),《오하기문: 오동나무 아래에서 역사를 기록하다》, 역사비평사, 2016.
三木榮,《朝鮮醫學史及疾病史》, 思文閣, 1963.
Angela Ki Che Leung, *Leprosy in China: A History*, Columbia University Press 2009.
Arlette Farge, *The Allure of the Archives*, Yale University Press 2015.
Kim-Jisoo, *The emotions of justice: gender, status, and legal performance in Chosŏn Korea*, University
　　of Washington Press 2015.
William Shaw, *Legal norms in a Confucian state*, Institute of East Asian Studies, University of
　　California 1981.

■ 논문

고성훈, 〈1869년 광양란 연구〉,《사학연구》85, 2007.
김탁, 〈한국 종교사에서의 증산교와 민간신앙의 만남〉,《신종교 연구》2, 2000.
김호, 〈규장각 소장 '검안'의 기초적 검토〉,《조선시대사학보》4, 1998.
김호, 〈100여 년 전의 여성들-규장각 소장 검안으로 들여다본 민중의 삶〉,《한신인문학연구》1,
　　2000.
김호, 〈100년 전 살인사건, '검안'을 통해 본 사회사〉,《역사비평》55, 2001.
김호, 〈죽음의 원인을 밝히는 원님들〉,《역사비평》56, 2001.
김호, 〈100년 전의 살인사건 보고서, 검안-경상도 산청군 생림리 압곡동 김소사 사건의 진실
　　을 찾아서〉,《법제연구》21, 2001.
김호, 〈《신주무원록》과 조선 전기의 검시〉,《법사학연구》27, 2003.
김호, 〈검안을 통해 본 100년 전 영종도의 풍경〉,《기전문화연구》33, 2006.
김호, 〈조선 후기 강상의 강조와 다산 정약용의 정(情)·리(理)·법(法)-《흠흠신서》에 나타난 법
　　과 도덕의 긴장〉,《다산학》20, 2012.
김호, 〈義殺의 조건과 한계-다산의《흠흠신서》를 중심으로〉,《역사와 현실》84, 2012.
김호, 〈《檢考》, 19세기 전반 지방관의 검시 지침서〉,《조선시대사학보》72, 2015.
김호, 〈조선 후기의 도뢰와 다산 정약용의 비판〉,《한국학연구》37, 2015.
김호, 〈검안, '예외적 정상'의 기록들〉,《장서각》34, 2015.

김호, 〈연암 박지원의 형정론〉,《법사학연구》54, 2016.

김호, 〈조선 초기《의옥집》간행과 '無冤'의 의지〉,《한국학연구》41, 2016.

김호, 〈1897년 광양군 이학조 검안을 통해 본 동학농민운동의 이면〉,《고문서연구》50, 2017.

김호, 〈조선 후기 欽恤의 두 가지 모색: 윤기와 정약용의 贖錢論을 중심으로〉,《한국실학학보》 35, 2018.

박소현, 〈검안을 통해 본 여성과 사회〉,《고문서연구》50, 2017.

배항섭, 〈동학농민전쟁에 대한 새로운 이해와 내재적 접근〉,《역사비평》110, 2015.

백옥경, 〈조선시대의 여성폭력과 법 – 경상도 지역의 검안을 중심으로〉,《한국고전여성문학연 구》19, 2009.

심재우, 〈조선 후기 인명사건의 처리와 검안〉,《역사와 현실》23, 1997.

심재우, 〈검안을 통해 본 한말 산송의 일단〉,《고문서연구》50, 2017.

우윤, 〈1892~93년 동학농민운동의 전개 양상과 성격〉,《동학보은집회 110주년 기념 심포지움 자료집》, 2003.

전경목, 〈조선 후기에 서당 학동들이 읽은 탄원서〉,《고문서연구》48, 2016.

전경목, 〈고문서와 검안에 나타난 조선 말기 노름의 실상〉,《고문서연구》50, 2017.

조광, 〈동학농민혁명 관계사료 습유: Mutel의 자료를 중심으로〉,《사총》29, 1985.

하홍규, 〈실재의 사회적 구성과 해방의 가능성: 피터 버거의 인간주의적 사회학〉,《사회사상과 문화》30, 2014.

Jungwon Kim, "Finding Korean Women's Voices in Legal Archives", *Journal of women's history*, Vol.22 No.2, 2010.

Jungwon Kim, "You Must Avenge on My Behalf–Widow Chastity and Honour in Nineteenth–Century Korea", *GENDER AND HISTORY*, Vol.26 No.1, 2014.

100년 전 살인사건

검안을 통해 본 조선의 일상사

김호 지음

1판 1쇄 발행일 2018년 10월 15일
1판 2쇄 발행일 2018년 11월 12일

발행인 | 김학원
편집주간 | 김민기 황서현
기획 | 문성환 박상경 임은선 김보희 최윤영 전두현 최인영 정민애 이문경 임재희 이효온
디자인 | 김태형 유주현 구현석 박인규 한예슬
마케팅 | 김창규 김한밀 윤민영 김규빈 송희진
저자·독자서비스 | 조다영 윤경희 이현주 이령은(humanist@humanistbooks.com)
조판 | 홍영사
용지 | 화인페이퍼
인쇄 | 삼조인쇄
제본 | 정민문화사

발행처 | (주)휴머니스트 출판그룹
출판등록 | 제313-2007-000007호(2007년 1월 5일)
주소 | (03991) 서울시 마포구 동교로23길 76(연남동)
전화 | 02-335-4422 팩스 | 02-334-3427
홈페이지 | www.humanistbooks.com

ⓒ 김호, 2018
ISBN 979-11-6080-165-1 03910

• 이 도서의 국립중앙도서관 출판예정도서목록(CIP)은 서지정보유통지원시스템 홈페이지(http://seoji.
nl.go.kr)와 국가자료공동목록시스템(http://www.nl.go.kr/kolisnet)에서 이용하실 수 있습니다. (CIP제
어번호: CIP2018030472)

만든 사람들
편집주간 | 황서현
기획 | 최인영(iy2001@humanistbooks.com) 이문경
편집 | 신영숙 이영란
디자인 | 유주현

NAVER 문화재단   파워라이터 ON 연재는 네이버문화재단 문화콘텐츠기금에서 후원합니다.